U0708210

韓祝齡篆刻

『十四五』國家重點圖書出版規劃項目

津沽筆記史料叢刊第十二種

主編　王振良

天津朱卷集成

（六）

劉宗江　編

天津出版傳媒集團
天津古籍出版社

貢生

李德昌

曾祖偉 貢生 誥贈通奉大夫工部都水司郎中
曾祖妣氏張 誥贈夫人
氏呂 誥贈夫人
祖光先 誥封通奉大夫 乾隆戊申科舉人 歷任工部都水司主事員外郎郎中江西贛州府知府護理吉南贛寧兵備道
祖妣氏趙 誥封夫人同 邑庠生 誥贈

字玉如號伯起行一嘉慶己卯年五月十一日吉時
生順天府寶坻縣廩膳生民籍
胞伯 廩貢生安州儒學訓 誥授朝議
叔祖光前 導 誥贈朝議大夫 光里 大夫乾隆己
酉科拔貢嘉慶戊辰己巳聯捷進士原 誥
任刑部奉天司郎中江西吉安府知府 光庭 授朝
議大夫乾隆乙卯 恩科舉人歷任內
閣中書典籍侍讀湖北黃州府知府
胞伯[illegible] 嘉慶癸酉科拔貢己卯科副榜吏部七品京
叔[illegible] 官文選司主事員外郎郎中廣東潮州府知
府[illegible] 嘉慶癸酉甲戌聯捷進士禮部儀制司員外
[illegible] 郎郎中安徽潁州府知府現任江西建昌府
知[illegible] 嘉慶戊寅 恩科舉人道光癸未科進士翰
府[illegible] 林院檢討山東道監察御史工科給事中奏
天府丞兼學政[illegible] 道光壬午科舉人戊戌科進
候補四品京堂[illegible] 士現任戶部山東司主事
道光己亥科舉人現任山西寧
鄉縣知縣調署鳳臺縣知縣

朝議大夫諱培元公女庠生諱國宗公胞妹庠生諱維潘公庠生丁卯科謄錄前任廣西桂平縣巡檢諱維炯公胞妹

父菡嘉慶戊寅恩科舉人道光壬午恩科進士翰林院編修日講起居注官文淵閣校理咸安宮總裁國史館總纂壬辰科會試同考官四川鄉試副考官丁酉科順天鄉試同考官庚子科會試同考官戊戌科教習庶吉士提督安徽學政現任都察院左副都御史

母氏盧涿州附貢生下南北河同知諱圻公女

胞弟德坊邑庠生　德垣郡庠生　德堂業儒　德城邑庠生

胞姪元生幼

娶王氏道光壬午科舉人教習候選知縣諱爲星公女邑庠生名齊先廉先篤先胞姊

子攀桂　聯桂俱業儒　祥桂幼

女一

嘉慶己未　恩科進士
兩廣總督　賜謚敏肅
諱坤公胞姪女道光乙
酉科拔貢工部都水司
員外郎諱端元廩
膳生名端衡胞姊

己酉選拔第一名
鄉試中式第　名
會試中式第　名
殿試第　甲第　名
朝考第　等第　名
欽點

族繁不及備載
世居寶坻縣城東林亭鎮

王濂

字孟槐號篠漣行一道光甲申年十二月初九日吉時生順天府寶坻縣廩生民籍

曾祖旭暢 例授文林郎 乾隆辛卯科舉人由四庫館議敘分發雲南試用知縣歷署麗江縣知縣陸涼州知州中甸同知癸卯科雲南鄉試同考官請就教職授新城縣教諭

曾祖妣氏芮 敕封孺人 同邑乾隆庚辰科副榜熊占科公女

祖玠 優廩膳生

祖妣氏李 同邑乾隆戊申科舉人歷任工部都水司主事員外郎中江西贛州府知府護理吉南贛寧道光先公女

胞叔祖理 歲貢生 國子監肄業期滿即選訓導

胞伯寶猷 歲貢生 國子監肄業候選訓導

胞弟潤 業儒 湛 業儒 池 幼

嫡堂弟泉 癸卯科舉人

妻喻氏 同邑庠生維文公女

子

女二

祖妣氏杜同邑附貢生衍澤公女

本生祖瑄廩膳生例贈修職佐郎

本生祖妣氏張例贈孺人玉田庠生鵬翮公女

父黼猷早世

母氏馮保定歲貢生誠公女

本生父迪猷

本生母氏苟同邑候選從九品汝作公女

選拔第一名

鄉試中式第　名

會試中式第　名

殿試第　甲第　名

欽點

族繁不及備載

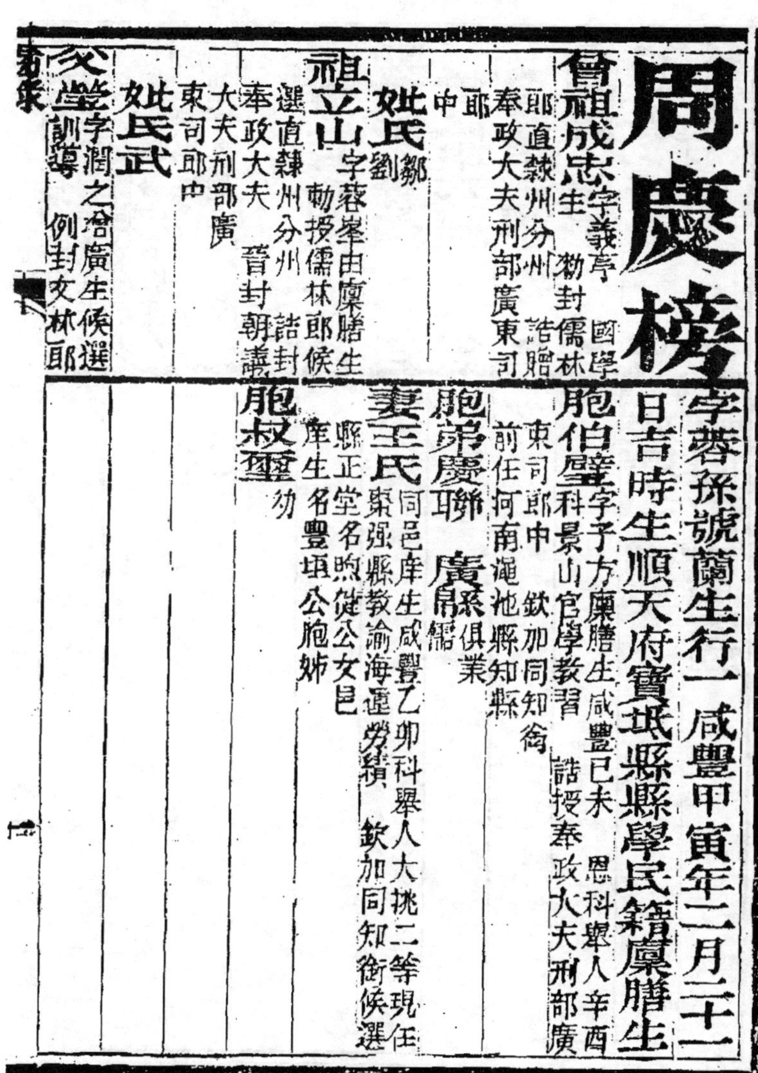

周慶榜

字蓉孫號藹生行一咸豐甲寅年二月二十二日吉時生順天府寶坻縣縣學民籍廩膳生

曾祖成忠 字義亭國學生 勅封儒林郎直隸州分州 誥贈奉政大夫刑部廣東司郎中

妣氏 鄒劉

祖立山 字蓉峯由廩膳生 勅授儒林郎候選直隸州分州 誥封奉政大夫 晉封朝議大夫刑部廣東司郎中

妣氏武

父學 字潤之增廣生候選訓導 例封文林郎

胞伯璧 字子方廩膳生咸豐己未 恩科舉人辛酉科景山官學教習 誥授奉政大夫刑部廣東司郎中 欽加同知銜前任河南澠池縣知縣

胞弟慶聯 廣 俱業儒

妻王氏 同邑庠生咸豐乙卯科舉人大挑二等現任棗強縣教諭海運勞績 欽加同知銜候選縣正堂名煦從公女邑庠生名豐垣公胞姊

胞叔壐 幼

母氏張同邑國學生誥封奉政大夫諱

錫公女候選分府名步

墀公庠膳生名彤墀公

國學生名

蘭墀公胞姊

光緒乙酉科選拔第一名

朝考第一等第　名

鄉試中式第　名

會試中式第　名

殿試第　甲第　名

朝考第　等第　名

欽點

族繁不及備載

世居城東南陳膺莊

蓟州

鄉試

李湘

始祖爻明南都文庠生從成祖北遷任副都使遂家於薊

入國朝一世祖鵬飛從順治二年始隸旗籍

二世祖璇

三世祖之茂

高祖歎

字竹汀號楚鄉行二道光丁酉年三月初八日吉時生鑲藍旗漢軍德仁佐領下監生

嫡堂曾伯祖延彬

堂曾伯祖延禎　延楷　延格

嫡堂伯祖謙

胞伯祖詵　誌

堂伯叔祖誠　福　謨　議　論　詳　闇　詔

胞叔慶玟字玉峯號跂仙候選從九品

嫡堂伯慶宣　慶泰承嗣嫡堂伯祖謙　慶榮　慶華

履歷

高祖妣氏孟

氏王

曾祖延檜 字聖培

曾祖妣氏王

氏馬

祖詮 字翰儒 例封文林郎

祖母氏楊 例贈孺人

繼祖母氏王 例封孺人

父廣瑞 字麟書 例封文林郎

從堂伯叔廣生 廣發 誥封奉政大夫 廣有 例封奉政大夫 廣順

道光戊子科謄錄 廣朋 廣大 廣亭 廣祿 廣亮

廣遠

胞兄灝 字百川 己酉科舉人

胞弟汾 字慕儀 太學生 淐 字文涯 業儒

嫡堂弟渭 字夢熊 業儒

堂兄深 洞 涵

從堂兄弟潤 增生現任順德縣知縣 欽加同知銜 瀛 從九品 濬 己亥舉人現任山西猗氏縣知縣 澄 候選理問 淇 癸丑聯捷進士中書候選郎中 浦 濱 六品頂戴 沛

母民史 例贈孺人遵郡 誥封奉政大夫諱瑤池公長女丙申進士歷任廣東羅定直隸州知州候補知府名樸公胞妹乙未舉人前任工部主政諱樽公胞姊

母民林 例封孺人蓟郡廩膳生諱政元公三女三洲九洲公胞姊

重慶負廩下

業師

王賞笙夫子 名之鶚 蓟郡徫庠生

鴻 江 江本科同榜舉人 澐 淑 濮 灃 湛 淳

源 濟

胞姪長城業儒 長墉幼

堂姪長岸幼

從堂姪長慶 長春 長庚 長恩 長晏 長信

長桂 長義 長仁 長山 長琴 長林

長綵 長齡 長立 長綬 長祉 長松 長

柏 白 豫恒庠生 豫晉 豫臨 豫益太學生 豫觀 豫

師 豫乾 豫章 豫象 豫升 俱業儒

履歷

朱夫子名鎮庠生

郭夫子名金義庠生

程夫子名鑑堂庠生

聶春疇夫子寶邑庠生

劉春溪夫子名溶遵郡咸豐辛亥

恩科

舉人

張子鎔夫子名鼎勳武邑庠生

張鏡峰夫子名鏡瑩玉邑庠生

楊淑道夫子名濟道光壬子科舉

再從堂姪孫鎮、釗、鈺

娶[illegible]氏遵郡道光丙申科進士名樸公胞姪女道光乙未科舉人諱樽公次女光熹公胞姊

子長墉幼

女

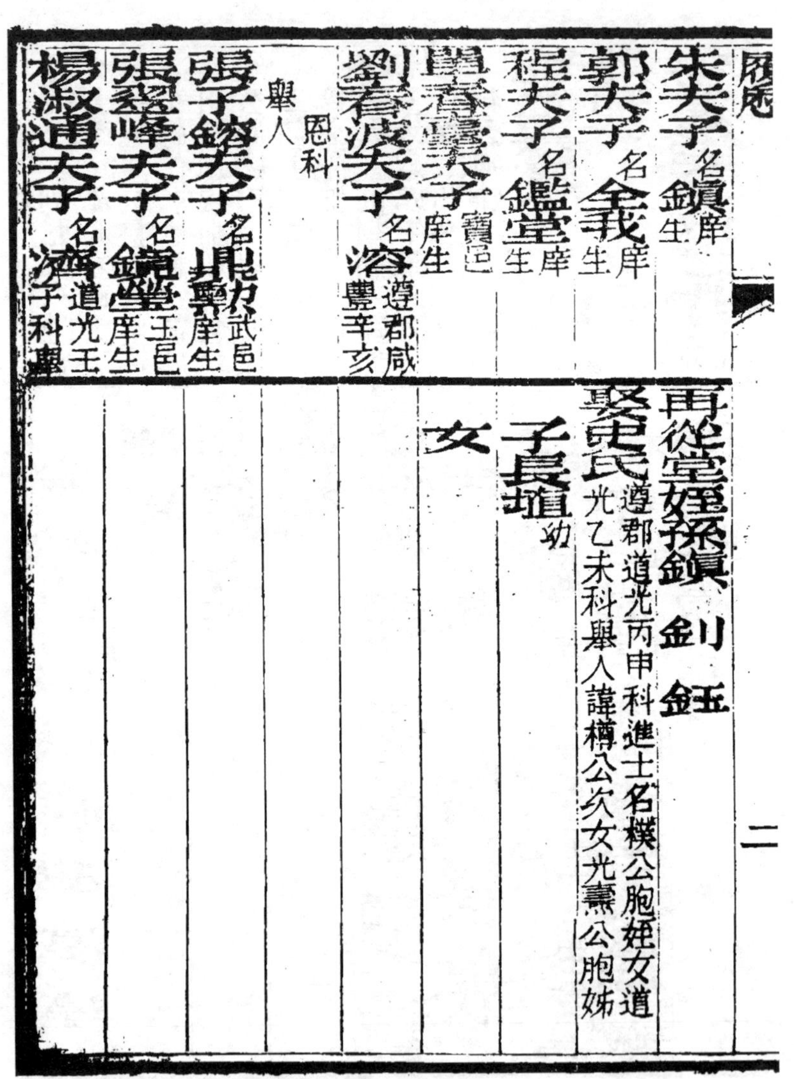

人現國子
監學正
胞兄育川夫子名灝道光己酉
科舉
人
馮春皋夫子名晟江蘇陽湖縣人
咸豐壬子科翰林
現任湖南知縣
宋雲颿夫子名胄江蘇溧陽縣人
道光甲辰科翰林
現任宗人府府丞
吳勉齋夫子名中順道光辛巳
恩科舉人現
任薊州知州

三

鄉試中式第一百四名

會試中式第　名

殿試第　甲第　名

朝考第　等第　名

欽點

族繁不及備載

世居荊州城東道各莊

王晉之

始祖禕 明初徵辟奉命出使雲南賜謚文獻
一世祖承宗 例贈宣武都尉
二世祖溥 議敘九品例贈登仕郎
三世祖振珏 山西太原府陽曲縣石嶺關巡檢署縣丞兼撫院參軍
高祖熹 乾隆壬午舉人揀選知縣 例贈文林郎
高祖妣氏蘇 例贈孺人
氏宋 例贈孺人
氏陳 例贈孺人

字錫三號竹舫一號雲樵行一又行五道光戊戌年二月十五日吉時生順天府薊州學廩膳生民籍

世胞叔祖承武 明黃崖關守府贈宣武都尉
三世胞伯叔祖振琥 振玉 振璽 例贈登仕郎 振琦
胞伯高叔祖忠 廩膳生 愈 庠生 贈儒林郎 例
堂曾伯叔祖友彭 廩膳生 友臯 附貢生候選布政司理問 生例贈儒林郎用訓導 友熊
再從堂曾叔祖友龍 友艮 歲貢生例授修職郎 友鳳
友甫 廩貢生候選訓導 例贈儒林郎 友尚 友蘭 九品 欽賜 例授修職郎
從堂叔祖家驥 大學生 贈修職郎 例 家騮 歲貢生即用訓導 例授修職郎
家驃 太學生 家駁 增貢生滄州儒學訓導 例贈儒林郎
再從堂叔祖懷民 例贈武德騎尉 懷舜 家麟 武庠 家訓
家屏 布政司理問 家駼 家賓 庠生 例封文林郎 家銓 永禮 欽

曾祖友夔 歲貢生，即用訓導，例授修職郎

曾祖妣氏劉 孺人，例贈

氏黃 孺人，例贈

氏白 孺人，例贈

祖家駿 歲貢生，鴻臚寺序班，即用訓導，例授修職郎

祖母氏劉 例贈孺人，王邑庠生諱鶴鳴公女，附貢生議敘九品名樂山公、太學生名東山公、庠生名春山公胞姊

父毓華 字硯封，號小嵐，一號梅君，庠生，例封文林郎

母氏任 例封孺人，玉邑嘉慶戊辰舉人大

賜九品

胞伯毓杰 庠生，議敘八品，候選縣丞 毓秀 廩膳生，壬午、庚子、癸卯科薦卷 毓廉 庠生

從堂伯叔毓春 庠生 毓泰 太學生 毓崑 增貢生，候選訓導，例贈修職郎 庭槐 議敘八品 庭柏 太學生 庭榕 候選直隸州州同 庭椿 儒業 庭模 儒業 庭楷 儒業 庭棡 儒業 庭相 儒業 庭桂 儒業

再從堂伯叔步瀛 金山 金田 例贈登仕郎，例贈武德騎尉 金甲 金鐈 例贈登仕郎 金鏞 例贈登仕郎 廉 廷傑 武庠 廷楨 武庠 昕 道光乙酉拔貢，咸豐辛亥舉人 昐 候選府經歷 廷藻 毓賢 鴻進 武庠 毓才 毓書 儒業

胞弟延之 儒業 翼之 幼

嫡堂兄弟蔭之 儒業 元之 儒業 旭之 儒業 慶之 儒業 敬之 儒業 增之 幼

從堂兄弟芑 儒業 策 儒業 第 儒業 純 儒業 權 儒業 裘 儒業 光祖 儒業 衍 儒業

挑一等歷署陝西富平
武功縣知縣道光壬辰
鄉試同考官前咸甯縣
知縣諱廷傑公女太學
生名爍公胞妹庠生名
瓌均庠生名懷墀胞姑
母
重慶下
祖訓
庭訓
業師
白省垣夫子名玉衡同郡歲貢生即用訓導
王雨邨夫子名緯寶邑人廩膳生
喬守愚夫子名伯賀同郡乙酉拔貢候選教諭

桂幼 芇幼 礪 柱幼 篪幼
再從堂兄弟 之鶴庠生 致和 致恒軍功六品銜 致立 致祥
軍功五品藍翎候推守府 例授武德騎尉 例贈登仕郎 致恭 致才業儒
嫡堂姪坊幼
妻蘇氏寶邑太學生 誥封奉政大夫 諱肇修公女庠生名蘭公胞妹
子
女

歷屆

太嫻伯孫𦫵垣夫子名近宸 玉邑人廩膳生 誥授奉政大夫

李小溪夫子名如雁 寶邑人道光庚子舉人大挑二等即用教諭

孫崧甫夫子名超 江蘇通州人道光戊戌進士前任薊州知州漁陽書院主講

課師

嫻伯孫雲溪夫子名賁墀 玉邑人道光庚子翰林 誥授奉政大夫前山西學政現日講起居注官翰林院侍讀

吳勉齋夫子名中順 江蘇鎮洋縣人道光辛巳恩科舉人大挑一等歷署大城宛平知縣陞任薊州調署北路同知現官薊

州知州

受知師

高杏溪夫子 名守貴 廣平永年人嘉慶癸酉舉人前任薊州儒學訓導現陞順德府教授

馮警新夫子 名銘 冀州南宮人道光辛巳恩科舉人現官薊州儒學學正

陳小泉夫子 名寶廉 天津靜海人道光己酉科舉人現官薊州儒學訓導

汪蕙伯夫子 名福庚 浙江錢塘人道光戊子舉人大挑一等前任薊州知州

龔薦汀夫子 諱文齡 福建侯官人庚辰科進士前任順天學政

鄉試中式第一百七十二名

會試中式第　名

殿試第　甲第　名

朝考

欽點

族繁不及備載

世居衛州城內

欽命四書詩題

賈作楫

字濟清，號杭之，行四。同治甲子年二月初一日吉時生。順天薊州增廣生，候選教諭，民籍。

始祖祥，字瑞亭。明永樂二年由山東兗州府曲阜縣遷居薊州賈各莊。

始祖妣氏楊

二世祖進公，字正平

二世祖妣氏趙、劉

三世祖林，字燕亭

三世祖妣氏劉

四世祖春，字陽生

四世祖妣氏蒙

二世胞伯祖進明，字子哲

三世胞叔祖樹，字春田

四世胞伯祖鎮　寶

五世胞伯祖銳　鏜　昂

六世胞伯叔祖文通庠生　文達壽官　文建將軍　文運歲薦

七世胞伯叔祖秉僉鴻臚寺序班　秉憲　秉懿

七世堂伯叔祖大慧將軍　成慧將軍　智慧校尉　存慧將軍　遜志字麟閣，武進士，原任山西威遠衛守備　定志字鳳閣，文舉，河南開封府同知　秉志庠生　尚志庠生　得志拔貢生，原任陝西鞏昌府通渭縣知縣　弘志庠生

五世祖鉞字清節封誥壽官
五世祖妣氏趙楊
六世祖文選字少峯庠生
六世祖妣氏楊
七世祖秉惪字龍見三次副榜原任保定府教諭
七世祖妣氏邱張
八世祖汝樞字紫宸
八世祖妣氏王
九世祖明備字叔英
九世祖妣氏潘
十世祖應垣字星齋

八世胞伯叔祖汝模庠生 汝爲太學生 汝猷太學生
九世胞伯叔祖明俊庠生 明俠 明佐 明俠
十世胞伯叔祖應徵 應璧 應會 應制
太高胞伯祖爾功 爾昜
胞高伯叔祖東榯 東來 東彬 東樸
堂會伯叔祖致用 致中 致栗 致璁 致陞 致
昌 致魁
堂伯叔祖德安 德明 德亮 德棟 德祥 德方
德玉
堂伯叔成志 成立 成明 成璽字印川欽加五品銜候選縣丞
成發
胞姑母三 長增廣生劉公字厚齋名樸 次庠生國子監典籍候選縣丞張公字芝圃名睿

十世祖妣氏秦

太高祖爾務字力三由賈各莊移居李家莊

太高祖妣氏曹

高祖東倫字美成例贈文林郎

高祖妣氏張例贈孺人

曾祖致義字萬良例贈文林郎

曾祖妣氏李陳例贈孺人

祖德秀字鍾靈業儒例贈文林郎

祖妣氏蕭例贈孺人

父慶鎔字純陶業儒例封文林郎

母氏周例封孺人太學生昭公女歲貢生

三子廩膳生字二業儒王公麟徵名嘉祥三名占傑

胞姊一武生齊公字睿含名承智

胞兄作霖字雨亭 作礪字壽山 作舟字蓮舫附學生

從堂兄弟作奎 作楨字春農太學生 作[illegible]字書農太學生 作肅字秋農太學生

作勤字硯農太學生 作祺 作哲

胞姪仰賢字景山 知賢幼讀 希賢幼讀

娶氏張九品銜字壽彭名椿齡公女武生字王山環公胞妹武生字獻廷名琛公胞姊

子二 尚賢 尊賢

女

履歷

候選訓導迺衡公胞妹
增廣生樹模公胞姑母

慈侍下

受業知師

劉老夫子 諱言 庠生

傅老夫子 諱吉興 業生

張老夫子 諱海珊 貢生

慶元劉老夫子 諱鎧 庠生

紹興張老夫子 名景江 光緒丙子科舉人己丑科大挑二等候選教諭

子授孫老夫子 諱詒經 前任順天學政

豫卿彭老夫子 諱爵祺 舉人

安徽休甯人原
任薊州知州
李老夫子諱服周縣人遵
化州人
原任薊
州學正
陳老夫子諱寶廉廩貢天
津人原
任薊州
訓導
姚老夫子印虞卿現任薊
州知州
辛老夫子印作霖現任薊
州學正

課師

子恭李老夫子名允寶坻
縣人
同治庚午科舉人候選
教諭現主講經州書院
友楷周老夫子名樹模玉田
縣人增
廣生

履歷

課友

王石卿兄名夔麟光緒辛卯科副貢同榜舉人

孫小亭兄名芳廩膳生本科薦卷

鄉試中式第二百五十一名

覆試　等第　名

會試中式第　名

殿試　甲第　名

朝考　等第　名

欽點

族繁祇載本支

世居蓟州城南李家莊

順天鄉試硃卷 光緒癸巳 恩科

中式第二百五十二名舉人賈作楫順天薊州增廣生候選教諭民籍

同考試官翰林院編修國史館協修加三級陳 閱 薦

大主考會典館副總裁刑部右侍郎鑲黃旗滿洲副都統管理戶部三庫事務加三級裕 批取 又批 筆意蘊結氣象光昌

大主考戶部右侍郎兼管錢法堂事務加三級陳 批取 又批 沙明水淨玉潤珠圓

大主考經筵講官太子少保軍機大臣會典館副總裁刑部尚書管理八旗官學大臣總理各國事務大臣加三級孫 批取 又批 藻無妄抒筆有餘妍

大主考經筵講官太子少保毓慶宮行走會典館正總裁戶部尚書管理國子監事務稽察京通十七倉大臣加三級翁 批中 又批 理明詞達響切光堅

本房原薦批

周規折矩局度安詳次義正詞醕三機

圓調熟詩適

聚奎堂原批

平正通達博大昌明次三切實發揮詩

協

故君子必慎其獨也曾子曰十目所視十手所指其嚴乎

賈作楫

原獨所由慎、大賢之言可徵焉、夫慎獨之功非曾子不能識也、明其故而歎視指之嚴、不可因君子而進徵乎、且世有君子裕謹慎之功其合內外而交勉者皆嚴畏之心所推而及也以共知之地視獨知之地意彌篤者戒彌深即以獨見之時爲共見之時察益苛者防益切其幾甚密其境甚危而戒欺求慊之懷其事則不可寬而可畏誠中形外獨之不可揜也即慎之所由也而君子皇然矣君子知爾室之操存迫於所期不若迫於所懼故防微杜漸默證淵源而特不敢稍涉疏虞致以中外相符遂貽性天之累則肅愼有必深也君子知隱微之檢察防於已然不若防於未然故閑邪存誠悉微功力而但使其無慚宥密鑒以誠形互應自得眞實之天則幽獨有必謹也必愼其獨君子不已明其故乎且夫戒謹爲懷者君子之持躬罔外也而提撕倍切者吾儒之得力有年也不觀吾黨曾子之言乎夫曾子固日兢兢於獨以致其愼者也其齋居刻厲常恐懷衾影之慚舉凡理欲必分聖狂必判無非以勵己者戒於人而能勿於眞積既久之餘自彌其隙其斗室嫮修尤善辨危微之界舉凡道聞一貫日省三徵悉可以得心者出諸口

而能不於閱歷幾經之後直道其詳曰十目所視十手所指獨之宜慎不其嚴乎嚴莫嚴於處尋常日用之間不敢以獨居寬其念夫父詔兄勉督責庸有不及之時而一懍以所視所指則方寸無刻無糾纏目與手若森然畢集俯仰縱無愧怍而片私偶雜視者已列乎其前存養亦既精純而一念稍渝指者已環乎其後密此心以檢攝一若視指之加於有形者患猶淺視指之迫於無象者患更深也他年紹一貫之傳其常矢此嚴厲也乎嚴莫嚴於懷履薄臨深之志不敢以獨處緩其防夫右史左監隱微庸有少寬之候而一迫以所視所指則神明無時無鑒察目與手若舉念皆呈

審慎豈必皆精而臨上質旁視之者已乘虛而至隱獨何能莫見而抵隙投間指之者已相逼而來謹吾意以防閑一若目手之臨於一時者慮猶少目手之乘於畢生者慮更多也異日受孝經之旨其常持此嚴憚也乎曾子之言如此慎獨者盍審諸

本房加批

神迴氣合躁釋矜平理境題難得如此軒豁呈露

子曰為政以德譬如北辰居其所而眾星共之子曰詩三百一言以蔽之曰思無邪

賈作楫

為治術學術揭其要皆以正為歸焉夫政不易為以德而眾星共詩善於思無邪而一言蔽非皆以正為歸哉且治術與學術無二理也以正身者握治原建極居中而薄海著會歸之象以正心者課學力斷章取義而片言括篇什之全大聖人治學兼優為治功狀居正之形為學人揭守正之旨而治術學術遂於是乎各正如子之論政與論詩是已古先王操制作之權易俗移風早統羣倫而受之範故降衷恆性民與上同此稟資著法令於深宮實不外

大學明新之要古大儒明勸懲之義防情正性早合萬類而樹其型故羣怨興觀古與今同茲好惡垂謳歌於簡册遂足供後人取擇之資則試驗之於爲政焉首出當陽擬辰樞之默運羣生遵道似星象之相環揭之曰以德而治之所以正人者可知也則更驗之於論詩焉舉成書之數三百自能渾其全證得旨之精一言已可揭其要蔽之曰無邪而學之在於正己者可悟也人心渙散之難歸於一也箕風畢雨庶民之好尚各殊而欲使日出海隅咸懍一王之制此象亦難驟期矣然而以德者有可譬也正位以臨四海垂拱無爲將見智否賢愚咸望風而吐款要荒侯甸共向月以

抒誠聖天子御宇乘乾羣黎愛戴一如經星緯星之共命於樞星者尊親之所及者廣也敬以作所而厥德不回吾願爲政者畢然望之羣言淆亂之難擇其精也國頌民謠六義之指歸各在而欲以單辭片語定爲全卷之宗此意亦難共信矣然而無邪者則可蔽也執正以誦諸篇開卷有益將見歌功頌德悉出子臣忠孝之誠芍藥木瓜亦非贈答淫奔之什三百篇好賢惡惡胥本性情一若繁言詳言之無如約言者經義之在得其眞也歌也有思而於邪弗納吾願讀詩者穆然思之

本房加批

思清筆健舉重若輕

伯一位子男同一位　　賈作楫

伯之位異於公侯、而相同者又有子男矣、夫伯之爵異於公與侯、位固不同矣、而同一位者子男也、孟子故遞舉之、且我周列爵分藩一時躬圭循職蒲穀聯班不儼與爾公爾侯同備位於一朝哉夫同一朝而不同一爵固不必强爲之同也同一爵而不同一名究不得謂爲不同也由不同以及於同我先王蓋莫不有精意存焉矣天子而下惟公與侯班爵之制豈如是而已乎今夫河山帶礪之盟聖主之所以大封建也車服等威之辨王者之所以別親疏也周之興也即衆建親戚以藩屏王家而外此若一二伯叔甥與共歷艱難者或衣偏錫以茅土其何以合歡心廣翼戴乎而當日不然試更詳其位於伯與子男夫各有一位而絕不可相同者則有如伯以言乎伯足以長人伯足以明德似伯亦可同於公乃鷩冕而章以七僅從孟侯之班賜樂而將以鼗又居小侯之列且宗伯與隆掌禮經邦論道著其才方伯命受專征振旅陳師重其任是伯固明明自有其一位在也我周之盛也召伯沛甘棠之澤郇伯留陰雨之膏其伯之超擢列邦者在崇德報功之後其伯之恪守一爵者在設官分職之先也而其位豈可相假哉夫同居一位而仍不妨並列者則有如子男以言乎子足以養人男足以安

人似位亦可同於伯乃循其名僅有父母之義考其實適成兄弟之邦雖子班見於風詩宣德奉恩言孳者在於東列男班傳於魯史任功立業言任者列於西方然子男固明明同有其一位在也列國之紛也滕侯降稱爲子驪男外列於戎其子男之遷徙無常者在角勝爭强之際其子男之分封有定者在錫姓命氏之初也而其位豈有或殊哉蓋旬宣盡職賜履同侯昭代之宏規具在乃未幾而杞衰降子鄭僭稱王忘其位並忘其名而摟伐相尋何堪數法物於淩夷之後抑冕服五章繁纓五就王朝之創制綦精乃未幾而郕侵入齊許降入鄭失其位遂失其爵而紀綱莫振疇更

溯辟廱於鎬洛之年此伯與子男之位也合之公與侯列爵之五等如此

本房加批

氣盛言宜墨裁正軌

賦得秋鷹整翮當雲霄 得才字五言八韻　賈作楫

雲路當秋步蒼鷹颯爽來沖霄騰逸氣整翮見奇才健羽寥
空起雄姿大漠囘摟身淩霧宇作勢下霜臺玉爪金睁疾黄
沙碧霧開雙翎排劍似片影脫韝纔掠地毛初满呼風意自
恢爲儀逢
聖世與鳳共徘徊

本房加批

格律嚴謹氣韻渾成

貢生

王昕

字賓谷號小巖一號筱櫓行二爻行一道光乙酉年三月十一日吉時生順天府薊州優廩膳生民籍祖籍浙江金華府義烏縣

曾祖慧恩榮八品

曾祖妣氏冀吳

祖友甫廩貢

祖妣氏董

父家賓文生

母氏王同郡廩貢候選訓導貤封修職郎維禎公女辛卯科舉人現任新城縣教諭振鐘公胞妹廩生和恭胞姑母

胞伯家麟武庠廩生 家屏布政司理問

胞弟盼業儒 廷傑武庠生 廷藻業儒

堂兄廷楨業儒 弟廷瑄業儒

妻江氏玉邑國學克敏公女增廣生浚胞妹

子鼎昌業儒

女二幼

繼母氏任玉邑附貢充四庫館謄錄署山東掖縣縣丞濱州州判補萊陽縣知縣朝公女未入流懷清公國學生維翰公胞妹附生秉鉞胞姑

母

具慶下

己酉選拔第一名

鄉試中式第　名

會試中式第　名

殿試第　甲第　名

欽點

族繁不及備載

世居薊州城內

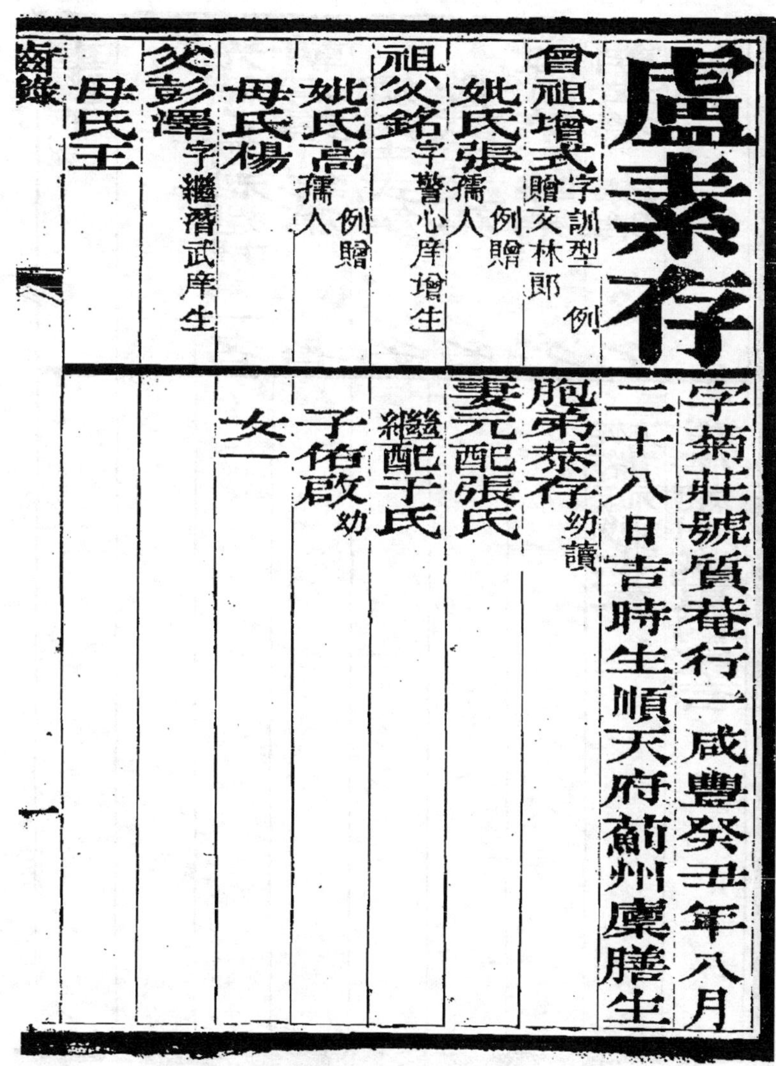

盧素存

字菊莊號質菴行一咸豐癸丑年八月二十八日吉時生順天府薊州廩膳生

曾祖增式字訓型例贈文林郎

妣氏張例贈孺人

祖父銘字警心庠增生

妣氏高例贈孺人

母氏楊

父彭澤字繼晉武庠生

母氏王

胞弟恭存幼讀

妻元配張氏

繼配于氏

子伯啟幼

女一

光緒乙酉科選拔第一名
朝考第　等第　名
鄉試中式第　名
會試中式第　名
殿試第　等第　名
朝考第　等第　名
欽點

族繁祇載本支
世居尉州城東楊家套

寧河縣

會試

趙輝棣

始祖諱三公
始祖妣氏于
二世祖諱全
二世祖妣氏任
三世祖諱宗信
三世祖妣氏崔
四世祖諱洲
四世祖妣氏劉
五世祖諱一朋 例贈修職郎
五世祖妣氏王 例贈孺人

字子華 號萼芳 行二 道光丁亥年九月二十日吉時生 順天府甯河縣廩膳生 民籍

七世胞叔祖國賓 歲貢生候選訓導 例封修職郎
八世堂叔祖又曾 邑庠生 又朴
胞叔高祖其梅
胞叔曾祖嘉惠 績學早世
胞叔曾祖妣氏李 奉 欽旌節孝 旨入祠
族叔曾祖會昌 九昌 永昌 九鳳 順昌
從堂叔祖秉錕 秉 秉鉛 秉 秉
族叔祖秉銀 秉印 秉鐸 秉錫 秉鐿 秉鑲
秉金 秉寬 秉發 秉正 秉瑞 秉得
秉旺 秉成 秉琦 秉有 秉奎 秉財 芝

六世祖諱承銘 貤贈修職郎
六世祖妣氏劉楊 貤贈孺人
本生六世祖諱承銳 例貤贈修職郎
本生六世祖妣氏姜 例貤贈孺人
七世祖諱國用
七世祖妣氏岳
八世祖諱綱
八世祖妣氏劉
太高祖諱篤志
太高祖妣氏楊
高祖諱其桂

莪芬蔆萱蒲芹萬萁荀
蓑蓮英蓋著
胞伯淞齡 例贈修職郎
胞伯母氏高 欽旌節孝 例封孺人同邑增廣生 例封武略騎尉諱文炳公女從九品 諱國鼎公丙子科武舉諱國順 公胞妹太學生名國安公胞姊
再從堂伯叔泳齡 延齡 洼齡
族叔鶴齡 鴻齡 崇齡 雙齡 錫齡 例封武德佐騎尉
維珍 維樑儒業 維周 維幹 維近 維楨
維珠 維均 維來 連晉 連德 連珠 連
起 連喜 連源 連弼 錫庚 連興 連仲
連程 連易 連枝 連理 連才
嫡堂兄光楹 附貢生 卽業師
三從堂弟輝棠

高祖妣氏楊劉

曾祖諱嘉泰 勅封文林郎

曾祖妣氏劉 勅封太孺人 邑處士諱遐公女乾隆己酉庚辰聯捷進士欽點禮部主事陞任鑄印局員外郎掌山東道廣東道監察御史奉旨稽察通州倉務癸卯甲辰武鄉會試監試官兵科掌印給事中誥授中憲大夫諱人睿公姪女

本生曾祖諱嘉寬 勅封文林郎

本生曾祖妣氏苗 例贈太孺人 邑處士諱瑞公女

祖諱秉鋼 例贈修職郎、文林郎

氏李 例贈太孺人

族弟魁書 魁順 魁玉 魁珍 魁勇 魁明

魁發 魁英 魁甲 希士 希賢 聯元 聯

弼 聯城 欽賞六品軍功賞戴藍翎現任閭河營把總歷署蘆臺汛千總護理通永鎮標右營守府 聯盛 聯璽 聯芳 聯啟 聯仲 聯

稱 聯魁 聯修 聯榜 聯印 大勇 二勇

彝祥 石頭

堂姪純熙 緝熙 綸熙 儒業

族姪玉恩 玉田 玉良 玉柱 玉亭 廷楨

廷山 廷雲 廷海 廷樹 廷俊 廷第 廷

元 春信 來報

娶李氏 同邑南青坨處士諱時昶公女

子二 廷璽 業儒 廷[illegible] 始就塾 俱業儒

大胞姑母 適同邑處士諱鵬齡張公 太學生名玉崑名玉崙母

二

房

祖妣氏董 例贈太孺人 邑增生康熙壬
子科挑取謄錄諱朝言
公孫女 覃恩貤封承
德郎諱苑林公三女
覃恩貤封奉直大夫
晉封武德佐騎尉諱紹
公諱銓公鈞公鑄公胞
妹增生諱連枝公九品
銜覃恩誥封奉直大
夫諱連芳公廩生覃
恩誥封奉直大夫晉
封武德佐騎尉諱連理
公理問銜諱連璧公諱
連科公九品銜名
連奎公胞姑母

父諱濬明 太學生 例封文林郎 例

母氏崔 例封太孺人 邑
漢古歲進士候選
訓導商賢公孫女籙慶
戊辰恩科舉人揀選
知縣諱珮公女諱占亭
公名德亨公胞妹諱和
亨公
胞姊

二胞姑母 適同邑北塘太學生 例封修職郎 例
封武德佐騎尉諱有容李公增貢生諱會
文公候選守禦所千總諱
元文公從九品名同文母

三胞姑母 適同邑太學生候選州同諱維翰張
公附貢生議敘理問銜名文錕公母

胞妹 適同邑漢古廣居崔
公長子名士喆公

女二 俱幼

慈侍下

受業師

受知師

嫡堂兄 名光楹 字向山 附貢生

震亭劉老夫子 諱通會 歲進士候選訓導

外祖閬墀崔老夫子 諱珮 嘉慶戊辰恩科舉人揀選知縣

王蓉堂老夫子 諱廣蔭 癸未科榜眼前任都察院左副都御史順天學政

楊語堂老夫子 諱式穀 辛丑科進士前任順天學政

麗寶生老夫子 印鍾璐 丁未科探花前任禮部侍郎前順天學政現任都察院左都御史

李蘭樵老夫子 名賡雲 壬戌科進士歷署順邑縣大興宛平京縣等縣知縣現任甯河縣知縣欽加運同銜

袁蒲溪老夫子 名國政 廩貢生現任甯河教諭

傅 老夫子 名⿰王美 科舉人現任甯河訓導

張怡琴老夫子 名桐 同辛丑進士原任廣東惠州府知府戊午科薦卷房師

房

范新溪老夫子 諱 熙溥 丙辰進士翰林院編修欽命巡視南城御史

汪嘯菴老夫子 諱 元方 餘姚縣人癸巳翰林前都察院左都御史順天提督學院

單地山老夫子 印 懋謙 吏部尚書管理國子監事教習庶吉士

瑞芝生老夫子 印 常 一太子太保文淵閣大學士總管內務府大臣正藍滿都統總理刑部

賈藝堂老夫子 印 楨 太子太保武英殿大學士

課友

楫英璪老表兄 印 廷彥 癸丑進士欽點工部主事

輔周劉老表叔 印 殿學 廪膳生

鄉試中式第十二名

會試中式第八十八名

殿試第三甲第百四十三名

朝考第三等第五十六名

欽點即用知縣

族繁不及備載

世居邑南蘆臺

高庚恩

字幼莽，號熙廷，亦號曦亭，行二。道光庚子年五月二十六日吉時生。順天府甯河縣廩生，民籍。功臣館謄錄，議敘知縣。

始祖裕後 始由山東武定府海豐縣遷籍甯河 例贈修職郎
始祖妣氏劉 例贈太孺人
二世祖鍾寶 國學生 例贈修職郎
二世祖妣氏賈 例贈太孺人
三世祖起相 候選縣丞 例授修職郎 貤贈奉直大夫
三世祖妣氏于 例封孺人 貤贈太宜人
四世祖仲壽 貢生 誥封奉直大夫
四世祖妣氏劉 誥封太宜人

胞伯高高祖仲福 貤贈奉直大夫 仲祿 例贈奉直大夫
胞叔高高祖仲貴 例贈翰林郎
嫡堂伯叔高祖文通 例授登仕郎 文進 文奎 文遠 候選州同
胞伯曾祖鎔 候選布政司理問 鎰 候選布政司經歷 銑 貤贈奉政大夫河南河工同知 鎮 乾隆戊申恩科舉人，嘉慶戊辰大挑一等，籤分湖南知縣，改河工同知，兌武庫內閣員外郎，誥授奉政大夫 鋆 生

履

高祖文光字射斗候選州同加二級
誥授奉直大夫 例封
中憲大夫乾隆六十一年 恩預
千叟宴 賜杖 賜御製詩卓行
詳載
邑志

高祖妣氏蘇 誥封宜人 例
贈太恭人

曾祖鈺字耀堂附貢生 例贈文林
郎 貤贈中憲大夫兵科給
事中加二級卓
行詳載邑志

曾祖妣氏胡 例封太孺人 貤贈
太恭人天津縣太學生
瀾公女庠生寶善公胞
妹庠生考祺公胞姊

祖天秩字敘五績學早世著有獨樹
齋詩集行世 例贈文林郎
貤贈奉政大夫
翰林院庶吉士

祖妣氏陶 欽旌節孝 敕封安人
例封太孺人 貤贈太

例授武
略騎尉

堂伯叔曾祖銘例贈修職郎 鏞 鈞 鉝 鑑 恩
榮入品 鋕歲貢生候選訓導 銓國學生 鑄國學生

嫡堂伯祖尚志恩貢生候選直隸州州判 天池歲貢生候選訓
導嘉慶辛酉庚午兩科呈薦 尚友附貢生候選鹽課大使 思[illegible]卓
邑庠生 尚詰候選總漕衛標守府 尚賢業儒早世 天復邑庠
生 天祐國學生

嫡堂叔祖天禧邑庠生

從堂伯叔祖養純歲貢生候選訓導 養德 養浩
養正 養惠 應辰歲貢生候選訓導 養和
養謙 應泰佾生 應照 應曜 應庚

宜人天津縣甲寅舉人戊辰大挑二等望都縣教諭元第公女戊辰進士歷任四川岳池縣山東即墨等縣知縣由卓異陞知州充丙子戊寅四川鄉試同考官運穌公胞妹廩貢生正定府學訓導運昌公胞姊己酉舉人運清公嫡堂姊己未舉人河南候補通判銘公胞姑

父 爭青 字愼彝甲辰 恩科舉人揀選知縣壬戌科大挑二等即選教諭著有愼庵古近體詩愼庵詞稿愼庵試帖詩賦稿梓行周易參考看詩隨錄十八卷看書隨錄十卷滿華集等詩全註待梓門人私誄曰博潔先生 敕授文林郎 誥贈奉政大夫翰林院庶吉士

母 氏陳 敕封孺人 誥封太宜人 同邑庠生德明公女八品銜

慈侍下 大成公胞姊壻廣生大鈞公邑庠生紹伊公嫡堂姊

應猜 應聘 應恆 應台

堂伯 壽邑庠生 翧邑庠生 煜 翕國學生封儒林郎 馳

還國學生 煇 嵃 峻 岱 嵐邑庠生己亥癸卯乙卯等科呈薦 己未己酉等科備中 鳦議敘從九 翟八品 歲品

堂叔 鵬從九品 鴻 崑業儒 翔 巖

再從堂伯叔 鶴齡 桂齡 桂芳 延齡

九齡 元齡 桂榮 桂馥恩榮八品 桂馨 暹齡 彭齡 桂珍 偉 俊

傑 儀議敘八品 椿齡從九品 倩 倬 俶

仁 倫

從堂兄 沛恩 錫恩貢生 大士 世恩 大

二

庭訓

業師

翟曾傳夫子諱承曾邑處士

常伯笨瞻夫子諱翕邑庠生

王調庭夫子諱復煊天津縣秀監

張省吾夫子諱師曾邑庠生

戴覺川夫子諱襄清乙酉舉人乙未大挑二等武邑縣教諭磁州學正誥封中憲大夫

表叔陳仲鸞夫子印鴻翊戊戌進士吏部主事歷升郎中軍機處行走山東道監察御史欽派津南團練大臣工科掌印給事中現任福建汀漳龍兵備道

成六品銜　溥恩議敘八品　洪恩　朝恩　廷槐

國恩　慶恩　榮恩　廷蔭

從堂弟綸恩　荷恩　孚恩　廷楨　廷

柱　廷梓　廷柏儒業

三從堂兄弟雙來　承恩　承業　全來

承義　承祜　承善　承緒　克昌

繼昌邑庠生　泰昌　吉昌議敘八品　熾昌儒業　裕

昌　樹恩國學生　懷恩　其昌　日昌

鶴昌　緒昌

胞兄棠恩字紹亭廩貢生候選訓導丙子科挑取謄錄

胞弟秉恩聰穎幼殤

胞兄 訓

課師

世伯趙徵卿夫子 諱興廉 天津縣己酉舉人

堂姑丈龐琴舫夫子 諱兆綸 庚子翰林戶部侍郎會場總督

表叔陳鶴儕夫子 印鴻壽 辛卯優貢戊戌教習山西甯鄉縣知縣調署悅仁縣知縣欽加運同銜

孫楫英夫子 印廷彥 癸丑進士工部主事

表叔陶又鄘夫子 印容 己未舉人河金南候補通判

世伯王筠軒夫子 諱繼庭 武清縣庚戌進士吏部郎中歷任山東青州府兗州府知府

胞妹 適天津縣嘉慶甲子科副榜癸酉科由廩卷挑取教習原任四川納谿縣知縣鄭諱恩齊公孫同治甲子科舉人杏林公子業儒德瑛

胞姪 星 幼

再從堂姪 壎 廩膳生 墀 塏 埭 壇 埜

墉 坦 坡 址 業儒 培 塾 垣

場 塽 俱幼讀 均 陸 瓏 俱幼

四從堂姪 邦彥 邦治 邦杰 邦勳

邦楫 邦模 邦權 邦泰 邦林

邦忠 邦憲 啟 法 纘 謨 肅

璽 業儒 現 琳 瑞 業儒 珍 珊 瑜 俱幼

三從堂姪孫 蔚華 蔚芳 蔚弟 蔚蓊

三

[illegible]

談小峯夫子 諱松林 甲戌進士湖北候補知縣

受知師

毛旭初夫子 印昶熙 乙巳翰林吏部尚書前順天府府丞提督學政

萬藕舲夫子 印青藜 庚子翰林禮部尚書兼順天府府尹事務前提督順天學政

楊詒堂夫子 諱式穀 辛丑翰林禮部侍郎前提督順天學政

汪文端公夫子 癸巳翰林都察院左都御史軍機大臣前提督順天學政

蔣子良夫子 諱彬蔚 丙辰翰林刑科掌印給事中王

俱幼

妻邢氏 天津縣候選直隸州同知貤封朝議大夫河南歸德府知府錫命公曾孫女候選守備承烈公孫女增貢生候選訓導光第公女從九品甲第公武庠生顯第公胞姪女山東河工同知保升知府江蘇鹽法道署按察使春第公山西石樓鳳臺等縣知縣寶第公庠生桂第公堂姪女

子

女

戊鄉試
同考官
羅文恪公夫子乙未翰林戸部尚書
壬戌鄉試副考官
瑞文端公夫子壬辰翰林 文華殿
大學士壬戌鄉試副
考官
賈文恪公夫子丙戌榜眼 武英殿
大學士壬戌鄉試正
考官
銘鼎臣夫子印安丙辰翰林 盛京
刑部侍郎癸亥會
試同
考官
劉榕樓夫子印曾癸亥進士翰林院
編修山東道監察
御史戊辰會
試同考官
曹吉三夫子印秉哲乙丑進士翰林
院編修侍講銜

記名御史記名道府辛未會試同考官

壬戌鄉試中式第三百三十五名

保和殿覆試二等第七名

癸亥會試挑取謄錄第三十五名

戊辰會試挑取謄錄第三十六名

辛未大挑二等

會試中式第三十七名

保和殿覆試二等第九名

殿試二甲第一百名

朝考一等第六十五名

欽點翰林院庶吉士

族繁不及備載

世居邑南九十里北塘

欽命四書詩題

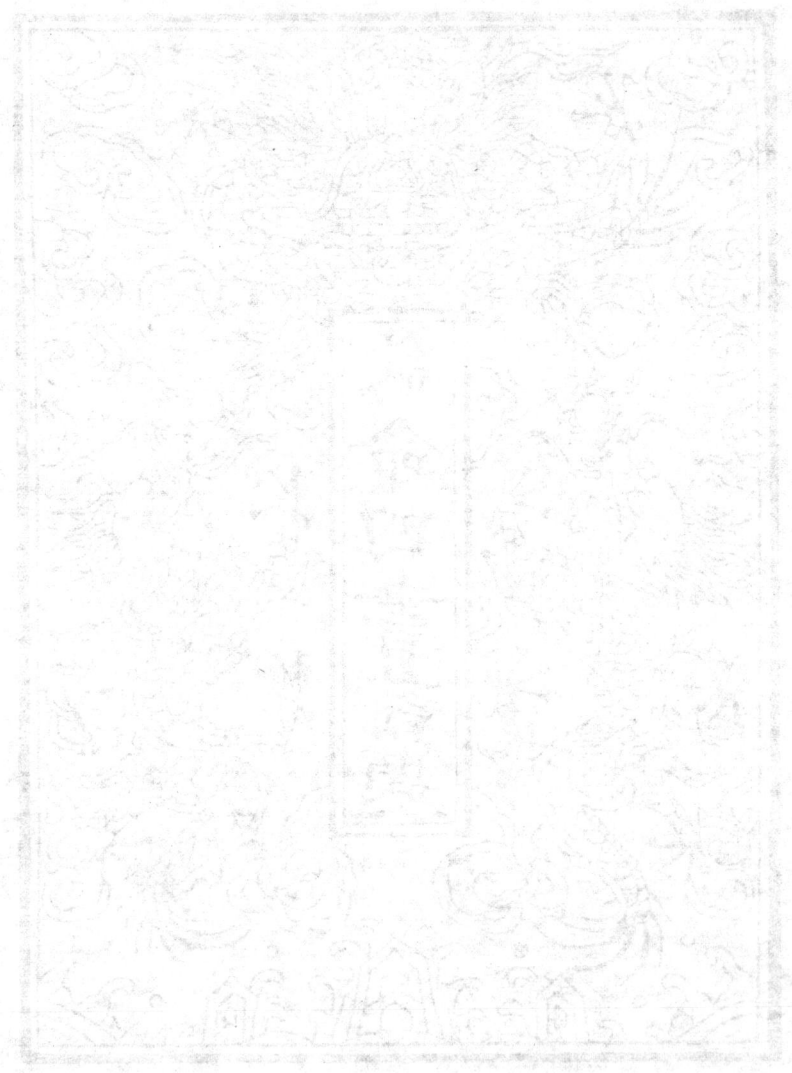

戴彬元

新安一世祖安南唐銀青光祿大夫撿挍國子祭酒上柱國諡忠恭

妣氏廉誥封國夫人

妣氏王誥封夫人

遷湖始祖爲轂誥贈通議大夫江蘇按察使孝行載江南通志嘉湖府志

妣氏吳誥贈淑人

支祖浩歲貢生勅贈文林郎福建政和縣知縣

字蓮生號愚卿一號漁青行一道光丙申年三月二十五日吉時生順天府甯河縣學拔貢生民籍戶部雲南司候補主事原籍浙江湖州府烏程縣

遷湖二世伯叔祖溶附生誥贈通議大夫江蘇按察使　淇監生考授州同　洪歲貢生　澇　滋增生

三世伯叔祖永梓附生勅贈文林郎四川彭水縣知縣　永椿康熙辛卯舉人雍正癸卯進士翰林院庶吉士歷任編修江西道監察御史山西按察使江蘇按察使誥授通議大夫　永榮監生勅贈文林郎彭水縣知縣　永業　永

鑾附生　永粱　永果　永棫監生　永藻附生　永樅

永樹廩貢生雍正壬子科副貢江蘇如皋縣縣丞勅授修職郎　永梅

永植雍正壬子科舉人薦舉鴻博湖南龍陽縣知縣勅授文林郎著有汀風閣集

凥
妣氏汪孺人勅贈
庶妣氏方
太高祖永樸雍正癸卯舉人歷官福建政和甌甯長樂甯化等縣知縣勅授文林郎
妣氏吳勅贈孺人
高祖文熹監生例贈文林郎
妣氏陳例贈孺人
曾祖順基候選縣丞勅贈承德郎貤贈奉直大夫始遷甯河
妣氏何勅贈安人貤贈宜人
祖朝錫候選直隸州州同勅授承德郎晉贈奉直

高
行世永槐附貢貤贈奉直大夫鴻臚寺少卿永杞
伯叔祖炳雍正丙午科舉人四川彭水縣知縣勅授文林郎文燈乾隆甲子南元丁丑科進士禮部儀制司員外郎誥授奉政大夫晉贈中議大夫太僕寺卿
焜監生振駒文焯文煌修職郎貤贈文炬文
熠文煊文熥文燦文燭文熾監生
始遷湖南常德文錟廩生文燮監生文燕監生直隸冀州吏目文熛
附貢生江西饒州府經歷勅授修職郎文舉文然監生候選府經歷
文光宸恩貢生處州府景甯縣教諭勅授修職郎寅
曾
伯叔祖承熙附監生候選縣丞瓊琚元基附生昌基廣西桂林府司獄立基附生禮附生璐乾隆庚辰科舉人癸未科進士工部都水司主事營繕司員外郎都水司郎中湖廣道監察御史禮科給事中吏科掌印給事中巡

大夫貤贈
中憲大夫
妣氏徐 天津縣乾隆壬申科舉人磁州訓導諱汝槐公孫女乾隆甲午科舉人江西廬陵縣知縣諱煇公廩生諱焆公諱熾公候選從九品諱煥公諱焯公胞姪女乾隆壬子科舉人陝西布政使護理陝西巡撫內閣侍讀學士諱炘公堂姪女監生諱煌公女候選從九品諱垣公胞妹 敕封安人 晉贈宜人 貤贈恭人

父襄清 原名傳洙字覺川道光乙酉科舉人大挑二等原任武邑縣教諭磁州學正守城出力 欽加五品銜大計卓異 誥授奉直大夫晉贈中憲大夫懿行載入縣志

視中城鴻臚寺少卿光祿寺少卿太常寺少卿通政司副使太僕寺卿乾隆甲午廣西副考官 誥授中議大夫著有藤陰雜記吳興詩話吳興科第表行世

琠 監生四庫館議敘貴州布政司經歷

璡 監生

宗基 增生乾隆己卯科舉人咸安宮教習

承基 開基 興基 福基 廩生乾隆癸卯科舉人溫州府平陽縣訓導 敕授修職郎

聖基 琦 誠基 邦基 有基 敦基 世泰 監生 世豐 琳 璿 璣 監生始遷福建

琇 印田 玉田 福田 心田 肯堂 玉堂 錦堂 琴堂 瑛 珠 培瑛

培元 璜 歲貢生候選訓導 璥 附生 玗 監生 琪 監生敕贈文林郎

璥

胞伯叔祖 鎮 宛平增生 恩錫 候選從九品 寶錫 監生 敕贈登仕郎 誥

履

妣氏徐 從九品諱垣公女 誥贈宜人 晋贈恭人

承感下

庭訓

受業師

堂叔智溪夫子 諱濬

李耀西夫子 印會庚 邑庠生

張紫瞻夫子 諱維垣 邑庠生

姑丈邵清漪夫子 諱宗濂 歲貢生候選訓導

姻叔邵松亭夫子 諱宗龍 咸豐辛亥

贈奉直大夫 五錫 勅贈登仕佐郎

堂伯叔祖鐄 鈴 銑 銘 鉞 錦 鼎咸

鼎錫 鼎升

從堂伯叔祖振宗 山西河邑巡檢 鈞 鍾 鑄 鼎銑

鼎鑾

再從堂伯叔祖鉌 附生 鈺 附生 錞 錫衡 監生 松申 鼎

恆 嘉慶戊午科舉人己巳科進士內閣中書協辦侍讀文淵閣校理會典館纂修宗人府主事玉牒館纂修禮部祠祭司主事鑄印局掌印員外郎吏部稽勳司郎中戶部寶泉局監督湖廣道監察御史江西南康府知府嘉慶癸酉科雲南鄉試副考官庚辰科會試同考官道光壬午科順天鄉試同考官誥授朝議大夫 長齡 寶元

嗣昌 嗣富 翺 翔 繼書 鼎元 附生

舉人前任甯
古塔學正
表伯劉震亭夫子諱通會歲貢生候
選訓
導
沈愚亭夫子諱鎬江蘇震澤縣人道光丁未
進士兵部車駕
司郎中候選道
受知師
孫鳳翥夫子諱煥翔靜海縣人道光辛巳
舉人前任甯
河縣教諭
陳老夫子諱珍廩貢生前任甯河縣訓導
池老夫子諱珍成安縣人廩貢生前甯河縣訓
導

候選訓導　誥贈奉直大夫光祿寺署
正加二級　貤贈資政大夫湖南巡撫銓附生
行誼端方敦本睦族
倡修譜牒舉族咸賴履恆增生升恆　謙恆
晉恆　霖監生士衡歲貢生處州府雲和縣訓導震恆同治壬戌
湖城殉難
恩賜旌卹　錫康　錫蕃候選布政司理問　錫純
胞叔傳灝監生朝議大夫　貤贈
堂叔傳瀛　傳溥　瀚原名傳沂盛京刑部司獄　勅授登仕郎傳
泗濬山東城武縣典史勅授登仕佐郎傳灃增生同治壬戌科副貢生
山西候補知縣前
署廣靈縣知縣傳淦
從堂伯叔啟淮監生遷湖南鎮箪啟源　啟湘　啟瀛湖南
武陵附生啟汪武陵廩生學禮　學文
再從堂伯叔清　興湘　興湖　興潭　學詩

過虞卿夫子諱錦雲貴州貴筑縣人咸豐壬子舉人前任甯河縣知縣

張曉巖夫子諱昭貴州綏陽縣人咸豐癸丑進士直隸候補知府前甯河縣知縣

蔣霞舫夫子諱達廣西灌陽縣人道光辛丑翰林前任順天府府丞

李古廉夫子諱清鳳江蘇新陽縣人道光丙申進士原任刑部右侍郎順天學政

吳柳堂夫子諱可讀甘肅皋蘭縣人道光庚戌進士道銜河南道監察御史吏部稽勳司主事咸豐己未恩科鄉試同考官

族伯叔淦　正寅廩貢生道光丙午科舉人嚴州府桐廬縣訓導勅授修職郎
傳齡　傳[illegible]　傳綬　傳緻　傳浚候選從九品
傳渝　傳淶殉難　傳沅光祿寺署正　以忠附生　傳澂附生
傳津　傳洽　傳濬　傳汾殉難　傳翊　傳清增生同治癸酉科舉人大挑二等候選教諭光緒丙子科會試本科會試堂備　傳鴻監生　傳穎
附生

胞弟斌彤增生嗣堂叔傳溥後

堂弟彬儀監生

從堂弟彬吉監生　彬成監生　彬芬　彬芳

族兄弟維柱　維枝　維榜　維梧　維楨　維檜　維楣　維棠　維樫　維經附生　維聚　振

三

萬藕舲夫子印青藜江西德化縣人道光庚子翰林現任吏部尚書前任順天學政

楊詒堂夫子諱式穀河南商城縣人道光辛丑翰林原任吏部左侍郎順天學政

董海峰夫子諱瀛山直隸青縣人嘉慶庚辰進士原任通政司副使壬戌拔貢朝考閱卷大臣

孫蓮塘夫子印葆元直隸鹽山縣人道光己丑翰林前任吏部左侍郎壬戌拔貢朝考閱卷大臣

倭文端夫子號艮峰蒙古正紅旗人道光己丑翰林原任大學士壬戌拔貢朝考閱卷大臣

文文忠夫子號百川滿洲正紅旗人道光

倫附生彬蔚候補鹽大使維本 維熲

堂姪隆勳 書勳

從堂姪建勳 策勳

族姪祖烈

胞姑母長適同邑歲貢生候選訓導邵公諱宗濂次適玉田縣庠生孫公諱鍔

胞妹適天津縣道光癸卯科舉人現任懷安縣教諭查公印穀勳之次子同治丁卯科副貢生辛未科考取八旗漢教習試用教諭印秉漢

女

妻齊氏天津縣嘉慶辛酉科拔貢博野縣教諭諱壽平公孫女候選從九品印恩溥公

女

繼娶孫氏玉田縣乾隆丙戌武舉浙江海甯所千總諱廷魁曾孫女庠生諱庫公孫女處士諱紹曾公女

乙巳進士原任武英殿大學士軍機大臣壬戌拔貢　朝考閲卷大臣

李文清夫子號文園河南河內縣人道光壬午翰林原任禮部尚書軍機大臣壬戌拔貢　朝考閲卷大臣

朱文端夫子號桐軒浙江蕭山縣人道光壬辰榜眼原任體仁閣大學士壬戌拔貢　朝考閲卷大臣

賈文端夫子號筠堂山東黃縣人道光丙戌榜眼原任武英殿大學士壬戌拔貢　朝考閲卷大臣

瑞文端夫子號芝生蒙古鑲黃旗人道光

繼娶許氏同邑處士諱湧公女咸豐辛亥　恩科舉人昌圖廳訓導名善昌增生名善瑩堂妹

妾韓氏

朱氏

子章勳幼讀出嗣胞弟斌彤

女三

壬辰翰林原任協辦大學士
壬戌拔貢朝考閱卷大臣

翁文端夫子 號二銘 江蘇常熟縣人道光
壬午翰林原任大學士壬
戌拔貢朝考閱卷大臣

祁文端夫子 號湻甫 山西壽陽縣人道光
甲戌翰林原任大學士壬
戌拔貢朝考閱卷大臣

李文恪夫子 號滋園 順天寶坻縣人道光
壬午翰林原任工部尚書壬
戌拔貢朝考閱卷大臣

宗室薌生夫子 印靈桂 滿洲正藍旗人道光
戊戌傳臚現任吏部尚書壬
戌拔貢朝考閱卷大臣

蔭方夫子 印阜保 滿洲鑲黃旗人道光乙巳
翰林前任刑部尚書壬戌
拔貢朝考閱卷大臣

[illegible]

張子青夫子 印 之萬 直隸南皮縣人道光丁未狀元前任閩浙總督壬戌拔貢 朝考閱卷大臣

沈經笙夫子 印 桂芬 順天宛平縣人道光丁未翰林現任協辦大學士兵部尚書軍機大臣壬戌拔貢 朝考閱卷大臣

李蘭蓀夫子 印 鴻藻 直隸高陽縣人咸豐壬子翰林工部尚書軍機大臣壬戌拔貢 朝考閱卷大臣本科覆試閱卷大臣

邵子長夫子 印 曰濂 浙江餘姚縣人同治戊辰翰林現任江南道監察御史 賞戴花翎光緒己卯科順天鄉試同考官

徐蔭軒夫子　印　桐　漢軍正藍旗人道光庚戌翰林現任禮部尚書光緒己卯順天鄉試正考官本科會試覆試閱卷大臣殿試讀卷大臣朝考閱卷大臣欽派教習庶吉士

春圃夫子　印　志和　滿洲正藍旗人咸豐壬子翰林現任都察院左都御史光緒己卯科順天鄉試副考官

殷譜經夫子　印　兆鏞　江蘇吳江縣人道光庚子翰林現任禮部左侍郎光緒己卯科順天鄉試副考官本科會試覆試閱卷大臣

錢湘吟夫子　印　寶廉　浙江嘉善縣人道光

庚戌翰林現任刑部左侍郎
光緒己卯科順天鄉試副考
官本科朝
考閱卷大臣

宗室芝菴夫子 印 麟書 滿洲正藍旗人咸豐
癸丑進士現任吏部左侍郎
光緒己卯科順天鄉試監臨
本科會試副考官覆試閱
卷大臣朝考閱卷大臣

梁檀甫夫子 印 肇煌 廣東番禺縣人咸豐
癸丑翰林前順天府府尹現
任福建布政使光緒己卯科
順天鄉試監臨

董韞卿夫子 印 恂 江蘇甘泉縣人道光庚子
進士現任
戶部尚書

童薇硯夫子 印 華 浙江鄞縣人道光戊戌翰

林現任都察院左都御
史兼管順天府府尹事
吟濤夫子印松森滿洲正藍旗人同治乙丑
翰林現任禮
部右侍郎
春宇夫子印宜振漢軍鑲黃旗人道光乙巳
翰林現任戶
部右侍郎
邵汴生夫子印亨豫順天宛平縣人道光
庚戌翰林現任
吏部左侍郎
逢峰夫子印烏拉喜崇阿滿洲鑲黃
旗人道光丙辰翰林
現任吏部右侍郎
席卿夫子印錫珍蒙古鑲黃旗人同治戊辰
翰林現任刑
部右侍郎

房師

孫子受夫子 印 詒經 浙江錢塘縣人咸豐

庚申翰林現任工部左侍郎

宗室杏村夫子 印 桂昂 滿洲正藍旗人同治

壬戌翰林現任內閣學士兼禮部侍郎銜

王夔石夫子 印 文韶 浙江仁和縣人道光

壬子進士現任戶部左侍郎

祁子禾夫子 印 世長 山西壽陽縣人咸豐

庚申翰林現任禮部右侍郎

夏伯音夫子 印 家鎬 江蘇江甯縣人咸豐

壬子進士現任宗人府府丞

本科會試知貢舉 朝考閱卷大臣

宗室星齋夫子印奎潤滿洲正藍旗人同治癸亥翰林現任兵部左侍郎本科會試知貢舉

佩蘅夫子印寶鋆滿洲鑲白旗人道光戊戌進士現任武英殿大學士總理吏部事務本科欽派教習庶吉士

高搏九夫子印萬鵬陝西城固縣人同治戊辰翰林現官翰林院侍講本科教習庶吉士

履歷

咸豐辛酉科拔貢第一名
朝考二等第一名
保和殿覆試一等第四名
欽點七品小京官籤分戶部
光緒己卯科鄉試中式第十三名
保和殿覆試二等第十九名
庚辰科會試中式第二百五十六名
保和殿覆試二等三十九名
殿試二甲第一名
賜進士出身
朝考一等第四十九名
欽點翰林院庶吉士

族繁祇載本支
世居城南蘆臺鎮現居小留莊

會試硃卷光緒庚辰科

中式第二百五十六名貢士戴彬元順天府甯河縣學拔貢生民籍戶部雲南司候補主事

同考試官翰林院編修加三級林 閱
薦

大總裁兵部左侍郎加三級許 取 批
又批　顧視清高經策典重

大總裁吏部左侍郎鑲白旗滿洲副都統左翼總兵總理各國事務大臣加三級宗室麟 取 批
又批　詞嚴義正經策豐腴

大總裁經筵講官毓慶宮行走頭品頂戴工部尚書加三級翁 取 批
又批　大氣包舉經策淹通

大總裁戶部尚書正白旗漢軍都統國史館總裁總理各國事務大臣軍機大臣加三級景 中 批
又批　高挹羣言經策沈博

本房原薦批

意淸筆顯中比點亦字有神次三

條𢌿詩諧

聚奎堂原批

盤旋數虛字得機得勢發揮處亦

見力量次三皆無浮辭詩靜細

子曰吾與回言終日不違如愚退而省其私亦足以發回也

不愚

戴彬元

大賢悟道之妙惟聖人喻其微焉夫顏子之不違正顏子之不愚也然必徵之於足發非聖人孰能知之且聖賢相喻之故固不能於形迹閒求之而亦有時於形迹閒契之形迹者精神所貫注者也惟賢契聖貌若拒而心與迎惟聖契賢始若疑而終則信精神所會形迹融焉其相喻爲甚深矣昔夫子以回之悟道而欣然喜也曰今有人以回爲愚其誰信之今卽有人以回爲不愚又誰聽之然是未嘗與回言也是未嘗與回言終日也吾憶夫吾矣函丈

之提撕綦切片語原可轉迷途吾與回則終日也議論多則異同見逆於耳不即違於心乎而回也不然及門之問答艮殷片刻亦能通至理與回言則終日也聽受久則疑似參順於常能無違於暫乎而回也不然意者其愚乎藉曰不愚何其不違乃爾乎而吾乃亟亟焉觀其退矣而吾更竊竊焉省其私矣退藏之頃可驗尊聞吾於回若初難深信乃省其踐履足以行吾所已言並足以行吾所未言發明爲有據矣聰明之士感則可通而不謂如愚者亦能推闡私居之地可證心傳吾於回若未敢過望乃省其幽獨足以踐乎言之中並足以通乎言之外發洩已無餘矣穎悟之流觸

則能動而不謂如愚者亦善引伸此其不愚也實出吾之意外也同堂之辨論固判淺深而回則視同一致始幾謂淡焉置之矣乃視聽言動之則體之在行習蓄之則在神明吾不意歎然於言之時者乃竟釋然於省之時也向則未覘其全量今則相覘於隱微回也其獲我心哉然其不愚也固在吾之意中也事理之講求各存意見而回則絕少兩歧始亦疑默然識之矣夫虞夏商周之制考之爲學問蘊之則爲經綸吾所爲相引於言之機者固已豫決夫發之機也本非見絀於天資抑且不遺乎學力回也其眞吾徒哉

本房加批

勘題眞切無浮煙漲墨犯其筆端是淸剛雋上之作

柔遠人則四方歸之懷諸侯則天下畏之

戴彬元

進徵柔懷之效有極於無外者焉夫遠人四方之所視諸侯天下之所繫也既柔且懷其歸與畏不可立致哉且王者大一統而四方風動天下景從此豈智取術馭哉撫恤周則道途興感境外咸欽恩澤之孚撫綏至則屏翰相聯寰中共矢威靈之戴文德之修在宮寢聲教之訖在海隅夫是以主極同尊而王章愈肅也經言柔遠人誠以遠人者四方所以驗從違也過都越國之餘天下畏途孰如險阻乃或歌嘉客而白駒莫縶念我邦而黃鳥無依彼遠人何勝況瘁乎柔之則安其身者即慰其心逆旅之棲遲不異鄉

閭之休止千百里羣歸盛德固已傳諸四方矣且夫柔之經豈徒爲要結四方計哉顧王者不尙招徠之術斯人早殷向慕之忱其已歸者關市可通喜託聖人之宇其未歸者邦畿可止願依天子之光法令所不能驅者德化若得而誘之其歸也不決之於襁負既至之時而決之於行李偶經之會也先王當日南邦式化而江漢歸迨乎典重六官斯萬國梯航悉資象譯周書所以邇柔遠之規也夫經言懷諸侯誠以諸侯者天下所以瞻向背也胙土分茅而後四方歸極早化黨偏乃或會朝也而頤氣加之帶礪也而弁髦棄之彼諸侯何所依託乎懷之則服其心者即懾其志尊嚴之

體制濟以愷惻之性負數十國悉畏天威早已聞諸天下矣且夫懷之經豈兼爲控制天下計哉顧聖世恥言征伐之權異域已消反側之漸其畏勢者守吾疆圉貢獻不闕於時巡其畏神者奉以版圖車書必同夫中國兵戈所不能脅者德澤反得而威之其畏也不卜之於戎羌服教之年而卜之於牧伯蒙恩之日也先王當日西土專征而大邦畏迄乎政成九牧即百神喬嶽亦震聲靈周禮所以兼懷方之職也夫公深念柔與懷之經可矣

本房加批

推陳出新妥貼排奡非同率爾操觚

又尚論古之人頌其詩讀其書不知其人可乎是以論其世

也　　　　　　　　　　　　　戴彬元

論古必先論世始可以言知人矣夫古人之眞詩書載之而不能遽言知也有其世焉論古者惡得而忽諸且吾人處百世下而欲知百世以上之人則非卽其所留遺者徵之恐不足以言知也然第卽其所留遺者徵之恐仍不足以言知蓋留遺者猶屬其迹而遺際者可驗其心彼略遺際而徒考留遺則古人之眞品不出卽論古之卓識亦不出友天下之善士爲未足殆將謂當世之善不及古人之善也論當世之善不若論古人之善也則何妨又尚論

古之人乎古之人材力聰明不能無所寄一事也而託諸吟詠一言也而寓夫箴規論古者慨慕流連不禁神游於往哲知殘編斷簡皆與後人以考據之資古之人學問經濟不能無所宣諷諫而或婉其辭紀事而或嚴其義論古者尋章摘句不無心折於前賢知片語隻詞皆與異代以搜羅之具其詩其書非古人之可知者乎頌之讀之非尚論者可以知其人者乎然而知其人亦難言之矣忠孝有難明之隱摘詞雖淺而含意轉深使即淺者以論其人而遽謂其人之蘊蓄可知也不將爲詞章掩乎事變有欲諱之端持論似偏而用心則正使即偏者以論其人而竟謂其人之品量

可知也不幾爲著作晦乎是則徒恃詩書之過也古人之遭逢與今人異古人之學術與今人同本學術而尙論遭逢覺古來義士仁人其委曲焉而成爲畸節者苟設身以處皆有鬱鬱不得已之情則知其爲世所限也由不可而求其所以可持論庶不負藻鑑之明哉則勿徒恃頌讀之功也不朽之勳名古人奮勉以將事無常之時勢古人審量以成功權時勢而尙論勳名覺古來國政家事其震動焉而有拂衆情者苟易地以觀皆有汲汲不容緩之勢則知其與世相成也由可知而進於無不知好古庶足揭簡編之祕哉是以論其世也尙論者不卽可以尙友乎

本房加批

意精語鍊氣靜神閒入後尤風骨遒上

賦得靜對琴書百慮清　得清字五言八韻　　戴彬元

百慮難拋卻琴書半榻橫對之原足樂靜者總心清古意悠然會予懷淡不縈在船同伴鶴隔幌漫聽鶯雨過曾添潤風微偶送聲塵緣空萬有絃誦息三更滴漏餘音寂聞香妙趣生臣衷澄似水滌筆頌昇平

本房加批

清新俊逸一字一珠

順天鄉試硃卷 光緒己卯科

中式第十三名舉人戴彬元順天府甯河縣學拔貢生戶部候補主事

同考試官翰林院編修江南道監察御史賞戴花翎加三級邵 閱 薦

大主考刑部左侍郎加三級錢 批

又 批 簡中眞際

大主考經筵講官禮部右侍郎上書房行走實錄館副總裁稽查京通十七倉大臣加三級殷 取 批

又 批 絃外餘音

大主考吏部右侍郎鑲白旗滿洲副都統實錄館副總裁加三級志 取 批

又 批 惜墨如金

大主考經筵講官禮部尚書管理戶部三庫事務實錄館副總裁加三級徐 中 批

又 批 覷題似鏡

本房原薦批

簡潔老當三藝一律詩工秀

聚奎堂原批

言簡意賅節短韻長詩亦秀雅

子貢曰如有博施於民而能濟眾何如可謂仁乎子曰何事於仁必也聖乎

戴彬元

賢者遠覩夫仁聖人先極其量焉夫博施濟眾子貢蓋不敢信其爲仁也夫子極之曰聖則豈獨謂仁已乎且斯民有望慰之心吾儒有當盡之事而其心與事之相待者又往往有不可必得之情此其際賢者疑焉聖人亦不能遽斷焉吾黨有子貢固有志於聖而專力以求仁者也想其明敏之資無事不務於其大而因以痌瘝在抱者擬全量之歸推其高遠之志程功則好爲其難而因以胞與爲懷者極快心之境曰仁豈易言哉施不博不足以言仁博

施果謂之仁乎濟不眾不足以言仁濟眾果謂之仁乎而夫子曰賜也誤矣宇宙之寬宜歸懷抱而應四方之呼籲則有所難周億兆之命胥荷生成而考儒者之事功則憂其不給而第歸之於仁賜何其難視夫仁也謂施濟無與於仁則仁幾虛器然如賜所言擴一夫不獲之心充萬物歸懷之量籧廬坐嘯應知假手之無從矣必也其在窮神達化者乎而僅求之於仁賜何其遠視夫仁也謂仁無假於施濟則仁屬空談然如賜所言富必過於太倉之蓄勞不憚夫按戶之稽儒士修爲不覺撫心而自阻矣必也其在聰明睿知者乎必也聖乎然聖如堯舜吾恐其猶病也而猥以博施

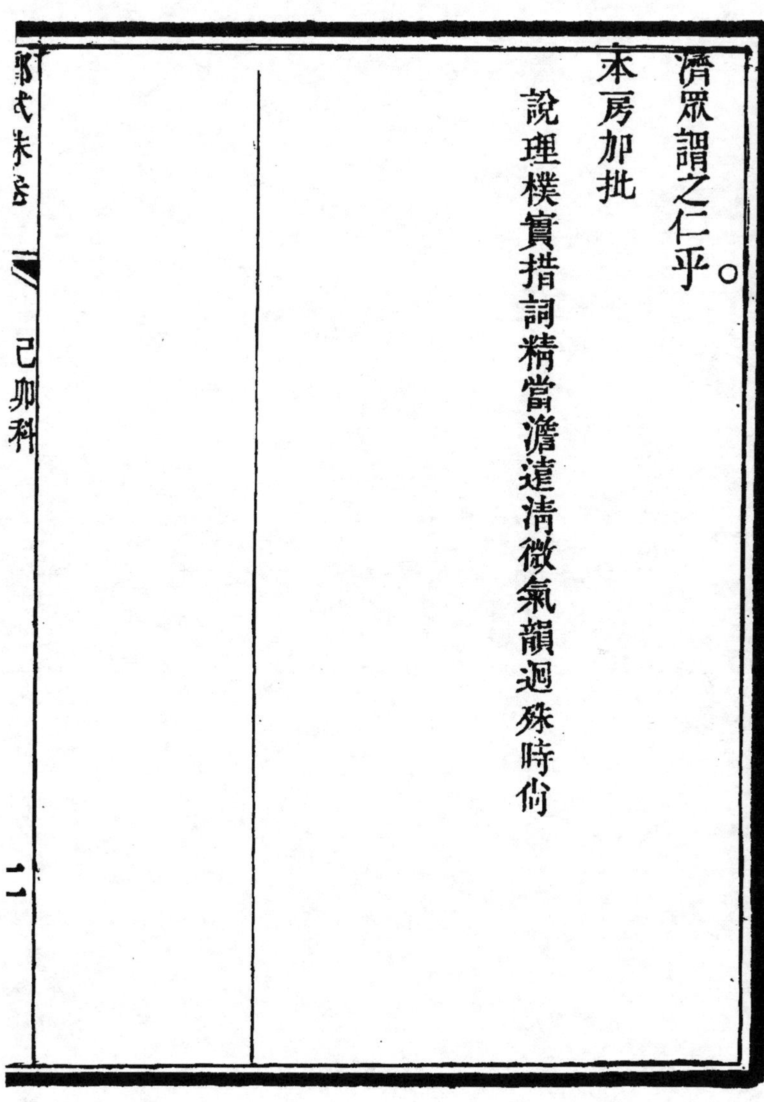
濟衆謂之仁乎。

本房加批

說理樸實措詞精當澹遠清微氣韻迥殊時尚

德爲聖人尊爲天子富有四海之内

戴彬元

卽身受以言孝益見虞帝之大矣夫德與尊與富皆身受者也卽此以觀虞帝不益見孝之大乎且中庸之道孝爲大端而顯親榮親養親之事固合貴賤而一致也然顯不極其顯榮不極其榮養不極其養可以言孝而不可以言大孝吾有以覲舜矣顯親者何德是也修士承歡膝下亦時慮聲華闃寂辱及親身德未光孝之薄也乃舜之德則有異至德格天二老並化頑嚚之號峻德協帝四岳同深愛戴之誠推之曰聖人則洋溢之聲名咸推美於晨昏之訓誨其顯親也極矣而舜之爲聖人也有如此榮親者何尊是

也儒生侍奉庭闈亦時冀遭際非常克伸親志尊未至孝之虧也乃舜之尊則有異尊無二上大振鎔蟬世胄之光尊而彌親更啓傲象分封之宇奉之曰天子則九重之定省發而爲萬億之謳歌其榮親也極矣而舜之爲天子也有如此養親者何富是也寒賤自謀菽水亦欲以盤匜不匱上慰親心富未裕孝之衰也乃舜之富則有異富潤於屋非復深山寂處之常富藏於民更錫寰宇阜財之福充之曰四海則萬方之貢獻聚而爲一室之旨甘其養親也極矣而舜之有四海之內也又如此進觀宗廟饗子孫保非舜之大孝其孰能與於斯

本房加批

筆力精銳理境澂瑩反復推勘題無不宣之藴

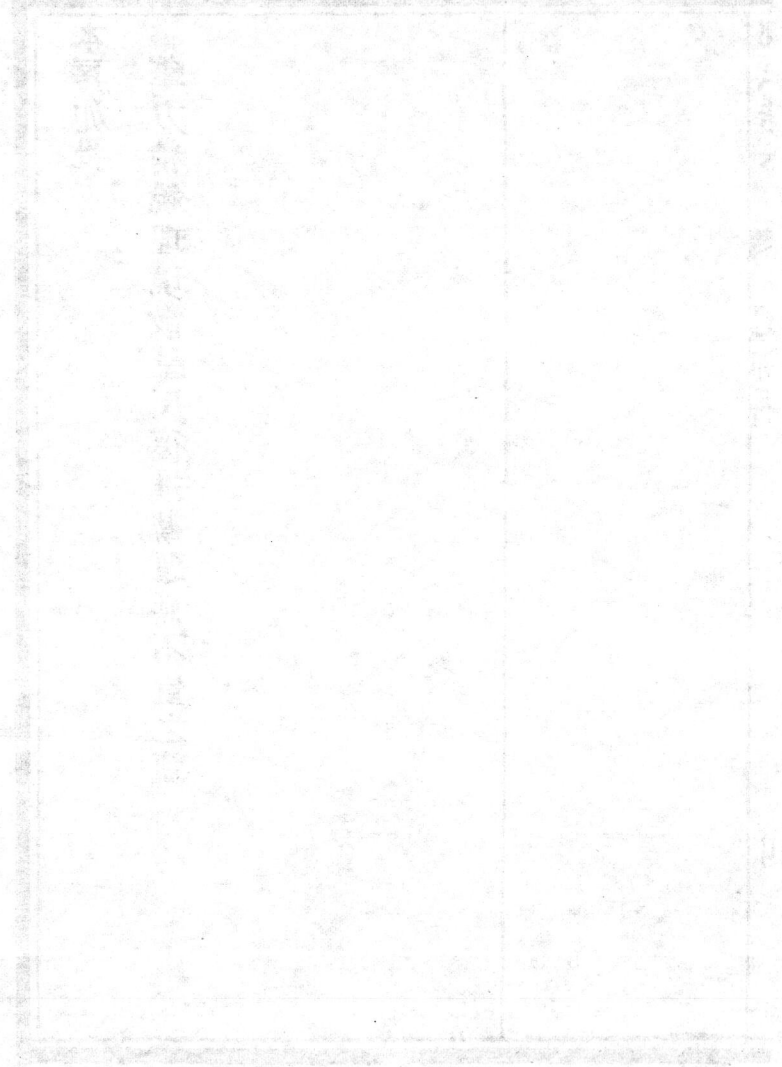

孔子聖之時者也

戴彬元

卽時以見聖，大賢獨喻其微焉。夫孔子之聖，聖而不可知也。孟子謂爲聖之時，非獨喻其微乎？且魯論一書，首言時習，至鄉黨特誌聖人之事，而時哉一歎，載於篇終。後之人讀其書，論其世，微窺乎記者言外之意，而聖人之全量見矣。如伯夷聖之清，則清而已矣；伊尹聖之任，則任而已矣；柳下惠聖之和，則和而已矣。夷不能爲尹，尹不能爲惠，惠不能爲夷，則和不能通於任，任不能通於清，清不能通於和也。雖曰聖也，聖之一體也。吾思孔子，且夫四時行，百物生，孔子嘗自言之矣。天道以時行，百物以時發，春日生時可以生矣秋日肅時可以肅矣驗之在一時推之在時時我孔子法天立極隨在制宜盡人合天有觸斯動則亦曰時而已矣然則時可速則速無濡滯之心也時可久則久無係戀之意也時可處則處非假肥遯以鳴高時可仕則仕非恃才華而自炫也伯夷獨爲聖之清伊尹獨爲聖之任柳下惠獨爲聖之和以視孔子則皆聖之一體也何也孔子聖之時者也蓋洞悉乎消長盈虛而有化機者無滯機適符上下同流之妙深究乎經權常變而有眞見者無成見遂極生民未有之奇夫以三子之聖而爲孔子則不可得若孔子則不必清而清矣不必任而任矣不必和而和矣殆所謂集大

成者乎

本房加批

格律蒼堅語亦精當埽却多少漲墨浮烟

賦得郊原遠帶新晴色得晴字五言八韻　戴彬元

雨散煙消後郊原色倍清四圍添遠景一帶喜新晴霞彩低含嶺雲痕薄繞城山遙螺髻潤沙軟馬蹏輕嫩綠看無際濃青畫不成鱗塍滋淡冶驛路認分明鴉點迷千隊鳩呼聽幾聲

恩膏今廣被樂歲頌

昇平

本房加批

薰香摘豔戛玉敲金

蘇夢蘭

字少垣號國香一號佩卿行一
咸豐壬子年正月初八日吉時
生順天府甯河縣學附生民籍

一世祖步雲
妣氏劉
二世祖民忭由天津縣始遷甯河
妣氏李
太高祖起瀾
妣氏夏
高祖鳳鳴八品銜敕授修職郎
妣氏李例封孺人
曾祖好勝太學生例贈文林郎

太高叔祖起雯
高叔祖鳳山
曾伯祖好德太學生
胞伯祖丕立九品銜
堂叔祖丕功
族伯叔祖丕福 丕祿 丕壽 善功附生道光辛卯科挑取謄錄議敘縣丞誥封奉直大夫 善慶附貢生候選訓導 善觀歲貢生候選訓導 善恆道光己酉科優貢咸豐甲寅科教習分發安徽即補知縣 善則咸豐辛酉科拔貢候選直隸州分州 善師誥封奉政大夫 善修恩賜六

厝

妣氏楊孺人例封

祖永成九品銜例貤文林郎

妣氏張例封孺人　劉例封孺人

父鴻輔字星垣太學生例封文林郎

母氏劉同邑太學生諱朝俊公孫女貤封奉直大夫印崇善公女誥封奉直大夫印崇尚公胞姪女業儒印鈞銳鈞公胞姊理問銜印昆公嫡堂姊太學生名玉清乙酉拔貢生名玉璞庠生名玉崟堂姑母例封孺人

永感下

庭訓

受業師

張藻林夫子諱文郁邑庠生

品銜　善明附生　善治附貢生封文林郎　貤　善學候選知縣貤封文林郎　善豫候選鹽大使　善啟運同銜誥授朝議大夫　善寶中書科中書敕封儒林郎

胞叔鴻瑞　鴻章

堂叔鴻業　鴻昇　鴻泰武庠生軍功六品銜賞戴藍翎

鴻勳

從堂伯叔鴻寬　鴻鈞　鴻才　鴻賓　鴻翔

族伯叔式莊廩膳生　式青庠生　式龍丙子舉人　式范庠生　式勳

五品銜候補光祿寺署正　式敬即選州同　紹泉壬午經魁

堂兄弟夢昌　夢周太學生　夢芬　夢芳　夢祥

夢齡　夢庚　夢貴

再從堂兄弟夢元　夢鼎　夢甫　夢康　夢瀛

翟鶴橋夫子 諱文臺 歲貢生候選訓導

于煥章夫子 印德麟 廩膳生

高紹庭夫子 印棠恩 廩貢生前署都縣教諭候選知縣

高熙廷夫子 印賡恩 丙子進士翰林院編修上書房行走記名道府教習庶吉士

課師

陳仲鸞夫子 諱鴻翊 戊戌進士前福建汀漳龍道

李少荃夫子 印鴻章 丁未翰林太子太傅文華殿大學士一等肅毅伯直隸總督

季士周夫子 印邦楨 辛未進士現任長蘆鹽茶

夢翰 夢恆 夢嘉 夢光 夢清

族兄弟 之傑 庠生 之佐 業儒 之綱 九品銜 之經 庠生 之純 壬午副榜乙酉舉人

從堂姪 毓璠 毓琨 毓瑤 毓珊 毓瑄

胞姑母 適同邑前任江西巡檢孫公諱寶常胞弟守禦所千總諱寶箴

胞姊 適同邑乾隆戊申科舉人大挑一等分發湖南知縣河工同知改捐員外郎高公諱鎮之元孫邑庠生諱思翰公曾孫監生貤封儒林郎諱命公之孫監貢生 錫恩公之子廩膳生諱壎公胞弟處士諱壇

妻陳氏 同邑候選布政司經歷諱溥公女運同銜候選鹽運副使諱津胞姪女太學生 印鴻昌鴻磬之胞妹

子 毓璘 業儒 毓珣 幼讀 毓琛 毓珍 俱幼

女一

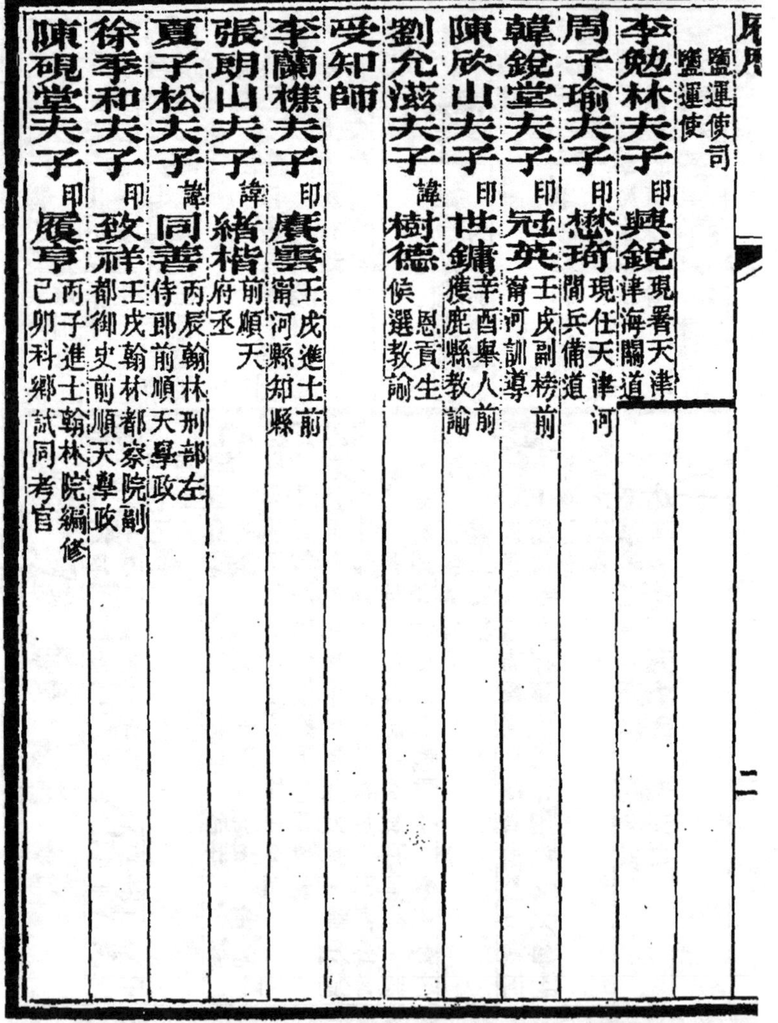

履歷

鹽運使司

鹽運使

李勉林夫子 印興銳 現署天津津海關道

周子瑜夫子 印懋琦 現任天津河間兵備道

韓銳堂夫子 印冠英 壬戌副榜前甯河訓導

陳欣山夫子 印世鏞 辛酉舉人前獲鹿縣教諭

劉允滋夫子 諱樹德 恩貢生候選教諭

受知師

李蘭樵夫子 印展雲 壬戌進士前甯河縣知縣

張朗山夫子 諱緒楷 前順天府丞

夏子松夫子 諱同善 丙辰翰林刑部左侍郎前順天學政

徐季和夫子 印致祥 壬戌翰林都察院副都御史前順天學政

陳硯棠夫子 印履亨 丙子進士翰林院編修己卯科鄉試同考官

徐蔭軒夫子印桐庚戌翰林吏部尚書　太子太保協辦大學士翰林院掌院學士己卯科鄉試大主考

志春圃夫子諱和壬子進士吏部右侍郎鑲白旗滿洲副都統己卯科鄉試大主考

殷譜經夫子諱兆鏞庚子翰林禮部右侍郎　上書房行走己卯科鄉試大主考

錢香吟夫子諱寶廉庚戌翰林刑部右侍郎己卯科鄉試大主考

己卯鄉試中式第一百一名
保和殿覆試一等第四十三名
會試中式第一百三十一名
保和殿覆試三等第七十名
殿試三甲
朝考入選
欽點即用知縣籤分福建

族繁祗載本支
世居城南九十里北塘

欽命四書詩題

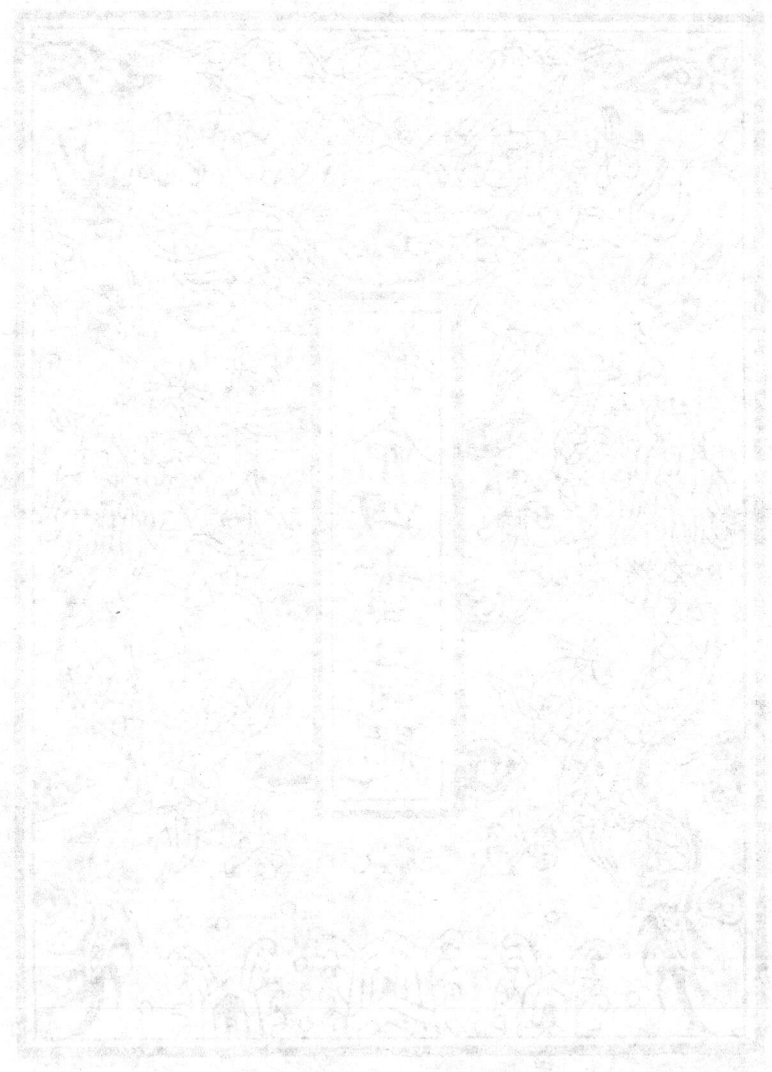

王照

字藜青號小航行一咸豐
己未年五月初八日吉時生
順天府甯河縣增生民籍

始遷祖仲金 鄉飲大賓原籍江南太倉州 國初始遷居甯河縣蘆台鎮
始遷祖妣氏李
七世祖應夏 鄉飲大賓
七世祖妣氏劉
六世祖秀生 鄉飲大賓 誥贈武顯將軍
六世祖妣氏胡 誥贈太夫人
五世祖斌 字贊侯 誥贈中憲大夫 武顯將軍
五世祖妣氏汪 誥贈太恭人 晉贈太夫人

胞伯高祖耆登 誥贈武德騎尉 耆臣 誥贈武德騎尉
胞伯曾祖錫齡 字鶴坪 武庠生 誥封奉政大夫 貤封武顯將軍
胞叔曾祖錫琨 字午橋號紹溪嘉慶戊寅恩科經魁庚辰科進士兵部武選司員外郎加三級 誥授中憲大夫 妻劉氏 欽旌節孝
嫡堂伯曾祖錫勇 武庠生候選守備 例授武德騎尉 錫福 增廣生 敕贈修職郎 錫賡 監生 錫蔭 武庠生候選守備 例授武德騎尉
胞叔祖承瀚 字清浦號琴浦道光癸卯 欽賜舉人一體會試 恩賞七品小京官旋 賞主事籤分工部補授硝磺庫主事加三級分發山西候補直隸州知州 誥授中憲大夫

高祖耆佐 字廷相號椿軒監生 誥封中憲大夫 武顯將軍 卓行載邑志

高祖妣氏李 同邑 敕封文林郎仲信公女翰林院待詔永謙公胞姊監生揚公胞姑母從九品廣瀚公胞祖姑母 誥封太恭人 晉封太夫人

曾祖錫朋 號樵墉又號蕉墉嘉慶戊辰恩科武舉人充兵部差官歷任陝西固原營游擊湖南臨武營參將寶慶營副將福建汀州鎮總兵安巖壽春鎮總兵賞戴花翎賜鋭勇巴圖魯名號賜小刀貂尾道光辛丑年在浙江定海禦夷陣亡贈提督銜恩給騎都尉兼一雲騎尉世職賜諡剛節賜祭賜葬費敕建定海甯河兩處專祠入祀京師昭忠祠國史立傳 誥授武

嫡堂叔祖承澤 字芙江道光己亥恩科副榜考取八旗教習候選州同 誥授奉政大夫 貤封中憲大夫 **承治** 字慎齋廩膳生 誥封奉直大夫 **承源** 字子淇監生 **承沛** 號梅鋤軍功六品銜 賞戴藍翎 **承溥** 字心泉監生 貤封中憲大夫

從堂叔伯祖承先 監生 **承典** 武庠生 誥封奉政大夫 **承訓** 庠生 **承業** 庠生 **承誥** 附貢生候選縣丞 貤封中憲大夫 **承惠** 歲貢生順德府沙河縣訓導 敕授修職郎 **承志** 附生 **承祚** 附生 貤封奉政大夫 **承燾** 武庠生 **承禧** 監生 **承祐** 附生 **承祓** 監生 **承祉** 從九品

胞祖姑母長 適大興縣候選布政司經歷 貤贈中憲大夫祝公如浩 **次** 適山西介休縣道光甲辰恩科舉人湖北興國州知州張公濤甸 欽旌孝女懿行載邑志

胞叔楠 字子箴號菊逸廩貢生現官刑部浙江司員外郎

嫡堂叔汝棣 字芸台監生鹽大使銜 貤封昭武都尉 **汝植** 號小浦監生

顯將軍晉
贈振威將軍
曾祖妣氏顧同邑千總立本公
女從九品恰公監
生愉公胞姊庠生其膺公胞
姑母庠生琳公珍公附生璟
公胞祖姑母誥封夫
人晉贈一品夫人
庶曾祖妣氏徐貤封太恭人
欽旌節孝懿
行載
邑志
祖承泗字春濤號秀松一號心
齋道光癸卯欽賜舉
人一體會試恩賞一直隸州
知州兼襲騎都尉兼一雲騎
尉世職歷任山西隰州直隸
州知州代州直隸州知州署
理蒲州府知府護理雁平兵
備道誥授奉政大夫昭武
都尉誥贈中憲大夫晉
贈武顯將軍政績載邑志
祖妣氏李同邑附貢生貤贈
中憲大夫壯元公女

國史館謄錄歷任廣西永安甯明各
州吏目賞戴藍翎教授登仕郎汝栻號素
存附貢生實錄館
謄錄議敘鹽大使汝森字紫林監生楨號輯瑞監生前
任河南孟
津縣典史汝楷字式之廩貢生
從堂叔伯敬監生權廩貢生揀發吉林州同歷
署吉林長春等府經歷榮監生
樾監生桐武庠生貤封昭武都尉政
再從堂伯叔蓉軍功七品銜純軍功議敘五品銜候
選縣丞賞戴藍翎英
軍功六品銜衡鄉葉監生六品頂戴荷貤封昭武都尉菡
改名國昌監生卽
選巡檢同知銜蓍恩貢生候選州判蓁蓗護
莊茂芦軍功七品銜藩萱監生蕙蘭
藹字濟廷增廣
生照受業藎字建忠歲貢生候選訓導照受業芬軍功六品
銜芸蕡蘷芳荎菁葆蔚
胞姑母長適山西臨汾縣甘肅甘涼兵備道候
公庭樾長子附貢生候選訓導元燦

監生逢春公遇春公胞妹成林公從九品成蹊公成勳公成業公成功公胞姑母戊子科舉人份胞祖姑母 誥封恭人 晉封太夫人

父程字濟川號野航一號藹舫監生襲騎都尉兼一雲騎尉世職 誥授昭武都尉貤贈中憲大夫 晉贈武顯將軍著有蝸廬詩草三卷

母氏華天津縣 貤贈武顯將軍嘉慶丙子科舉人歷任山西趙城聞喜介休陽曲等縣知縣吉州知州霍州忻州直隸州知州署蒲州府知府典公女咸豐壬子 恩科進士工部主事鑅公運同銜山西平陸縣知縣鉠公咸豐辛亥 恩科舉人運同銜賞戴花翎山東曲阜縣知縣鈞公胞妹山東維口鹽大使澐監生學海胞姑母 誥封

公次適清苑縣河南候補道駱公光裕子候選通判恩灝公

胞兄弟夔字襄臣號燮園一號湘岑廪膳生丙子鄉試房薦襲騎都尉兼一雲騎尉世職京營効力期滿補授南營西珠汛都司現任右營都司管永定汛事保陞儘先游擊加三級歷署中營右營游擊 焯字卓生乙酉科舉人

嫡堂弟曾字唯一監生 五章 餘慶俱幼讀

從堂弟熾 燿 煒俱幼讀 煥 炘

再從堂弟學會邑庠生 學孟 學陶 煇業儒 煜五品頂戴儘先千總 炳五品頂戴 炯五品頂戴 煒五品銜署通永鎮標左營經制外委 嵩壽監生 烈 熺俱幼讀

族兄弟長發五品銜儘先千總現任灤州汛經制外委 長榮武庠生 長勝 長恩六品銜 長富 長林 長春五品頂戴 長泰 長庚 長忠 長惠軍功五品銜 長貴 長振

恭人晉封太夫人
家慼下
庭訓
胞叔訓
胞兄訓
受業知師
堂叔濟廷夫子印璹詳前
堂叔建忠夫子印藎詳前
堂母舅華竹軒夫子印金壽同治甲戌傳臚現任詹事府左中允山東學政前充己卯湖南鄉試正考官河南學政
廉子明夫子諱承訓附生

長德業儒 雙魁 海 澄 鳳山通永鎮標左營外委署理
玉田汛把總鳳元 鳳三 維傑 維周軍功六品銜
維屏 維倬 維珍 維翰 維柱 維綱
維城 學昌 學儒 學朱 學文 學章業儒
顯揚 顯榮 顯曾 顯謨 顯宗 學勤
學謙業儒
胞姪培勛監生候選縣丞 培因 培篤
嫡堂姪星臨 白駒俱幼讀
族姪繹五品頂戴藍翎 綍五品頂戴藍翎儘先千總 緒五品頂戴儘先經制外委
綬 紀 緡六品頂戴 賡 夢麟 夢麒 紳
五品頂戴
族姪孫慶辰幼讀 慶元

三

李子餘夫子 印 恩慶 同治癸酉優貢鑲藍旗官學教習揀發山東知縣

劉潤生夫子 印 沛然 光緒庚辰科進士翰林院編修／國史館纂修

史郁文夫子 印 從周 同治庚午科舉人現任奉天新民廳教諭

傅棣如夫子 印 壎 附生

高曦亭夫子 印 賡恩 光緒丙子科進士翰林院編修上書房行走大考四用贊善前充戊子湖南鄉試正考官四川學政

洪右臣夫子 印 良品 同治戊辰科進士翰林院編修現任戶科掌印給事中

娶查氏 天津縣道光癸卯科舉人原任懷來懷安等縣教諭毅勤公孫女廩貢生蔚州訓導淩漢公女

子蘭蓀 幼讀

女一 字同邑咸豐辛酉科解元前任吉林伯都訥直隸武強等處教諭李公敬亭孫童生子壽公子儒童名靄雲

三

陳欣山夫子 印 世鏞 咸豐辛酉科舉人前任獲鹿縣教諭

馬晴川夫子 印 德光 同治癸酉科舉人庚辰大挑一等分發安徽候補知縣

表伯李仲霞夫子 印 誠蔚 同治甲子科舉人庚辰大挑一等分發山西任絳縣知縣保卓異調補沁源縣知縣欽加同知銜

姻伯李伯華夫子 印 敬亭 詳前

張鯉庭夫子 印 訓 己未恩科舉人主講渠梁書院

吳子英夫子 印 偉 歲貢生候選訓導

吳老夫子 印 欽 前任甯河縣知縣

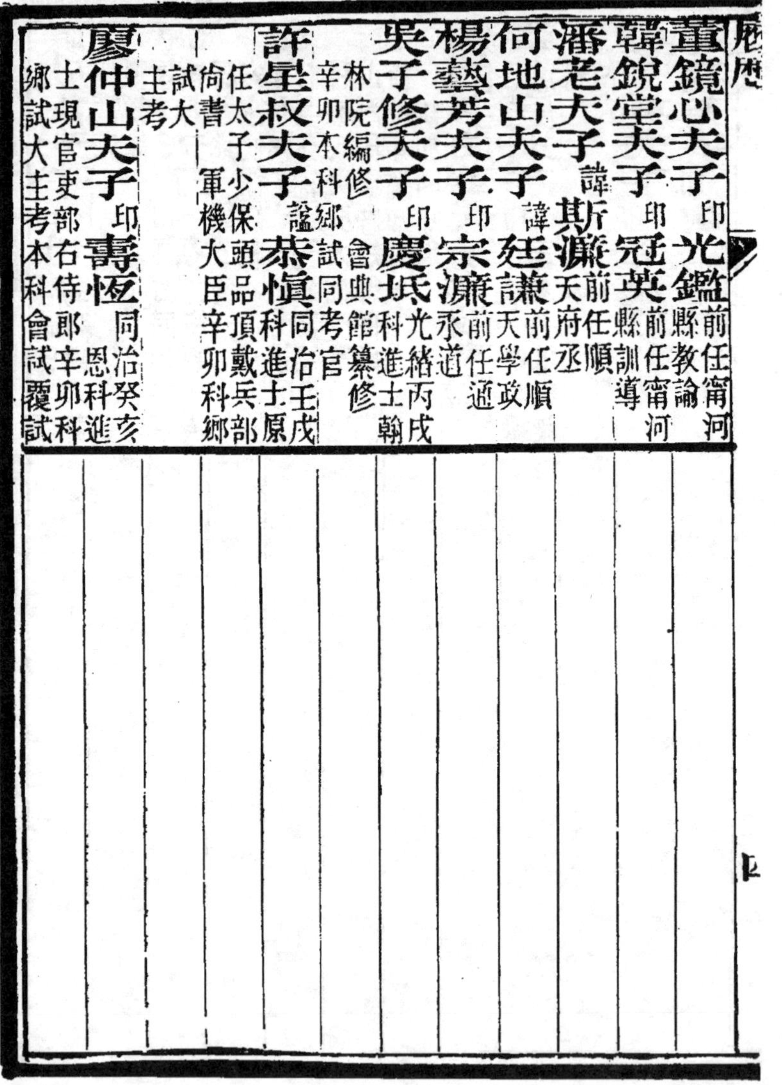

歷

董鏡心夫子 印 光鑑 前任甯河縣教諭

韓銳堂夫子 印 冠英 前任甯河縣訓導

潘老夫子 諱 斯灝 前任順天府丞

何地山夫子 諱 廷謙 前任順天學政

楊藝芳夫子 印 宗濂 前任通永道

吳子修夫子 印 慶坻 光緒丙戌科進士翰林院編修 會典館纂修 辛卯本科鄉試同考官

許星叔夫子 諡 恭慎 同治壬戌科進士原任太子少保頭品頂戴兵部尚書 軍機大臣辛卯科鄉試大主考

廖仲山夫子 印 壽恆 同治癸亥恩科進士現官吏部右侍郎辛卯科鄉試大主考本科會試覆試

閱卷

大臣

徐壽蘅夫子 印樹銘 道光丁未科進士現官工部右侍郎辛卯鄉試大主考

宗室慎齋夫子 諱霍穆歡 咸豐丙辰科進士前任內閣學士兼禮部侍郎銜辛卯科鄉試大主考

周少璞夫子 印樹模 光緒己丑科進士翰林院編修甲午本科會試同考官

李蘭蓀夫子 印鴻藻 咸豐壬子進士禮部尚書前協辦大學士本科會試大總裁殿試讀卷大臣

徐頌閣夫子 印郙 同治壬戌科狀元都察院左都御史南書房行走本科會試大總裁朝考閱卷大臣

汪柳門夫子　印鳴鑾　同治乙丑科進士工部左侍郎本科會試大總裁　殿試讀卷大臣　朝考閱卷大臣

楊蓉圃夫子　印頤　同治乙丑科進士都察院左副都御史本科會試大總裁　朝考閱卷大臣

允升夫子　印長萃　光緒丙子科進士內閣學士兼禮部侍郎銜本科會試知貢舉　朝考閱卷大臣

唐春卿夫子　印景崇　同治辛未科進士內閣學士兼禮部侍郎銜本科會試知貢舉　殿試讀卷大臣

徐蔭軒夫子　印桐　道光庚戌科進士協辦大學士吏部尚書　上書房總師傅翰林院掌院學士本科

覆試閱卷大臣
朝考閱卷大臣
翁叔平夫子 印同龢 咸豐丙辰科狀元戶部尚書
毓慶宮行走本科覆試閱卷大臣
殿試讀卷大臣
朝考閱卷大臣教習庶吉士
宗室 宗峰夫子 印崑岡 同治壬戌科進士禮部尚書本科覆試閱卷大臣
孫萊山夫子 印毓汶 咸豐丙辰科榜眼兵部尚書軍機大臣本科覆試閱卷大臣
朝考閱卷大臣
薛雲階夫子 印允升 咸豐丙辰科進士刑部尚書本科覆試閱卷大臣
殿試讀卷大臣
陳桂生夫子 印學棻 同治壬戌科進士戶

部右侍郎本科覆試閱卷
大臣　朝考閱卷大臣

李蕊園夫子　卯　端棻同治癸亥科進士刑
部左侍郎本科
覆試閱卷大臣

王雲舫夫子　卯　文錦同治辛未科進士兵
部左侍郎　上書房行走本
科覆試閱卷大臣　朝考閱
卷大
臣

龍芝生夫子　卯　湛霖同治壬戌科進士刑
部右侍郎本科覆試閱卷
大臣　朝考閱卷大臣

伯愚夫子　卯　志銳光緒庚辰科進士禮部右
侍郎本科覆試閱卷大臣
殿試讀卷大臣　朝考閱卷
大
臣

徐東甫夫子　卯　會澧同治戊辰科進士工

部右侍郎本科覆試閱卷
大臣　朝考閱卷大臣
張子青夫子 印 之萬 道光丁未科狀元東
閣大學士管理吏部事務
上書房總師傅　軍機大臣
本科　殿試
讀卷大臣
宗室芝菴夫子 印 麟書 咸豐癸丑科進士協
辦大學士吏部尚書翰林院
掌院學士本科　殿試讀卷
大臣教習
庶吉士
陳聘臣夫子 印 名珍 光緒癸未科進士翰
林院編修本科
教習庶吉士

履歷

鄉試中式第四名
保和殿覆試一等第十八名
會試中式第一百六十四名
保和殿覆試三等第三十一名
殿試二甲第八十五名
賜進士出身
朝考一等第二十九名
欽點翰林院庶吉士

族繁不及備載
世居邑南蘆墟鎮

會試硃卷光緒甲午 恩科

中式第一百六十四名貢士王 照順天府甯河縣增生民籍

同考試官翰林院編修國史館協修加三級周 閱

薦批

大總裁都察院左副都御史稽察東四旗覺羅學加三級楊 取批 調高響逸

又批

大總裁工部左侍郎管理戶部三庫事務加三級汪 取批 力健識雄

又批

大總裁經筵講官太子少保都察院左都御史賞戴花翎管理戶部三庫事務南書房翰林加三級徐 取批 響切光堅

又批

大總裁經筵講官太子少保賞戴雙眼花翎武英殿總裁會典館副總裁禮部尚書稽察京通十七倉大臣加三級李 中批 心精力果

又批

本房原薦批

第一場

顧視清高吐屬名雋凡豔一洗而空中二比情韻不匱妙於語言極合黨人分際次提綱挈領筆筆中鋒三功德分柱確鑿不移慶地緊抱上文勘發尤爲藻不妄抒詩森秀

第二場

精擇詳語義贍詞豊

第三場

條理清析語有發揮

聚奎堂原批

埽除塵腐清氣往來

達巷黨人曰大哉孔子　王照

黨人以大稱聖人無知若有知焉夫孔子之量非達巷黨人所知而就所窺見已歎其大焉則矢口之餘不啻能知聖耳今夫頌聖稱神出於愚賤之口而有時亦肖其真夫愚賤之心思豈足知聖哉正惟不足知聖而聖量所涵不啻日月之於容光江海之於蠡測斯極口揄揚雖不足爲聖人增重而其卒然流露即令知聖者聆之亦不啻自其口出焉則直謂之眞知聖也亦無不可如達巷黨人之歎大哉孔子是今夫孔子譬如天地之無不持載無不覆幬小德川流即大德敦化者也飲蜡而思王道之行上古大同中

古小康嘗與二三子抗懷夫三代所以志無小就原冀斧柯或假將統黨正所書司徒所教胥進而大其化裁章布而紹斯文之統賢者識大不賢識小嘉與宇內士共擴夫遺規所以用妙時中縱使木鐸空徇就此朝廟便便鄉黨恂恂亦默以大其運量是則凡得接乎孔子者如坐春風渾乎莫測其際歎其大而別無一言之贊焉可也而黨人乃大之何也從來里巷之風謠最足見秉彝之好衢壤胥忘帝力華封泛祝聖人儻令其詳語欽明文思之原彼固昧然不解也而卒爾陳詞已忽繪堯天之景象則毋病其管窺耳從來委巷之樸陋恆不存毀譽之私孺子慕濯纓互鄉思潔進

儻令其深窺仁義道德之途彼固茫然莫辨也而偶然矢口或足見仰止之眞誠則勿訾爲臆度耳然則黨人之大聖人卽謂之知聖人也可繼往之功之克稱大備也謨烈所昭無非以立其大經垂之大法蓋授受之原有淵乎莫測者矣黨人所謂大烏及此哉第本其一得之愚以誌其推崇之意覺片言居要一似範圍不過曲成不遺而美大聖神足括升降百王之統開來之業之克集大成也甄陶所及羣統於大道不器大德不官則涵育之廣有挹之不窮者矣黨人所謂大豈識此哉第本其拘墟之見以發爲景仰之詞覺一語包含不啻仁者見仁知者見知而盛德大業直揭師

表萬世之規進觀博學無名之言黨人蓋於大之中莫名其妙耳聖人謙以受之而大之眞愈見

本房加批

旣優游以彬蔚復精凝𢿄而明暢羽扇綸巾諸葛君眞名士也

吳子修夫子榜前批

斟酌飽滿妙在含蓄故於題位不溢一黍見他作無能似此者必售無疑三月二十八日慶坻注

子曰道不遠人人之爲道而遠人不可以爲道詩云伐柯伐柯其則不遠執柯以伐柯睨而視之猶以爲遠故君子以人治人改而止忠恕違道不遠

王 照

道卽人而具可由治人而得近道之要矣夫以爲遠人則自治失其道而治人亦失其則也欲求近道之要盍思忠恕且子思所傳之道卽曾子所傳之道也大學首言明德明其所自有也繼言新民就人人以新其所自有也而夫子之道曾子乃以忠恕該之此其不遠之復蓋悉本於夫子所恆言而子思亦獲聞之日者子思繼廣大之言而又約之於身約之於心也爰述夫子之言曰道之

爲道卽人之所以爲人也人外無道安有遠近之可言所以或遠者私隔之也爲道不能去私斯天性日漓動靜胥違其理於是有外日用以求知外倫常以制行者彼尙以爲道也豈知旣遠於人何以尙名之爲道爲道不能去私斯性情日僞勸誨亦失其眞於是有欲孏人之知而不本其性天之所發欲勉人以行而不就其內念之所安者彼尙以爲治人之道也豈知旣非其人自有之則何以漫用爲治人之道蓋因私之不去而內顧焉失其爲人卽失其爲道外推焉歧視乎道卽歧視乎人君子觀於伐柯之詩而思以人之則治人之身不待睨視之勞初無難改之失蓋治人不隔

以私而取則始不遠也然則欲道之不遠必先去私可知矣去私云何則忠恕是論自然之功則性率於中自有眞實無妄之理是不遠於道忠獨居乎其先而不知忠未有不發爲恕者也不發爲恕是未眞忠也夫道本至實在在以吾心之至實者體之斯見心之地皆見道之地縱極道之微妙未必忠恕悉協其權宜而私欲既淨心與道自無他歧也無他歧斯不遠矣論勉强之力則教修於外自見大公無我之情是不遠於道恕可顯徵其詣而不知恕未有不本於忠者也不本於忠亦非眞恕也夫道本至公在在以吾心之至公者揆之斯心之所安皆道之所安縱極道之淵涵未

必忠恕悉依其曲折而偏私既化心與道自能漸赴也能漸赴斯不遠矣違道不遠人皆有忠恕卽皆近道也道果遠人乎哉

本房加批

雋傑廉悍筆筆中鋒一洗腦滿腸肥之習

吳子修夫子榜前批

勃窣爲理窟其佳處在通體一綫穿成不作兩橛

慶以地

王照

慶必以地因其能而益其任也夫地也者關治尊養諸端之所寄也慶即以是非因其能而益任之乎嘗思普天之下莫非王土而開國之初必分茅以賜之者非即以其地屬之諸侯也土地人民量其才之大小以爲王之司牧而名山大澤不以封其餘以爲閒田以待能優於其任者尺寸之地天子無所私而亦不能輕以予人焉故王制加地之說可參考也疆內皆治天子果何以慶之乎今夫慶也者賞其功而益以懋其功酬其德而益以廣其德者也功何以懋則必即土地田野之所經營而更開其疆理焉昔先王

按地圖以知輪廣故辨五方以宜其物辨九等以定其征爾諸侯竟采有邦豈不欲地大物博而竟限於百里之封非王朝之吝也亦深恐地益拓則爲治益難耳茲何幸而萬井提封十千駿發固已游刃有餘乎則慶之以地而迺疆迺理益其資即爾宅爾田增其業行見闢之爲一歲之菑治之爲三歲之畬地所推廣皆功所推廣食德服疇詩誦無疆之慶矣彼夫追貊錫韓許田錫魯王靈赫濯其向行慶賞之權也夫德何以廣則必即耆賢俊傑之所居集而益擴其規模焉昔先王均土地以稽人民故禮屬有條而齒位正賓興有典而道藝書爾諸侯求賢爲國豈不賴人傑地靈乃

竟囿於一同之制非主恩之薄也亦深慮地愈多則稱職不易耳茲何幸而無遺壽耇無曠庶官獨能勝任愉快乎則慶之以地而千里一聖百里一賢巖穴無終藏之秘千人曰英萬人曰傑崧嶽有誕降之奇行見大亨以養聖賢旁招以列庶位地所擴充皆德所擴充授方任能易筮來章之慶矣彼夫酒泉予虢虎牢予鄭王室淩夷其尙識慶譽之典也夫抑聞之遷豳遷岐夏商故多餘地至本朝湯沐取之畿內而各州之餘地無多則所賞必資於所罰觀於邶鄘以歸康叔虢檜以賜武公有江漢之出車設旗而後錫山土田以慶召虎有蘇子之叛王卽狄而後南陽啟宇以慶晉重

類以推之知記所稱削地亦非無徵也

本房加批

樹骨典訓之區選言宏富之域是燕許作制誥手段非碎狹小才可比

吳子修夫子 榜前批

五經紛綸毋之以義結處補足削地一層尤周帀

賦得雨洗亭皐千畝綠 得皐字五言八韻 王照

唐苑連千畝詩情寄遠皐野含紅雨膩亭擁綠雲高麥氣清無滓松聲靜不濤幾枝花濯錦一色草侵袍地撲塵三斗溪添浪半篙四山皴翠黛萬井浥瓊膏時節清和近閭閻樂利叨

省耕欽

聖世扈縱集烝髦

本房加批

截金作句琢玉爲詞

順天鄉試硃卷光緒辛卯科

中式第四名舉人王　照　順天府甯河縣增生民籍

同考試官翰林院編修國史館協修加三級吳　閱　薦批　吐納淵雅經策詳明

大主考內閣學士兼禮部侍郎銜加三級宗室霍　取　又批　理解精深經策敷鬯

大主考工部右侍郎兼署兵部右侍郎加三級徐　取　又批　神味雋永經策淹通

大主考戶部左侍郎兼管三庫事務兼署兵部左侍郎總理各國事務大臣加三級廖　取　又批　筆意清超經策典核

大主考太子少保頭品頂戴兵部尚書軍機大臣總理各國事務大臣　國史館副總裁方略館總裁會典館副總裁加三級許　中　又批　體裁峻整經策華腴

本房原薦批

一講超超元箸籠罩萬有入後字字從千辟萬灌而出説理處涵得起下文恰無一語占實次樸實渾堅三純從題前摩盪不懈而及於古詩雅飭經藝斟酌飽滿策條貫有識不同鈔胥

聚奎堂原批

大含細入高挹羣言文清氣流行三題巔落筆帶阜纓巒恰是眼前景物詩平經藝暢滿

言忠信行篤敬

王照

言行必以誠欲賢者返求諸心焉夫言行之際不必問諸外也忠信篤敬求諸心焉耳矣且吾繫易而謂言行君子之樞機不可不慎誠以分形受氣於兩大之間則天理流行之實萬物相見之情默載於吾心時措於日用分寄於言行兩端約而操之則與物无妄之眞固有心心相印息息相通而不容或僞或躁者此存心之學所以立乎天下之先者也吾與師言言行屢矣今乃以行問夫古君子易心後語安身後動未有馳騖於言行外者也師亦求諸心焉耳矣自命雖高而行習之常與世共之驟欲以一身昭律度

焉此意非不可共見也而何如抑吾盛氣使性情所寄無毫髮或涉虛浮也相期雖遠而物恆之則畢世由之吾欲與天下通氣類焉此念非不堪共信也而何如竭吾真誠使樸厚所留在隱微先無偏閡也蓋言行者基於獨者也而有浹乎言行外者則真意流通乃不敢以獨而慢也抑言行者應乎同者也而有莞於言行中者則淵衷默矢乃不敢以同而流也忠且信焉篤且敬焉吾之最師者不外是矣肺腑之傾豈云要結而自然流露無非同類相感之誠悃忱所積不在儀文郎偶爾周旋胥本一夫不狎之意且夫訟與行正未可苟焉已耳習俗之所趨事會之所撓庸庸者幾謂

在我無可持之柄也以內心宅之則固確有真操也矣想印之忱視海內皆如同氣修敦樸之意雖獨居如對帝天天下有據吾言行之際以相難者而吾不為動也益完其懇摯之天而已且夫忠信篤敬又未可襲而取耳飾智驚愚者僞深情厚貌者虛汶汶者或疑斯人可相市以文也以實心固之乃知不由外鑠也以爭及豚魚者勵肫誠之志雖片言亦繫操存以不侮鰥寡者證夙夜之修雖細行亦深抑畏天下有竊吾忠信篤敬之似以相蒙者而吾不為易也益求夫至誠之積而已蠻貊可行師亦求諸心焉耳矣

本房加批

前半純從空際盤旋與下文神理不隔後幅理實氣空覦呆詮

題字者有上下脉之別

君子之道淡而不厭簡而文溫而理

王照

君子日章之實有可歷驗者焉夫淡簡溫君子之闇然也而不厭而文而理日章者又如此不可歷驗其道乎且道中有極至之一境焉味焉而彌旨也約焉而仍博也渾焉而有別也當局不自知而旁觀知之旁觀亦不能驟知必待徐察而知之然後歎淺深一致華實相因精粗畢貫其眞不可揜而其學斯大成矣闇然日章此猶渾言乎君子而未分核乎君子之道也其深造於學問者本至庸而復內歛英華務歸質樸所以藹然可親之度亦祗求辨於已而非苟察夫人執淺見以相窺方謂君子若斯易及也而不知

已括道之全量也其饜飫於詩書者爲至足而後外觀晬盎所性根心卽其秩然有序之經亦且貌若從寬而實中先不惑企純修之獨粹又幾謂君子若是難能也而不知宜求道之本體也所謂淡而不厭乎枯寂爲淡無足飫耳君子之淡有玩之靡盡者義理久深蘊蓄祗如菽粟之常神明默自淵涵豈徇膏粱之願其不厭也正其淡之釀而深焉者也誠亹亹之君子矣所謂簡而文乎媕鄙爲簡徒滋陋耳君子之簡有弛而愈張者屏闢靡誇多之習抱璞而貞自含章矯矜情飾貌之爲反身而誠先備物其文也正其簡之積而發焉者也誠彬彬之君子矣所謂溫而理乎和同爲溫

適增惑耳君子之温有昭然不紊者追皇古渾噩之風春之煦更符秋之肅副大造含宏之量仁之厚更得義之嚴其理也正其温之靜而察焉者也誠秩秩之君子矣世有役志聲華馳情緣飾立意嚴明挹其外而薈蔚可觀窺其內而疵瑕迭見以不厭文理爲可襲取轉失淡簡温之眞也君子之道不然也愈淺易愈神奇淡與不厭非兩候愈歛約愈絢爛簡與文無歧趨愈渾厚愈精明温與理歸一致平淡飽仁義之味易簡闡乾坤之蘊温潤裕縝密之修君子雖不知所以然而挹風規者見其英華之莫揜世有新奇自尚雕琢自工聰明自詡觀於暫而似成其詣驗諸恆而實誤其

修以淡簡温爲不足爲轉無不厭文理之效也君子之道不然也非故期不厭而菁華既足者卽旨趣彌深非故示有文而篤實既存者卽輝光自遠非故求理而渾涵既裕者卽是非不淆於不厭比絅裳之悅於文昭炳蔚之觀於理見權衡之用在君子不過方基其始而窺底蘊者識其積蓄之無窮試進言其知幾

本房加批

檃括精密頓折雄渾無一懈筆無一支辭

詩曰天生蒸民有物有則民之秉夷好是懿德

王照

以懿德證性善詩言可述焉夫物則民夷性之謂也好是懿德性善之謂也欲證其說盍先誦蒸民之詩且自湯誥言性伊訓言善實爲千古言性與善之宗而求其以善言性卽性言善書缺有間矣將欲援古人之言以破今人之惑則且不取於書而取於詩雖所取者不言性而不啻深於言性不言善而不啻詳於言性善篇章具在可覆述也情也才也四端也是天之所生民之所秉性之說亦卽德之說也我欲證之古人之言而或言之不詳或詳而不

盡其有包含義蘊深切著明足供後人尋繹者其在詩乎夫南豳頌及正雅出於文武成康之世其於天人之際言之詳矣苟有與性善之旨相發明者當不在就刪之列乃天保言民德卷阿言爾性辭皆簡略外此更無聞焉抑獨何也豈盛時異說未興民皆日邁於節性故無待煩言歟以今考之惟蒸民之篇乃精於言性者哉當是時去古未遠王化復行豐鎬閒流風餘韻猶有存者故同朝贈答彬彬乎持之有故言之成理焉茲誦其首章曰天生蒸民有物有則民之秉夷好是懿德夫民同此生生同此物物同此則曰秉夷其性之說乎曰懿德其善之說乎曰好是懿德其四端發

而為善之說乎吾姑為渾舉焉且為詳味焉自經生各守師承而一字傳訛或藉口以為詆排之具自俗學好持己見而片詞誤解其流失即為名教之憂吾也則古稱先力闢數十家支離之說而潛心篇什惟是與吾徒前望往古後望將來渾舉其詞以作師傳之根據耳而敢曲傳經文歟自性命徒衍空談轉以蔑古荒經自文其孤陋自學問但爭口說或以揚風扢雅無益於身心吾也斷章取義時見三百篇義蘊之宏而取證前言惟期與吾黨文無害辭辭無害志詳味其義以待羣言之折衷耳而敢稍參臆說與普者孔子蓋亦嘗有取於此詩矣

本房加批

以古峭宕逸之筆攝取題神庸手那能辦此

賦得遠樹望多圓 得淮字五言八韻　　王照

樹樹多情碧南行正渡淮晴光圓處認遠景望中佳風力難
偏柳煙痕欲補槐團空雲蓋擬照水月輪揩到頂濃青合迎
眸淨綠皆陰迷吳岸迴缺借皖山排沙觜迴帆指天容覆笠
俻
上林嘉植滿茂豫愜
宸懷

欽命四書詩題

王焯

始遷祖仲金 鄉飲大賓原籍江南太倉州 國初始遷居甯河縣蘆台鎮

始遷祖妣氏李

七世祖應夏 鄉飲大賓

七世祖妣氏劉

六世祖秀生 鄉飲大賓 誥贈振威將軍

六世祖妣氏胡 誥贈一品太夫人

氏魏 誥贈太夫人

五世祖斌 字贊侯 誥贈中憲大夫 晉贈振

字景秋號酌升行三又行四咸豐庚申年十二月十八日吉時生順天府甯河縣廩膳生民籍

胞伯高祖耆登 誥贈武德騎尉 耆臣 誥贈武德騎尉

胞伯曾祖錫齡 字鶴坪武庠生 誥封奉政大夫 貤封武顯將軍

胞叔曾祖錫琨 字午橋嘉慶戊寅恩科第五名舉人庚辰科進士兵部武選司員外郎加三級歷充武庫司總辦則例館纂修戊子武鄉試提調己丑武會試提調 誥授中憲大夫 庶叔曾祖妣氏劉 欽旌節孝

嫡堂伯曾祖錫勇 武庠生候選守備例授武德騎尉 錫福 增廣生 敕贈修職郎 錫賚 監生 錫蔭 武庠生候選守備例授武德騎尉

胞叔祖承瀚 字清甫號琴浦道光癸卯 欽賜舉人一體會試 恩賞七品小京官 恩賞主事職分工部補授節慎庫主事加三級營繕虞衡等司行走保送 記名直隸州知

威將軍

五世祖妣氏汪 誥贈太恭人 晉贈一品太夫人

高祖考侹 字廷相號椿軒監生 誥封中憲大夫 晉封振威將軍 卓行載邑志

高祖妣氏李 同邑 貽封文林郎仲信公女 翰林院待詔丞謙公胞姑 監生揚公胞姑母 從九品廣翰公胞祖姑母 誥封太恭人 晉封一品太夫人

曾祖錫朋 號樵慵又號蕉慵 嘉慶戊辰 恩科武舉人充兵部差官歷任陝西固原營游擊湖南臨武營參將寶慶營副將福建汀州鎮總兵安徽壽春鎮總兵 賞戴花翎 賜銳勇巴圖魯名號 賜小

州 誥授中憲大夫

嫡堂叔祖承澤 字大江道光己亥 恩科副榜候選州同 誥授奉政大夫 貽封中憲大夫 承治 字愼齋廩膳生 誥封奉政大夫 承源 字子淇監生 承沛 號梅鋤軍功六品銜 賞戴藍翎 承溥 字心泉監生 貽封中憲大夫

從堂伯叔祖承先 監生 承典 武庠生 誥封奉政大夫 承訓 庠生 承業 庠生 承誥 附貢生 貽封中憲大夫 承憲 歲貢生 順德府沙河縣訓導 敕授修職郎 承志 附生 承祚 附生 貽封奉政大夫 承壎 武庠生 承禧 監生 承祐 附生 承祓 監生 承祉 從九品

胞祖姑母長 適大興縣候選布政司經歷 貽贈中憲大夫祝公如浩 次 適山西介休縣道光甲辰 恩科舉人湖北興國州知州張公清何 欽旌孝女懿行載邑志

胞叔橚 字子箴號菊逸廩貢生 現官刑部浙江司員外郎

嫡堂叔汝棣 字芸台監生鹽大使銜 貽封昭武都尉 汝植 號小浦監生 國史

刀貂尾道光辛丑年在浙
江定海禦夷陣亡　賞加
提督銜照提督例議卹給
騎都尉兼一雲騎尉世職
予諡剛節　賜祭　賜
葬費　賜御碑　敕建專
祠定海甯河兩縣入祀京
師昭忠祠　國史立傳
誥授武顯將軍
晉贈振威將軍

曾祖妣氏顧同邑千總立本公女從九品怡
公監生愉公胞姊庠生其
膺公胞姑母庠生琳公珍
公瑛公胞祖姑母　誥封
夫人　晉贈一品夫人
庶曾祖妣氏徐　貤封太
恭人　欽旌節孝懿行載
邑志

祖承泗字春濤號秀松一號
心齋道光癸卯　欽
賜舉人一體會試　恩賞
直隸州知州兼襲騎都尉

館謄錄歷任廣西永安甯明各州
吏目　賞戴藍翎　敘授登仕郎

汝栻號素存附貢生
實錄館謄錄
議敘鹽大使

汝森字紫林監生

楨號輯瑞監生現任河南孟津縣
典史

汝楷字式之附生

從堂伯叔敬監生

權字子鍫廪貢生揀發吉林磨盤山州同歷署吉林長春等府經歷

緊監生

機

桐武庠生貤封昭武都尉

政

致

再從堂伯叔蓉七品軍功

緒軍功議敘五品銜候選縣丞　賞戴藍翎

英六品軍功

衡

[illegible]

紊監生

荷軍功五品銜

[illegible]恩貢生直[illegible]敘州州判[illegible]

護

莊

茂

芹七品軍功

藩

蘆監生

藹增廣生焯受業

藎歲貢生候選訓導焯受業

芬

芸

蕡

蘷

芳

莘

藩

葆

蔚

蔡

國昌監生五品銜候選巡檢

胞姑母長適山西臨汾縣甘肅甘涼兵備道侯公庭樾長子附貢生候選訓導元燦公

次適清苑縣河南候補道駱公光裕子候選通判恩灝公

二

履歷

兼一雲騎尉世職歷任山西隰州直隸州知州代州直隸州知州在任候補知府署蒲州府知府雁平兵備道 誥授昭武都尉 誥贈中憲大夫 晉贈武顯將軍 政績載邑志

祖妣氏李 同邑附貢生馳贈中憲大夫士元公女監生逢春公遇春公胞妹成林公從九品成蹊公成勳公成業公成功公胞姑母戊子科舉人份胞祖姑母 誥封恭人 晉封太恭人

父楫 字濟川號野航監生國史館謄錄襲騎都尉兼一雲騎世職 誥授昭武都尉 誥贈奉直大夫翰林院庶吉士加三級 晉贈朝議大夫禮部主事加三級 晉贈武顯將軍著有野航詩草三卷

胞兄燮 字襄臣號棻圃一號湘岑廪膳生丙子鄉試房薦襲騎都尉兼一雲騎尉世職南營曾西珠汛都司現任京城右營都司 欽加二品銜保陞游擊歷署京城右營遊擊京城中營遊擊 受業 焯 照 字藜青號小航增廣生辛卯科第四名舉人任縣教諭甲午科進士 欽點翰林院庶吉士現官禮部主事儀制司行走

嫡堂魯 字唯一監生 五章 餘慶 俱幼

從堂弟熾 煥 炘 燿 煒 俱幼

再從堂弟學會 附生 學孟 學陶 煇 業儒 煐 炳 五品頂戴候補外委光緒甲午六月從軍死節牙山 烈 熹 熺 俱幼 煜 五品頂戴鹽先千總 燁 五品銜署通永鎮標左營經制外委 炯 五品軍功 嵩壽 監生 熙

族兄弟長發 五品銜儘先千總現任灤州城守營經制外委 長榮 庠生 長勝 長恩 六品銜 長林 長春 五品頂戴 長泰 長庚 長

忠 長惠 軍功五品銜 雙魁 海 澄 鳳山 通永鎮標

母氏華 天津縣 誥授中憲大夫 貤贈武顯將軍嘉慶丙子科舉人歷任山西趙城聞喜介休陽曲等縣知縣吉州知州霍州忻州直隸州知州署蒲州府知府典公女咸豐壬子恩科進士工部主事鑅公運同銜山西平陸縣知縣公咸豐辛亥恩科舉人運同銜賞戴花翎山東曲阜縣知縣鈞公胞妹雜口批驗所大使澐監生學海胞姑母 誥封恭人 晉封太夫人

永感下

庭訓 川

受業 知 師

堂叔濟廷夫子 印諱 前詳

右營經制外委 鳳元 長貴 長振 鳳三 維傑

維周 六品軍功 維屏 維倬 維珍 長德 業儒 維翰

維柱 維綱 維城 學昌 學儒 學宋

學文 學章 顯揚 顯榮 顯曾 顯宗

學勤 學譔 俱業儒

胞姪 紱垣 字元楠 國史館供事候選縣丞 紱圻 紱墉 俱幼讀

嫡堂姪 星臨 [illegible] 俱幼讀

族姪 繹 五品藍翎 綍 五品藍翎儘先千總 緒 五品軍功候補外委光緒甲午六月死難牙山 紳 五品軍功 夢庚 夢麟 夢麒 綬 紀 縉

族姪孫 慶辰 慶元 俱幼讀

娶張氏 寶坻縣監生貤封奉政大夫紹伊公孫女監生候選布政司經歷公舉孝行碩公

長女 文童 丕照胞姊

三

履歷

堂叔建忠夫子 印嘉 詳前

宗叔籛乾夫子 印煦健 咸豐乙卯

科舉人現任棗彊縣教諭
候選知縣 欽加同知銜

母舅華竹軒夫子 印金壽 同治

甲戌傳臚現官左春
坊左庶子山東學政

姑丈萬晴嶠夫子 諱祖望 歲貢

生 國史館謄
錄容城縣訓導

外舅張咏盤夫子 印碩 詳前

廉子明夫子 諱承訓 附生

李子餘夫子 印恩慶 同治癸酉優貢

鑲藍旗官學教習
分發山東知縣

劉潤生夫子 印沛然 光緒庚辰翰林

子

女五長 字寶坻縣道光己酉科舉人廣西上思
州知州馬聯芳公孫丙子科舉人延慶
公胞姪五品銜藍翎現官三字寶坻縣庚寅科
山東清平主簿履謙公子三兄弟同榜進士戶
部主事瑞芳公胞姪山東知縣瑞芬公子余俱
庠生乙酉鄉試挑取謄錄瑞薰公胞姪 倉待
字

三

國史館協修

史郁文夫子 印 從周 同治庚午舉人辛未會試挑取謄録現官奉天新民廳教諭

傅棣如夫子 印 壎 附生 誥封奉直大夫南皮縣教諭加五級

張子脩夫子 諱 翼清 咸豐辛酉舉人

許杏林夫子 諱 善鎣 光緒戊子舉人

高曦亭夫子 印 賡恩 光緒丙子翰林五品銜升用贊善 上書房行走

祝迺書夫子 印 康民 同治甲子舉人

洪右臣夫子 印 良品 同治戊辰翰林現任戶科掌印給事中

丁德芝夫子 諱 符九 前甯河縣知縣

蒲芝亭夫子 諱 璧 歲貢生甯河縣訓導

王礪山夫子 印 樹屏 咸豐乙卯舉人前任甯河縣教諭現官湖南溆浦縣知縣

李仲遠夫子 諱 宏謨 咸豐丙辰翰林前任順天府府丞

徐季和夫子　印致祥　咸豐庚申翰林前內閣學士順天學政
孫子綬夫子　諱詒經　咸豐庚申翰林　戶部左侍郎　毓慶宮行走前順天學政
陳桂生夫子　印學棻　壬戌翰林現官戶部右侍郎
文山夫子　印崇綺　乙丑狀元前吏部尚書三等承恩公
徐花農夫子　印琪　庚辰翰林現官翰林院編修　欽加五品銜　賞戴花翎乙酉科順天鄉試同考官
潘伯寅夫子　謚文勤　前兵部尚書乙酉科順天鄉試正考官
翁聲甫夫子　印同龢　太子太保戶部尚書　毓慶宮行走乙酉科順天鄉試副考官
宗室星齋夫子　諱奎潤　前都察院左都御史乙酉科順天鄉試副考官
童薇研夫子　諱華　前禮部侍郎乙酉科順天鄉試副考官
文仲雲夫子　印煥　庚辰進士現官左春坊左中允甲午科會試同考官
韓子嶠夫子　印培森　光緒丙子科進士　記名御史翰林院編修國史館協修本科會試同考官
徐蔭軒夫子　印桐　道光庚戌進士　太子太保　協辦大學士吏部尚書翰林院掌院學士　上書房總師傅本科會試正總裁

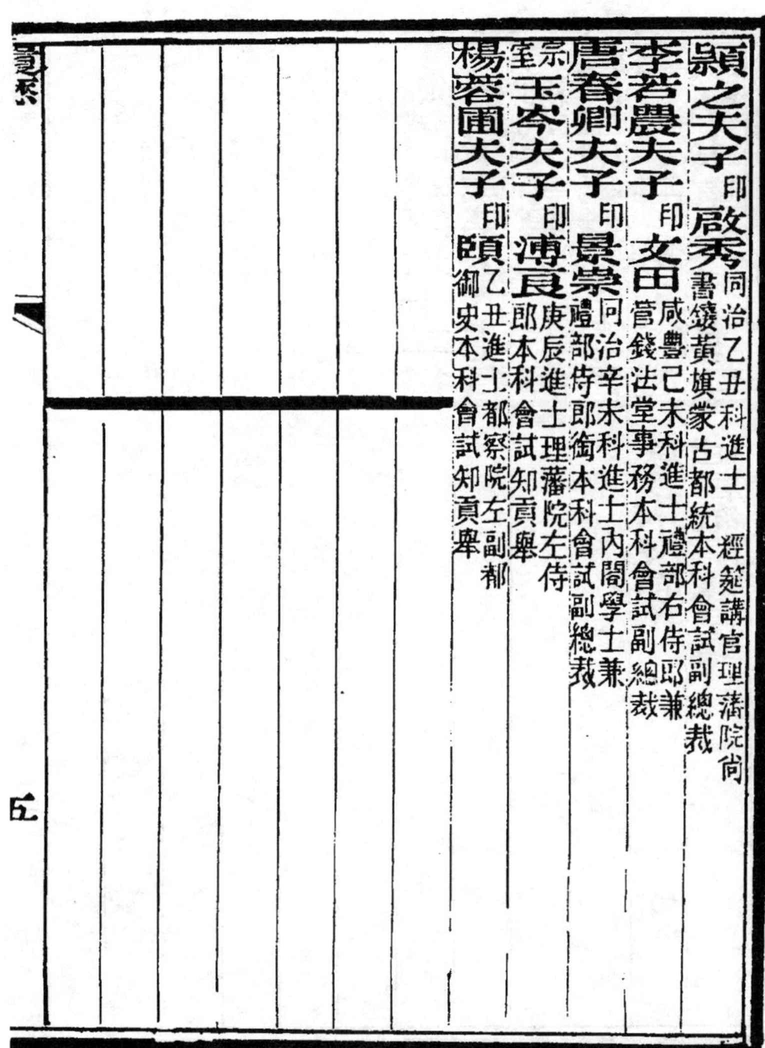

顯之夫子 印 啟秀 同治乙丑科進士經筵講官理藩院尚書鑲黃旗蒙古都統本科會試副總裁

李若農夫子 印 文田 咸豐己未科進士禮部右侍郎兼管錢法堂事務本科會試副總裁

唐春卿夫子 印 景崇 同治辛未科進士內閣學士兼禮部侍郎銜本科會試副總裁

宗室玉岑夫子 印 溥良 庚辰進士理藩院左侍郎本科會試知貢舉

楊蓉圃夫子 印 頤 乙丑進士都察院左副都御史本科會試知貢舉

五

鄉試中式第六十二名

會試中式第二百六十七名

覆試三等第十二名

殿試二甲第三十七名

朝考二等八選

欽點主事籤分吏部

族繁不及備載

世居城南蘆台鎮

會試硃卷 光緒乙未科

中式第一百六十七名貢士王焯順天府甯河縣廩膳生民籍

同考試官記名御史 翰林院編修 國史館協修加三級韓 閱 薦 批 含和抱質經策明通

大總裁內閣學士兼禮部侍郎銜文淵閣直閣事會典館總校加三級唐 取 批 入深出顯經策典贍

大總裁經筵講官禮部右侍郎署工部右侍郎兼管錢法堂事務 南書房行走 賞戴花翎加三級李 取 批 切響堅光經策詳洽

大總裁經筵講官理藩院尚書管理雍和宮事務管理咸安宮官學事務稽察壇廟大臣鑲黃旗蒙古都統專操大臣崇文門副監督加三級啟 取 批 茹古含今經策博雅

大總裁經筵日講起居注官 太子太保 賞戴雙眼花翎協辦大學士吏部尚書翰林院掌院學士 上書房總師傅 國史館會典館正總裁稽察京通十七倉大臣管理八旗官學大臣加三級徐 中 批 凝神聚氣經策湛深

本房原薦批

相題既的説理尤精切實發揮無懈可擊次理法兼到於題位一絲不紊三詞意清矯入後愈唱愈高深情如訴此能品也詩穩

聚奎堂原批

筆〻玄類倜儻不羣次〻均暢適詩可

崇文山夫子榜前批

語語自抒心得一洗塗澤之陋筆力健舉猶其餘事闈中遇此後勿刮目待之賀賀　文山

主忠信　　王焯

以忠信立心而學彌固矣蓋人心之存不外乎忠信不有以主之則學終無據也子故爲君子遞勉之昔夫子言十室之有忠信而以好學自明而又恐人之矜言學而輕忠信也因舉忠信以示人曰人同此心心同此理烏可以無主之中持之哉夫中之無主既不足存理於一心况所貴乎存者初非舍心理而别由外鑠天人之際舉念皆眞物我之間設誠以待夫而後其心存其學亦與之俱存則豈第重其身以固其學云爾哉今夫心者身之主也既欲立身盍先立心謂壯其外以爲難犯之容斯內念亦因之而歛似

也然而世固有正其衣冠尊其瞻視而性情未識其何歸者則何如返身而誠俾天理之流行自我而立之極也謂範其躬而有不撓之概斯中藏亦較然難誣似也然而世固有約我以禮博我以文而寤寐不解其何故者則何如真恍默矢俾人心之虞詐自我而立之防也必也其主於忠乎忠以勵己悃愊無華忠以待人表裏如一蓋自有忠而重始以厚稱亦自有忠而威非以猛著也而得主有常樸厚之所留不少必也其主於信乎言以信出辭立其誠行以信修履思乎順蓋自有信而學非以欺人亦自有信而固足以幹事也而主一無適身心之獲益良多且夫忠信者學之本

而非後起所得參也天下事皆緣後起惟先立者乃得以主名之忠信而曰主知所主早據其先而學特因之而附麗此忠信所以學禮也主之而盡己之衷行恕而忠不違道踐人之約近義而信可復言吾學愼始以圖終終必策其全力始祇完其本心也則主持既定舉功修之層累曲折而後起皆爲輔佐之資且夫忠信者學之扃而非外來所能入也天下事皆自外來惟在內者乃得以主目之忠信而曰主知所主不離乎內而學特奉之爲依歸此忠信所以進德也主之而俗革其薄問政者行之以忠入釋其疑睦鄰者权莫如信吾學明體以達用用固貞於萬事體必備於一心

也則主宰常惺任世故之蕃變紛紜而外來早絕朋從之擾所謂主也則君子之心存而學彌固矣由是而交友而改過又烏可須臾忘忠信哉

本房加批

朱子云若知此心此理端的在我則參前倚衡自有不容舍者可爲此題稿解文提心字立論語能破的鞭逼向裏體會入微

一講理精語粹深得象山尊德性陽明致良知之旨

優優大哉禮儀三百

王焯

申言聖道之大即禮儀已見其繁矣蓋大曰優優則其大固無乎不足也禮儀特禮之大者耳是可即三百而先驗之且道統乎禮而禮承乎道道不妨即大以語小也而禮先即小以見大夫惟大之中有小權衡默運極累朝損益之精亦惟小之中有大軌度咸欽成一代文明之治試即倫物以驗其充周覺即此賢者識大已有歷歷可數者峻極于天道之大而無外也夫天道遠人道邇三王異世不相襲禮固有道以彌綸之也則道之大不可識乎語乎大而難語乎小不足以云大也而試問朝野胡以嚴其分經緯胡

以節其文貴賤親疏胡以别其序禮官所掌胥是道也綜當世之大經大法而歸諸統馭優優乎非美言小術之爲觀乎小而不觀乎小中之大亦不足以見大也而試問宦學何以得而親獄訟何以得而決治軍行法何以得而嚴禮教所垂皆是道也合當世之大本大文而厚其裁成優優乎臻美大聖神之域大哉何其入於小而無間哉且夫即道而論則德盛禮恭其小焉者也即禮而觀則創制顯庸又其大焉者也蓋道之原出於天天無外道亦無外則凡昭布於天之下者一準以維皇於穆皆微茫纖細之端而河洛苞符獨勤思乎兩地參天而旁皇靡盡而禮之原制於聖聖運

隆禮運亦隆則凡制作於聖人手者一問夫故府攸司皆軌物憲章之鉅而冠昏朝聘尤統貫乎帝升王降而明備常昭有禮儀焉蓋三百云此固第言其禮之大者而不已足以見道哉删詩存三百十五篇實與人情爲防範則情正而禮亦定焉其即三百之儀乎而不盡然也吉凶軍賓嘉五禮合訂爲一書而或以玉帛或以兵戎或以冠裳或以犧象舉大端以參制度設官分職煇煌而垂儀法之精其禮之粲然者皆其道之渾然者也鉅典編摩而考工可補三百所以括官禮之全也夫筮易得三百六十策實與天理相發明則理昭而禮亦行焉其即三百之儀乎而匪特此也虞夏

歷商周古禮酌存於四代而或掌秩宗或掌太祝或掌宗伯或掌司徒撮大要以示規模稽古讀書薈萃而覩儀文之備其禮之秩然者固其道之充然者也遺聞撰記而王制特詳三百所以舉經禮之要也夫合觀曲禮三千不更見道之大哉

本房加批

貫生俊發故文潔而體清平子淹通故慮周而藻密

居天下之廣居立天下之正位行天下之大道得志與民由之

王焯

不爲天下轉移者且欲轉移天下焉夫戰國之天下知有廣居正路大道者孟子一人也使其得志民俗不賴以轉移哉若曰子今者豔稱衍儀而謂其安居而天下熄是何天下不幸而生衍儀又何不幸而令衍儀得志耶然使衍儀得志而天下之民或不至隨聲而附和則衍自衍儀自儀天下之民自天下之民亦復何害而奈何棄厥居以由衍儀所居也棄厥立以由衍儀所立也棄厥行以由衍儀所行也而令我誦詩而感考槃之寬玩易而探凝命之

旨序書而仰蕩平之路太息痛恨而歎天下之民之莫由也吾意中有一境焉宅仁爲宇而天高地厚直庇天下以覆幬之宏環堵雖甚陋乎而何啻夏屋矣覺吟域之懷自臨而幷幪之量誠寬則廣居是吾意中有一境焉植禮爲門而左禹右皋直臨天下以堂廉之肅章甫雖甚微乎而何啻軒冕矣覺功名之事猶卑而性分之尊獨著則正位是吾意中有一境焉遵義爲路而王馳帝驟直示天下以趨步之公轍迹雖甚勞乎而何啻康莊矣覺便利之途反塞而名教之地斯開則大道是夫此廣居正位大道固由所當由者而居之立之行之夫何待言吾獨想夫大道之行三代之英

不識不知順帝之則于時處處于時廬旅衆人熙熙如登春臺此何如景象也者予將以斯道覺斯民也而有廣居焉與民居之有正位焉與民立之有大道焉與民行之竊有志焉而未之逮今且爲予懸擬其人以廣子之意其可乎功修素裕而可推行也虛聲而純盜之則民望終辜游說三千果孰克循乎軌轍而若人乃別造一境焉以置身局外心滋戚矣而猶欲以自得者望人以共得誠謂和者吾所居敬者吾所立直者吾所行本所素裕者取而予之天下蓋不忍秘以自私耳民之所欲天必從之逍遥默祝庶幾得慰斯志也乎性理同然而無間隔也背道而紛馳之則民情遂

樻縱橫六七何時得返於承平而若人乃別構一境焉以休養斯民情良殷矣而尤欲以自由者卒民以共由誠謂仁者人之安居禮者人之定位義者人之達道本所同然者舉而還之天下亦不敢歧以相視耳與民同者物必歸焉渺渺予懷庶幾與民共見也夫此固大丈夫得志於時之所為也以視衍儀輩其賢不肖為何如耶子休矣

本房加批

慷慨以任氣優柔以懌懷情文相生虛實兼到

賦得褒德錄賢 得廉字五言八韻

王焯

尙德官方飭，求賢禮意謙。旌褒曾舉孝，叙錄更興廉。一字榮華袞，千名注典籤。好修瞻綠竹，遐想遡蒼蒹。寵仡須溫詔，瑕應棄舊嫌。列侯封卓茂，羣輔記陶潛。附驥稱無愧，非熊夢早占。聖朝精考課，吏治洽閭閻。

本房加批

會意尙巧，遣言貴姸。

鄉試

欽命四書詩題

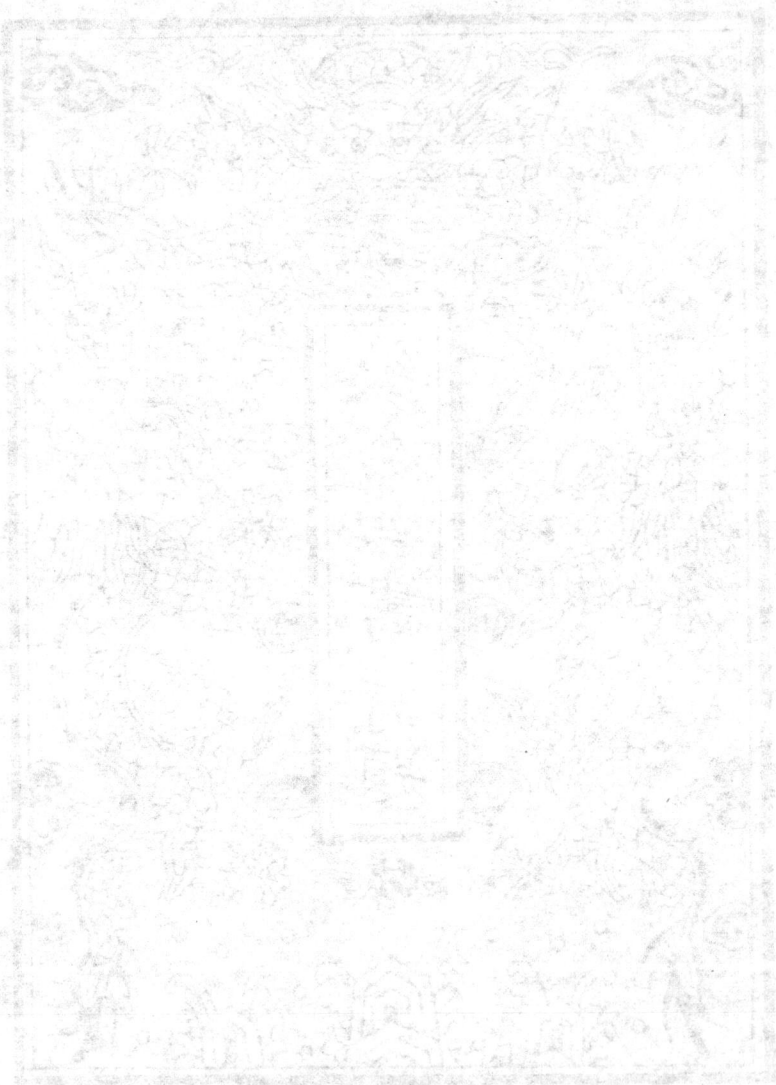

談其學

始祖艮 梁成所千戶

四世祖仲羔 庠生

五世祖資 恩貢生候選教諭

六世祖經 廩膳生

六世祖妣李氏

于氏

景氏 撫孤守節奉旨建坊入祠

字習之號素堂行一庚午年十一月初五日生順天府寧河縣增廣生民籍習書經

四世伯祖仲敏 候選州同

五世伯祖才 庠生 誥封明威將軍

六世伯祖國政 武進士原任密雲衛守府 國士 鄉飲大賓

伯高祖性善 庠生 性道 廩貢生候選訓導

伯曾祖有序 增廣生 有體 候選經歷

堂伯叔曾祖有典 庠生 三策 庠生誥封明遠將軍 三奇 甲子科武舉候選守備 有章 有法 三重 有智 聲鋐 庠生 聲駿 聲闈 恩貢生候選教諭

一

高祖性教 庠生 覃恩貤贈文林郎福建建寧府松溪縣知縣

高祖妣張氏 同邑候選教諭諱時儒公女 覃恩貤贈孺人

曾祖有仁 庠生 覃恩敕贈文林郎福建建寧府松溪縣知縣

曾祖母李氏 豐邑候選縣丞諱　公女 覃恩敕贈孺人

祖嘉修 己酉科舉人歷任福建建寧府松溪縣知縣湖北武昌府大冶縣知縣保定府蠡縣

叔祖嘉猷 太學生候選吏目 嘉弼 歲貢生 嘉勳 壬午科舉人原任直隸深州訓導奉天府寧海縣教諭

堂伯叔祖嘉謨 歲貢生候選主簿 覃恩貤封修職佐郎 嘉訓 太學生 嘉行 太學生 嘉諶 太學生 嘉言 候選主簿 嘉諟 太學生

從堂伯叔祖彬文 候選州同 郁文 丙子科武舉原任山東臨清衛督運守府 會文 庠生 煥文 庠生 中和 廩貢生候選訓導 翼文 璞文 博文 素文 如綸 如紀 懋業 如緒 懋修 庠生 允文

胞叔清 壬申恩科舉人現任河間府寧津縣教諭 高 庠生 雅 太學生 雄 庠生 綱 業儒

教諭

祖母崔氏同邑附監生諱士隆公女

繼祖母杜氏同邑原任江南廬州府知府諱立本公孫女候選州同諱恭宷公女

父諡丁卯科舉人揀選知縣

母張氏寶邑庠生諱鶴齡公女

繼母鄭氏豐邑癸巳科舉人任江西新淦縣知縣誥贈奉直大夫諱兆龍公孫女庠生諱仙齡公女辛卯恩科進士現任戶部江南司主政名澂公姊

堂叔鴻 敏 錧太學生 襄貢生 叢 悰庠生 雋庠生 頫庠生

繡庠生 珠庠生 誾 侃 謹俱業儒

從堂伯叔壽世廩貢生現任直隸冀州武邑縣訓導 斌 英 熥庠生 惠

俊郡庠生 輔世 治世 輯世 五福 五辰

五紀 五桂 五瑞 澍世 洽俱業儒

族伯叔尚謙庠生 尚義 成憲廩貢生候選訓導 九錫 以恭

以敬 以讓 九敘 永裕庠生 永成庠生 以誠

永泰 來宣庠生 鑠 鑑庠生

胞弟其極庠生

堂弟其宗 其原 其要 其大俱業儒 其詳 其

遂　其功俱幼

從堂弟其本　其文　其善　其志　其精　其

華　其粹　尚志　發祥俱業儒

娶張氏玉邑歲貢生應椿公孫女庠生兆燮公女

子耀曾幼

胞侄效曾幼

鄉試第三十名

會試第　名

殿試第　甲第　名

族繁不及載

順天鄉試硃卷 乾隆甲午科

中式第三十名談其學順天府寧河縣增廣生民籍習書經

同考試官國子監司業加一級紀錄四次朱 閱

薦

大主考 武英殿總裁內閣學士兼禮部侍郎教習庶吉士紀錄一次嵩 批

取

又 批 風裁峻拔氣息淵深

大主考 經筵講官吏部右侍郎加一級紀錄一次曹 批

中

又批　肌理縝密辭致清和

本房總批

氣靜以和文明以健合觀
首場三藝骨肉停勻知其
洗伐深矣詩律工整策對
詳明蔚然華　國之材是
爲登　朝之選

明切精當是開宗正義

重落得有

子謂伯魚曰女爲周南召南矣乎　談其學

聖人之訓子不外乎敦本務而已夫修身齊家本務也其理莫備於周南召南子之訓伯魚以此非從其本而勉之乎在昔夫子之詔小子以學詩也蓋舉其全而言之也舉其全而言之不必偏有所指而切要之理自無不包然亦有時專有所示而根本之圖已無不舉者大聖人啓廸後嗣欲其以身範爲家教即欲其以法古爲懋修也蓋王化之原似非儒生之急務而風雅之始實爲式穀之貽謀一日者向伯魚而有詔也曰女乎會於過庭餘暇備聆和平通達之規矣亦知詩所托始切於身家如周南召南者乎夫亦

實於詩旨深有體會故言之眞切乃爾

從二南說到爲學是前幅虛步

經籍之光

思周南召南果何爲而作也在宮有純一不已之君在外有旬宣弗懈之臣因以其本之一身行之宮庭者播爲風教俾岐陽漢水之間廣被德輝焉故鵲巢之化不越關雎騶虞之篇不先麟趾因而思周南召南爲之莫可緩也稟陰陽五行之秀而有身處長幼尊卑之地以自淑則以古之本諸躬行達諸倫紀者深爲體會將飲食起居之際淑愼爾儀焉故可畏者不在民嵒而在家室難齊者不在門外而在庭除女其思之勿謂循誦習傳不足與純王之治也想當年聖人爲之父聖人爲之子摛華以掞藻固所優爲乃其氓欣羨而登道岸者絕不聞於慾平躁釋之餘別爲奇術是可

自然腴潤

從爲字寫

到二南是

後幅實際

文律深細

斲輪老手

如犀分水

如磁吸鍼

只是理明

故辭無不

達

知蘋蘩荇藻之文習其名而尤貴通其義也開卷而憶前徽固不待彈師襄之琴而早已如見其形如聞其聲矣乎勿謂居閒處獨不必覩修和之業也想當年分陝以治東分陝以治西布化而宣猷何施不可乃其惠宗公以御家邦者亦不聞於寡妻兄弟之外別有張施是可知江漢汝墳之化慕其盛而尤貴溯其原也誦詩而首南籥固無俟聆清廟之瑟而後知雍雍在宮肅肅在廟矣乎蓋以勢分而論學士與王侯迥異故王者作之爲風教之原儒者取之爲善身之具將宣播習雅意歌咏有深情而或窮或達不必爲一致之歸而以事理而言君公與氓庶無殊故昔人以發之有

本者垂諸範令女以操之有要者欽諸身將宴安不形於動靜谿薄不見於家庭而進退周旋無往非推行之利非然者不學牆面書戒之矣女可不勉爲哉

本房加批

氣度春容機神諧暢斯文正宗依然可溯

一氣搏捖具有神力

屹然

○○○○○○小德川流大德敦化　談其學

卽流與敦以觀德不息而不窮矣蓋有小德以爲之分則往而不息有大德以爲之本則出益不窮也川流敦化斯眞莫可名言者乎今將叅至理之消息而不叩其推代之所繫綱維之所存幾疑是昭著兩間者紛然而無與爲憑雜然而無與爲統矣抑知息深達亹原有各著之精不息不窮自具同原之妙彼未窺夫化理之眞純者何不卽推行主宰之際而一爲深會也並育不害並行不悖妙哉化乎今夫論二氣之絪緼德固以化而見而溯一元之樞紐化實以德而神發揚伸百物之精而遞嬗推遷胡爲而特著爲

接筆矯夭

劈實說來理學中當置一座

顯仁之用此其推行所自必有載之以徃者而後出而不息乃愈遠而愈長則所謂小德也夫德固無所謂小耳然試思苟無司契不相賊而相戕者萬物何以日繁不稍忒而稍差者四時何以迭更且不相掩而相制者日月又何以遞代也蓋其發之有原統物與道各具一德雖極蕃變雜陳而支分派別總秩然而無所於淆徃來驗絕續之機行止任推移之數初無或雜也亦無或停也觀氣機者以爲萬變流其序百族流其形而豈知小德之川流有如此哉含宏正萬類之命而精微蘊蓄胡爲而獨見爲藏用之歸此其根柢所存必有憑之以出者而後徃而不窮乃愈積而愈厚則

沖和靜穆
文品上乘

收筆勁絕

所謂大德也夫德亦無所謂大耳然試思苟無根據萬物之發生

不匱者何以同處於覆載之中四時之乘除不息者何以迭運於

兩間之內且日月之徃來不停者又何以並曜於高厚之間也蓋

其會之有歸統物與道共此一德雖極紛紜莫紀而盛大充盈總

持之而得其所本不貳者運量之神不已者生成之宰其積之誠

厚也亦發之誠茂也溯其漠者以爲五行可以宣化二氣可以宰

化而抑知大德之敦化固若是哉明乎流與敦之故而天地之大

可見矣

本房加批

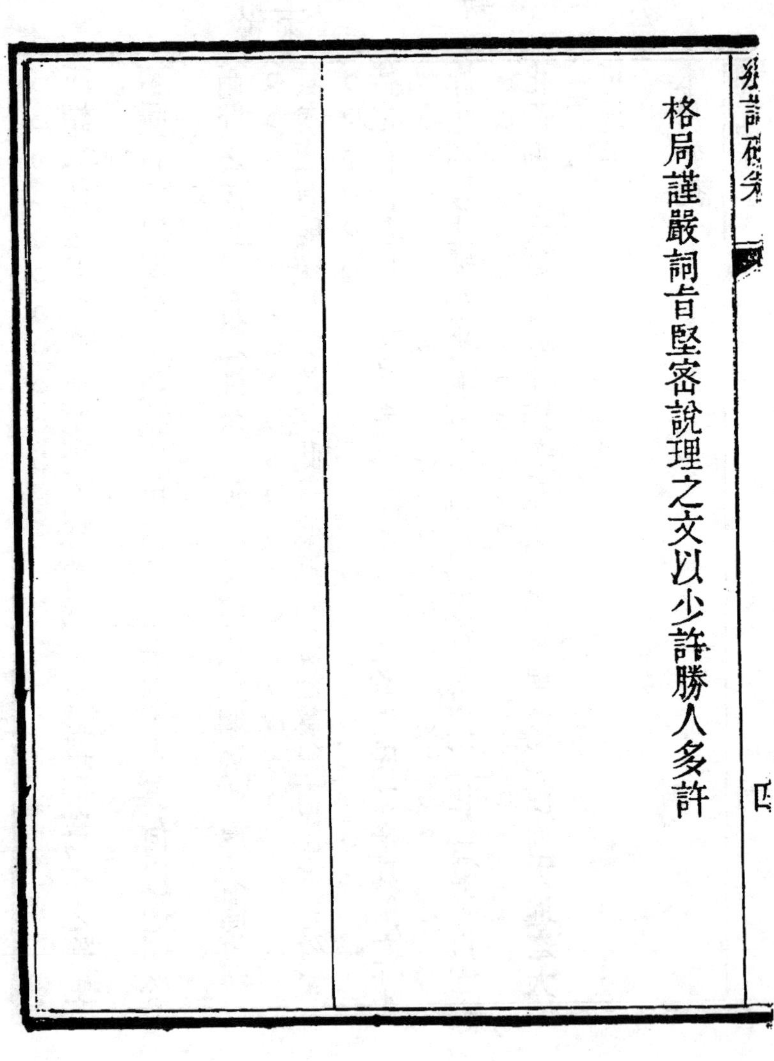

格局謹嚴詞旨堅密說理之文以少許勝人多許

由君子觀之則人之所以求富貴利達者其妻妾不羞也而不相泣者幾希矣　談其學

求之類於乞也難爲君子觀矣夫富貴利達人競求之而其所以求之者亦知有羞且泣者在乎倘堪爲君子觀哉且人苟不思以名節自勵而但欲遂其趨炎附勢之心則其一往不顧而自鳴得意者亦幾謂無有代爲愧恥者矣抑知利祿薰心在巳甘蹈於卑汚而羞惡之良卽發於素仰望之人此當局者之所迷而旁觀者之所悉也齊人行乞而其妻妾之相爲訕也是其妻妾之羞也其泣於中庭也是其妻妾之羞而相泣也然豈獨一齊人爲然哉吾

勁筆硬盤
中邊俱到
奏刀騞然

甲午科

工整

重逼首句飛舞而出

空中振筆項上圓光識力兩高

觀齊人吾有感於今之求富貴利達者矣不受人憐丈夫之期許宜高然而爲巧宦之媒者計不及此也借寵邀榮幾欲以勢燄聲靈爲誇耀家人之具貧而非病吾人之節操宜謹然而爲梯榮之階者念不到此也乞憐求媚常欲以威權顯赫爲炫惑室內之行果爾則妻妾亦何羞之有雖然其何以使君子觀哉今夫君子之論人恒無取乎過刻故有志潔行芳而暫時失足猶爲之咨嗟歎惋重惜其生平本末而不欲爲責備之加者謂其一節之偶虧也然君子之論人又無取乎過寬故有蒙垢含汚而恬不之怪即爲之目擊心傷深惡其苟賤不廉而必欲以苛論相裁者謂其愧恥

擊節不置

冷雋令人汗下

頓折

神力

之無存也顯名厚實之心人所同具然必問諸己而無慚斯可以對諸人而無愧若今之求富貴利達者其亦堪問諸己乎奔走形勢之途既不惜以七尺之軀甘爲賤行又何知妻妾之傷於後也欲成丈夫之名適貽巾幗之恥當亦齊人之所樂引爲同心者矣愧怍慚恧之情人所共稟然必質諸人而皆適乃可以反諸己而自安若今之求富貴利達者其亦堪質諸人乎伺候王侯之門既不恤以有用之身忍爲此態又何計有識之譏於前也欲遂男子之願反蒙妾婦之羞是亦妻妾之所莫可如何者矣其妻妾不羞也而不相泣者幾希矣非由君子觀之而何以知其若此哉嗟乎

天良未盡婦人猶求本志之能安倘夜氣復萌若輩何以慰神明之內疚吾願求富貴利達者觀於齊人而重儆也

本房加批

眼高於頂力大於身曲折盤旋無不如意

欽命詩題

賦得九方歅相馬 得黃字五言排律八韻　　談其學

騮星垂異質天馬別驪黃駿骨來何處殊姿相九方品題原特達聲價豈尋常三月逢真賞千金服上襄蹄輕知健疾耳削識調良詎肯鹽車服終宜玉尺量快觀神奕奕試覩氣昂昂

皇路驅馳日居然被錦障

本房加批

清新俊逸合庾鮑爲一手

履歷

張樁蔭

始祖諱應春明季官留灤州

始祖妣氏李章

二世祖諱思元遷新河莊入寶坻籍

例贈修職郎

二世祖妣李劉 例贈孺人

三世祖諱萬壽歲貢生候選訓導

例授修職郎

三世祖妣氏章王 例封孺人

字樾蹊號藹庭一號谿峯行三嘉慶辛未年四

月十七日吉時生順天府寧河縣廩膳生民籍

高叔祖龍藻 鳳藻

胞曾伯祖倓邑庠生 敕封登仕郎 例封宣議郎 例封文林郎

堂曾叔祖儼 份太學生

族曾伯叔祖培基歲貢生候選訓導 安基廩貢生 廣基己亥科舉人庚子科

欽賜都察院都事乙巳與千叟宴 恩

已千叟宴 恩與宴玖錫徵仕郎

胞伯祖大成 敕封儒林郎

堂伯祖大啟 例封登仕郎 例贈文林郎 大經廩貢生原任河南大勝關分司 敕

授登仕郎 例封宣議郎 敕封文林郎

一

四世祖諱景祥太學生始遷盧臺鎮

四世祖妣氏馬

高祖諱玉藻例贈登仕郎

高祖妣氏趙例贈孺人

曾祖諱偉例贈修職郎例贈宣議郎例晉儒林郎例贈文林郎

曾祖妣氏楊例贈孺人例封安人

郎

祖諱大猷增廣生例封修職郎例贈宣議郎例贈文林郎

祖妣氏王例封孺人

從堂伯叔祖大炎邑庠生　大鶴　大勳　大閎　大德

族伯叔祖時行乾隆乙酉科拔貢就職直隸州州判改就儒學教諭　中行戊子科舉人揀選知縣　觀光庚寅科舉人揀選知縣　廷儀敕封文林郎陝西蒲城縣知縣例贈奉政大夫　肇鼎　肇熊　擴廩膳生　拯增廣生

胞叔培廩貢生候選訓導例授修職郎例贈宣議郎例贈文林郎業師

嫡堂伯叔策太學生敕封儒林郎　簡邑庠生例贈儒林郎　籍增廣生例贈儒林

從堂伯曾鈞　曾範例封武畧騎尉　曾芝廩貢生原任山西澤州府經歷署陽城縣知縣敕授宣議郎例贈文林郎例晉承德郎　曾蕙增廣生原任甘肅西河縣典史敕授登仕郎例贈文林郎例晉承德郎　曾專嘉慶庚申恩科鄉魁大挑二等原

父諱著邑庠生例贈修職郎例封宣議郎例封文林郎

母氏鄭例封孺人同邑歲貢生候選訓導諱家騏公女歲貢生候選訓導諱家騊公胞姪女嘉慶癸酉科挑取謄錄國史館議敘選授安肅縣訓導升任湖北恩施縣縣丞諱開公胞妹道光乙酉科解元大挑二等歷署天津府甯晉縣訓導選授博野縣訓導現任鄚縣訓導截取知縣名、閎公胞姊

永感下

任衡水縣教諭敕授文林郎例晉承德郎

再從堂叔雋　管

族伯叔元培增廣生　秉智郡庠生　應奎廩膳生　應鑒郡庠生　能欽

候選州吏目珍敕封文林郎陝西蒲城縣知縣例贈奉政大夫　克全　琦

邑庠生　克順例授武畧騎尉　廷祿例贈修職郎　廷璽例贈修職郎　廷[illegible]

森例贈修職郎

胞兄弟椿齡附貢生例選知縣　椿台太學生　椿森

嫡堂弟椿華邑庠生　椿馥增廣生

從堂兄弟維藩邑庠生　維翰太學生候選州同　維垣邑庠生　維楨太學生　維鼎　維弼

祖訓

受業師

胞叔名培字晉雲 廩貢生候選訓導

胞兄名椿齡字樹仙 附貢生即選知縣

課師

母舅鄭梅蹊老夫子 諱開 廩貢生國史館謄錄原任湖北恩施縣縣丞

母舅鄭勳楣老夫子 印閎

再從堂兄福全 福成 福長 福增 福祺 福洪 例封武畧騎尉 福來 祖厚 增廣生 祖和 勅封登仕郎江蘇太湖廳東山司巡檢 祖偉 祖誠 太學生歷任江蘇震澤縣震澤司武進縣奔牛司太湖廳東山司巡檢軍功欽加六品銜 祖英 例封徵仕郎例封修武校尉 祖隲 道光己亥科副魁候選州判 例授徵仕郎 例封修武校尉

三從堂兄繼祖

族兄昌林 太學生 百朋 邑庠生 燕詒 邑庠生 燕贊 郡庠生 燕序 郡庠生 肇元 庚午科副舉人鑲藍旗八旗教習陝西蒲城縣知縣 勅授文林郎 肇公 候選從九品 肇禮 太學生衘 欽賜同知例封奉政大夫 肇乾 議敘八品銜 肇詩 例贈登仕郎 誌 恩錫登仕郎 書紳 邑庠生 允中 太學生 允治 附貢生

道光乙酉科解元
現任邯鄲縣訓導

恩師

周雲門老夫子 諱震青 廣西臨桂人嘉慶庚午科舉人原任清河縣知縣

陳問竹老夫子 諱來鳳 嘉慶庚午科舉人前任寧河縣教諭

高捷三老夫子 印繼第 廪貢生前任甯河縣訓導

師海門老夫子 印承瀚 湖北黃梅縣人 乙丑科進士翰林院檢討都察

承先 例贈修職郎 毓棠 歲貢生候選訓導 毓楷 毓林 邑庠生

胞姪 文淶 業儒 文湘 業儒 文濱 文灝 業儒 文淇 文漢

文洵 俱業儒 文浰 幼

嫡堂姪 文瀛 文濬 文江 俱業儒 文治 文溥 俱幼

從堂姪 文鑑 郡庠生 文錕 附貢生 文鈞 文鐸 文銘

文鎔 俱業儒 文鍔 文鈁 文釗 文光 文輝

再從堂姪 寶林 松林 文鎖 文奎 軍功六品銜署通永鎮標左營外委 文林 文錦 夢麟 仲麟 廷真 郡廪生 文鑾 廪膳生 文玗 文瑾 業儒 文琨 業儒 文珊 文珍 文珠 業儒 文印 廪膳生 文瑚 業儒 文壇 現任通永鎮標左營經制兼署右營右司

院副憲前
順天學政

宋槪堂老夫子 印𡶶 雲南 通海
人嘉慶己卯翰林現任
戶部侍郎前順天學政

金殿珊老夫子 印光森 湖北
黃陂縣人庚辰科進士
丁酉科順天鄉試同考
官

顧湘坡老夫子 印嘉衡 道先
庚子科進士甲辰科
順天鄉試同考官

張曉巖老夫子 印昭 貴州 遵義
人道光甲辰 恩科舉
人癸丑科進士前署延

把總文鏞 文垣業儒 文均業儒 文坊 柏皇

三從堂姪文中

族姪汝瑒邑庠生 汝棣邑庠生 徽銘邑庠生 壽銘 紹銘業儒

汝坊業儒 景福廩膳生 景昌從九品例授 士毅從九品例授 源業儒

沂增廣生

胞姪孫雙書幼

從堂姪孫作梅 作哲

再從堂姪孫育利 其烈 其愷業儒 其慎業儒 其恭業儒

其鑾 其勞 斌業文儒 大山業儒 二山 永裕 永銓

[illegible] 登科 登書

廣州知州現任
甯河縣知縣

孫鳳翥老夫子 印 煥翔 道光
辛巳科舉人現
任甯河縣教諭

陳研農老夫子 印 珍 廩貢生現
任甯河
縣訓導

族孫現廩貢生候選訓導

再從堂姪曾孫錦 幼

娶廉氏 同邑歲貢生候選訓導 貤贈儒林郎陝西
布政司理問諱德潤公元孫女附貢生 貤
封修職郎甯晉縣教諭諱遜公曾孫女邑庠生諱
承舒公孫女邑庠生諱濤公女邑庠生名承翼公
欽賜八品職銜名承儀公胞妹名承蔭
公胞姊邑庠生名琛名瑆名珂胞姑母

子文澇 業儒 文湄 幼

女一

鄉試中式第四十四名

覆試　　名

會試中式第　　名

殿試第　甲第　　名

朝考

欽點

族繁不及備載

世住城南蘆墟鎮

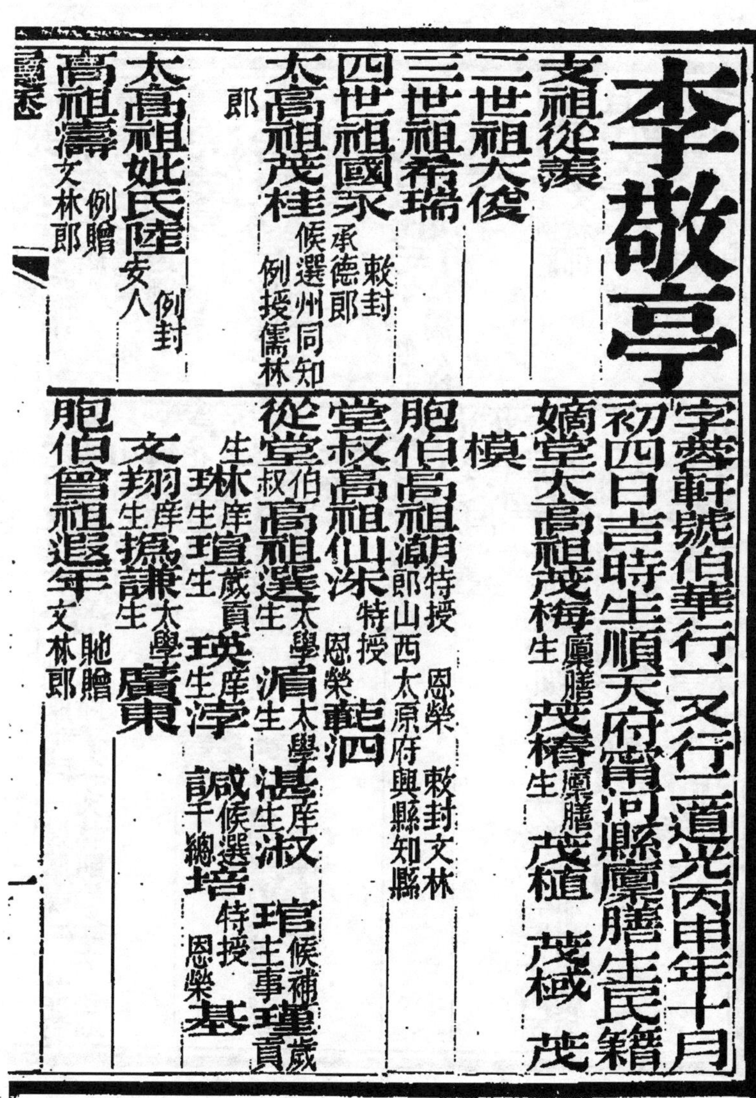

李敬亭

支祖從義

二世祖大俊

三世祖希瑞

四世祖國泰 敕封承德郎

太高祖茂桂 候選州同知例授儒林郎

太高祖妣氏陸 例封安人

高祖壽 例贈文林郎

字碧軒號伯華行一又行二道光丙申年十月初四日吉時生順天府甯河縣廩膳生民籍

嫡堂太高祖茂梅廩膳生 茂椿廩膳生 茂楨 茂械 茂模

胞伯高祖湖特授 恩榮 敕封文林郎山西太原府興縣知縣

堂叔高祖仙洙特授 恩榮 乾酒

從堂伯叔高祖選太學生 肩太學生 湛庠生 淑 琯候補主事 瑾歲貢

生 琳庠生 瑄歲貢生 瑛庠生 淳 誠候選千總 培特授 恩榮 基

文翔庠生 撝謙太學生 賡

胞伯曾祖遐年貤贈文林郎

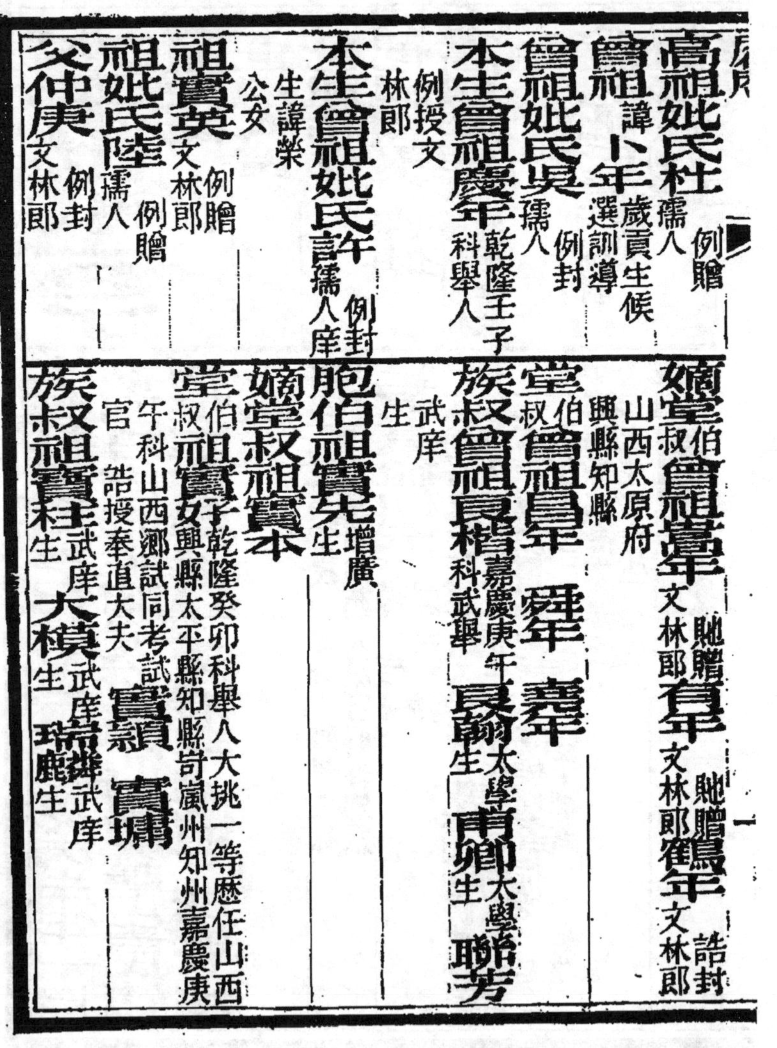
高祖妣氏杜 孺人 例贈
曾祖諱卜年 歲貢生候選訓導 例封
曾祖妣氏吳 孺人 例封
本生曾祖慶年 乾隆壬子科舉人 例授文林郎
本生曾祖妣氏許 孺人庠生諱榮公女 例封
祖寶英 文林郎 例贈
祖妣氏陸 孺人 例贈
父仲庚 文林郎 例封

嫡堂伯叔曾祖臺年 山西太原府興縣知縣 貤贈文林郎 章年 貤贈文林郎 鶴年 誥封文林郎
堂伯叔曾祖阜年 彝年 嘉年
族叔曾祖長楷 嘉慶庚午科武舉 長翰 太學生 甫卿 太學生 聯芳 武庠生
胞伯祖寶兆 增廣生
嫡堂叔祖寶本
堂伯叔祖寶好 乾隆癸卯科舉人大挑一等歷任山西興縣太平縣知縣岢嵐州知州嘉慶庚午科山西鄉試同考試官 誥授奉直大夫 寶績 寶墉
族叔祖寶柱 武庠生 大模 武庠生 瑞麟 武庠生

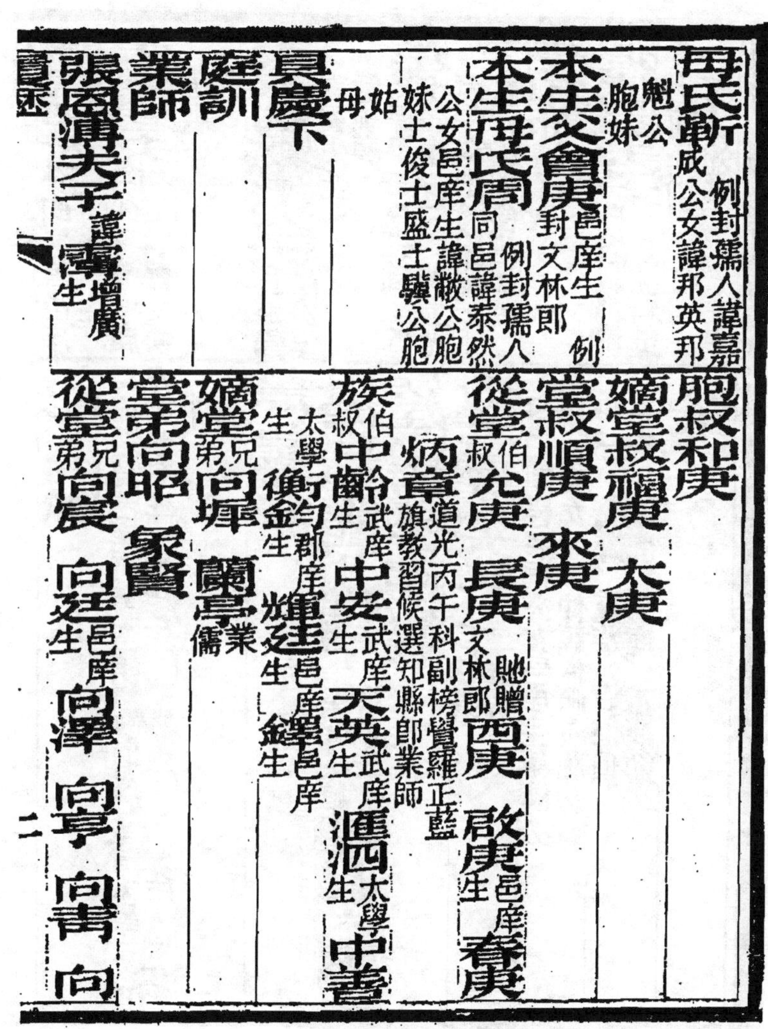

母氏靳 例封孺人諱嘉戚公女諱邦英邦

魁公胞妹

本生父會庚 邑庠生例封文林郎

本生母氏周 例封孺人同邑諱泰然公女邑庠生諱瀓公胞妹士俊士盛士驥公胞

姑母

具慶下

庭訓

業師

張風潮夫子 諱寧增廣寧生

賈歷

胞叔和庚

嫡堂叔禝庚 太庚

堂叔順庚 來庚

從堂伯叔允庚 長庚 貤贈文林郎西庚 啟庚邑庠生 奮庚

炳章 道光丙午科副榜覺羅正藍旗教習候選知縣郎業師

族伯叔中齡武庠生 中安武庠生 天英武庠生 滙泗太學生 中善

太學生衡鈞郡庠生 煇廷邑庠生 鏗邑庠生

嫡堂兄弟向墀 蘭亭業儒

堂弟向昭 象賢

從堂兄弟向宸 向廷邑庠生 向澤 向亭 向書 向

二

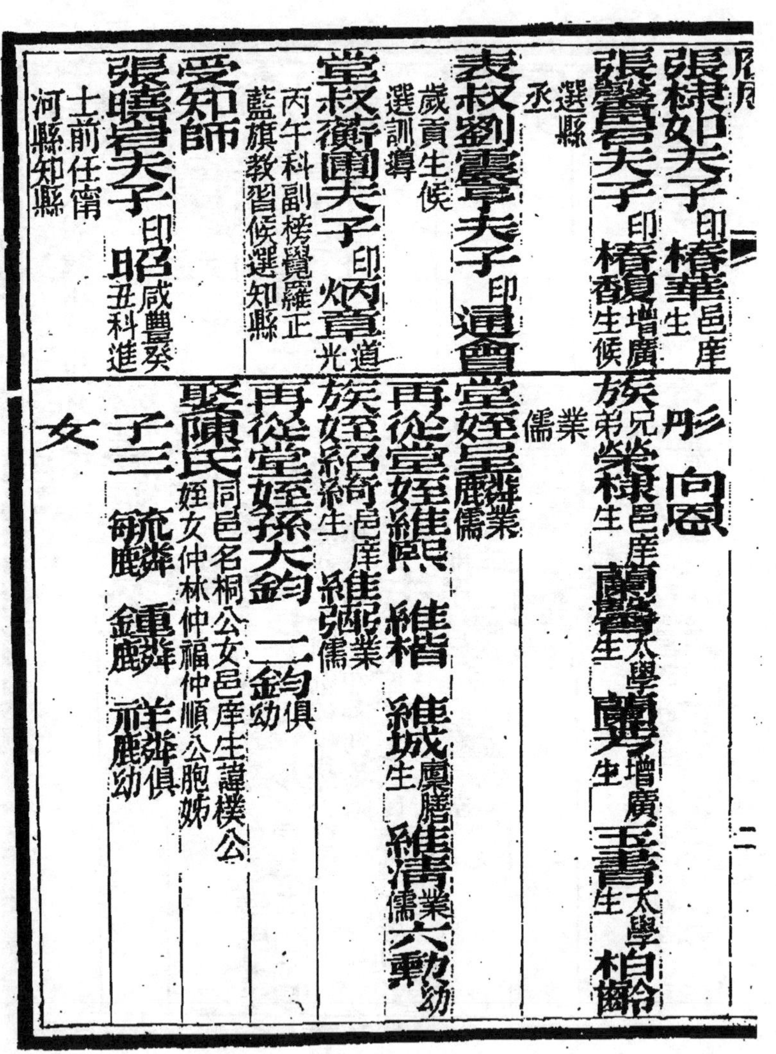

廩
張棣如夫子印樁華邑庠生
張馨若夫子印樁馥增廣生候選縣丞
表叔劉震亭夫子印通會歲貢生候選訓導
堂叔衡圃夫子印炳章道光丙午科副榜覺羅正藍旗教習候選知縣
受知師
張曉岩夫子印昭咸豐癸丑科進士前任甯河縣知縣

彤向恩
族兄榮棣邑庠生　蘭馨太學生　蘭芳增廣生　玉書太學生　柏齡業儒
堂姪呈麟業儒
再從堂姪維熙　維楷　維城廩膳生　維清業儒　六勳幼
族姪紹衍邑庠生　維紹業儒
再從堂姪孫大鈞　二鈞俱幼
娶陳氏同邑名桐公女邑庠生藹樸公姪女仲林仲福仲順公胞姊
子三　毓麟　鍾麟　祥麟俱幼
女

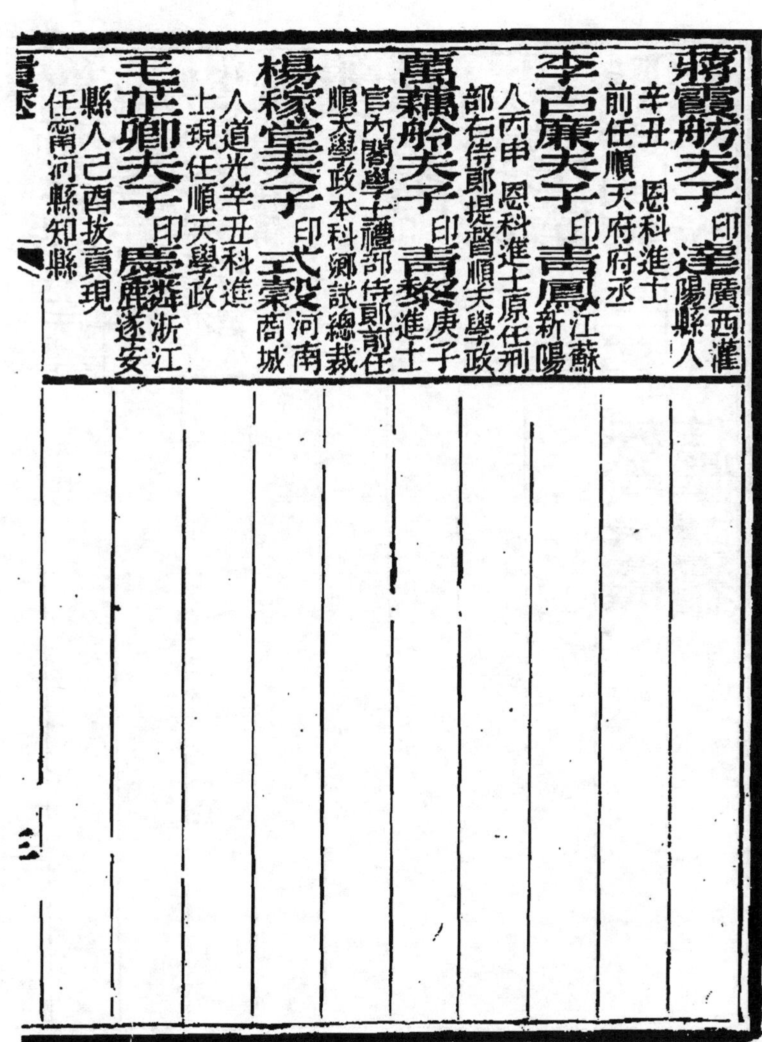

蔣霞舫夫子 印達 廣西灌陽縣人辛丑恩科進士前任順天府府丞

李古廉夫子 印青鳳 江蘇新陽人丙申恩科進士原任刑部右侍郎提督順天學政

萬藕舲夫子 印青藜 庚子進士官內閣學士禮部侍郎前任順天學政本科鄉試總裁

楊稼堂夫子 印式穀 河南商城人道光辛丑科進士現任順天學政

毛芷卿夫子 印慶麟 浙江遂安縣人己酉拔貢現任甯河縣知縣

三

歷

孫鳳翥夫子 印 煥翔 天津靜海縣人道光辛巳科舉人現任甯河縣教諭

池樹亭夫子 印 珍 廣平成安縣人附貢現任甯河縣訓導

課受

表弟劉鎣由 印 汝翼 增廣生

鄉試中式第 一 名

會試中式第 名

殿試第 甲第 名

欽點

族繁不及備載

佳縣南廬壹鐀

張琨

字子珍號琢如行一道光乙酉年六月初四日吉時生

順天府甯河縣廩貢生民籍現任廣平府磁州訓導

始祖諱和明永樂間由軍功勅封昭勇將軍

始祖妣氏蘊誥封淑人

二世祖諱忠世襲昭勇將軍

二世祖妣氏苗誥封淑人

三世祖諱顯邑庠生

三世祖妣氏王

四世祖諱恪邑庠生

四世祖妣氏趙

五世祖諱啟元字純夫鄉飲大賓

四世伯祖忱　恂

五世伯祖麟龍

六世胞伯祖維智

六世堂伯祖存心

六世族伯祖秉仁雍正壬子科舉人歷任順德府南和縣教諭陞正定府府學教授乾隆五十年赴千叟宴又於乾隆壬子重赴鹿鳴

胞高伯叔祖掞　撰

嫡堂高伯叔祖振增廣生　擴廩膳生

從堂高伯叔祖殿臣　閣臣

族高伯祖文彬壬子歲貢生

五世祖妣氏陳

六世祖諱維聖字爾似增廣生

六世祖妣氏王孺人例贈

高祖諱拯字濟懷增廣生

高祖妣氏童孺人例贈

曾祖諱克順例贈武略騎尉

曾祖妣氏王陳例贈安人

祖諱允文字濬哲太學生例贈修職郎例贈文林郎

祖妣氏周孫例贈孺人例晉太孺人

父諱景行字仰山覃恩誥封修職郎例贈文林郎

胞曾伯祖克全恩賜登仕郎　克成邑庠生

嫡堂曾伯叔祖克廣邑庠生　克敏　五瑞　克岐　克嶷

鶴齡

從堂曾伯叔祖克侖　克勤　立綱　肇修

再從堂曾伯叔祖尙仁　尙禮　尙信

族曾伯叔祖洛傳邑庠生選縣丞　敬傳太學生例授守營千總　積例貢

溥　著邑庠生封文林郎勅封修職郎誥封奉政大夫　培例邑廩貢生候選訓導

例授修職郎誥封奉政大夫

胞叔祖允中太學生　允恭太學生　允治附貢生

嫡堂伯叔祖誥處士　誼　詩　誌特授恩榮例贈儒林郎謚　書

紳邑庠生　玉紳

從堂伯叔祖光祚　光祿　光祜　光甲　光第　漢

母氏馬 誥封孺人同邑恩賜登仕郎諱秉清公女太學生名馭良公胞姐

慈侍下

受業師

浴亭廉老夫子 諱沂 癸酉科副貢 武英殿校錄選授青縣教諭 誥封光祿大夫工部右侍郎加三級

登洲李老夫子 諱步瀛 辛酉恩科舉人

堂叔介亭夫子 名景福 辛酉歲貢生候選訓導

族曾祖杏雲老夫子 諱培

廷 漢德 漢傑 漢清 漢波

再從堂伯叔祖文集 大中 元泰 際泰 鳴泰

豐泰 福泰 昌泰

三從堂伯叔祖坦 彬

族伯叔祖瑞邑庠生 瑪 璐太學生 玠 善楷 椿齡附貢生即選知縣欽加同知銜 祖和太湖廳山東司巡檢 勅封登仕郎 祖英江蘇例授修職郎 祖隲道光己亥科副魁例封修職郎 椿台太學生 椿蔭乙卯科舉人前任昌黎縣教諭 椿霖 椿華邑庠生 椿馥增貢生候選縣丞 維藩邑庠生 維垣增廣生 維翰太學生候選州同 維楨太學生

胞叔景德處士 卿雲增廣生道光己酉咸豐壬子兩科房薦

嫡堂叔景明太學生

堂伯叔景賢 景程 景福辛酉歲貢生候選訓導 景昌例授從九品

履歷

廩貢生貤封奉政大夫

淘濱郁老夫子 諱容鎔玉田縣人

庚午科舉人

星瞻廉老夫子 諱驥元道光

丁酉科經魁辛丑科考取 景山教習任安徽

歙縣知縣遇難殉節奉旨議加知府銜並襲

雲騎尉恩騎尉世職罔替漁亭地方建祠

硃軒李老夫子 印廷柟豐潤

縣人道光戊子科謄錄充功臣館已酉科舉人

庚戌會試聯捷進士現任戶部員外郎提調戶

部則例館

課師

景桓 景時例授從九品 景運例授從九品 景洪 景曾

景員

再從堂伯叔 士銓 士福 士有 士才 惠安 惠

來 惠生 惠源 惠深 惠成

三從堂伯叔 士德 士捷 士勇 士升 士銀 士

奎 士林 士英 士俊 士會 士穀太學生 士

達太學生 士芬 履中 履成

四從堂伯叔 學文 學師 學鯉 雨田

族叔 之爍太學生 暉廩膳生 昕 照 煦 得錢 得舉

文濤太學生 文淮邑庠生 文灝邑庠生 文印歲貢生加五品銜 欽

文鄉邑庠生 文璧廩膳生 文壇營標千總 文鑑附貢生 廷良郡廩

生 文鯤附貢生

虞尊劉老夫子 印 逼會 丙辰歲貢生候選訓導

鳳翥孫老夫子 印 煥翔 道光辛巳科舉人現任甯河縣教諭

荷亭池老夫子 印 珍 貢生現任甯河縣訓導

鏡香王老夫子 印 蘭桂 陝西中部人嘉慶癸酉科拔貢歷任甯河縣知縣蒯州知州

芷卿毛老夫子 印 慶麟 浙江遂安人道光己酉拔貢生前任大興縣知縣現任甯河縣知縣

胞弟 琳 太學生 琪 業儒

嫡堂弟 璐 業儒 琛 琚 業儒

從堂弟 溥 澤 樞 椿 業儒 桐 業儒 楫 柱 楨 桂

柏 棟 榜

三從堂兄弟 存萬 存義 騏 駒 驥 鵬 鵠 業儒

虎 隼 雕

五從堂兄弟 福吉 福星 福照 福海 福江 福

臻 太學生

族弟 家塾 炳文

族姪 耀宗 廷佐 廷佑 廷貴 廷樑

娶李氏 同邑壬辰科副貢由八旗官學教習以知縣分發四川委任巴塘軍糧府 欽加同知銜歷任前藏察木多軍糧府蒙藏大臣 特委勷辦東務保舉奉 旨以直隸州遇缺即補 賞戴花

三

歷

謁餘周老夫子印貽徽嘉慶丁丑進士前任順天府府丞

翊玉圃公女附貢生玉田公武庠生玉山公附學生玉雯公胞姪女

君園馮老夫子印芝山西岱州人嘉慶戊辰科翰林禮部右侍郎前任順天學政

子

女一

鄉試中式第六十二名

會試中式第　名

殿試第甲第　名

朝考第等第　名

族繁不及備載

欽點

世居邑南蘆臺

張汝埭

始祖清 江南徽州分派

始祖妣氏李

九世祖傑 誥封明威將軍

九世祖妣氏 閻田 誥封周呂恭人

十世祖自修 康熙癸未科武進士原任山西河保營都閫府加參將銜 誥授明威將軍

十一世祖妣李趙 誥封恭人

字蘭亭號石莊行四道光己亥年正月十五日吉時生順天府甯河縣廩膳生民籍

嫡堂高伯叔祖彥 遷居山西禹州 言 書

從堂高伯叔祖培基 歲貢生候選訓導 宏基 廩貢生 廣基 己亥科舉人庚子科 欽賜國子監學正辛丑科 欽賜都察院都事乙巳科與千叟宴 德生 貢生 潤恩榮壽官 鈙 庠生 茂棠 太學 廷錫 廩膳 冠英 太學生 廷魁 庠生 殿魁 庠生 良桎 庠生 珩 庠生 瀅 庠生 準 庠生 纘 例贈文林郎 濤 議敘八品銜 灝 太學生

嫡堂曾伯叔祖廷玉 廷芝

從堂曾伯叔祖時行 乾隆乙酉科選拔就職直隸州州判改就儒學教諭 中行 戊子

太高祖國鎮庠生

太高祖妣氏郭 劉

高祖弼例贈登仕郎

高祖妣氏劉例贈孺人

曾祖廷儀恩榮壽官 敕封文林郎陝西蒲城縣知縣 例封奉政大夫

曾祖妣氏谷例封孺人

祖珍敕封文林郎陝西蒲城縣知縣 例封奉政大夫

祖妣氏徐例封孺人從九品諱永康公

科舉人揀選知縣 觀光庚寅科舉人揀選知縣 九齡太學生 應彪庠生 翥

用行庠生 天秩增廣生 天敘庠生 勉功庠生 世亮庠生 例封文林郎

景福 景雲武庠生 景岐武庠生 天佑武庠生 天寵太學生

天申太學生 怡庠生 悅庠生 懌太學生 世魁恩榮八品

族曾伯叔祖大猷增廣生 例贈文林郎 例封修職郎 例封奉政大夫 大經廩貢生原任河南大勝關分司 敕授登仕郎 例封宣議郎 敕封文林郎 大成敕封儒林郎

胞伯叔祖珏 珮 琳

從堂伯叔祖維 紹

再從堂伯叔祖元培增廣生 世明庠生 秉智庠生 文郁庠生 璞太學生 瑜 應奎廩膳生 應璧庠生 能敏候選州吏目 訓咸豐己未恩

女太學生名上達公胞
姑母郡庠生名希瀛姑

祖

母

父肇公候選從九品 例封文林郎 誥封
中憲大夫

母氏王同邑 恩榮壽官 名纘成公女 例
封孺人 誥封恭人

本生父肇元嘉慶庚午科副舉人鑲藍
旗入旗教習陝西蒲城
縣知縣署孝義廳分府
勅授文林郎
晉封中憲大夫

本生嫡母氏章同邑處士 諱應聘公

科舉人 誥

振勳 守成增廣生 元凱庠生 元益庠生 克仁

懷瑾太學生 恩榮壽官 賜麟 玉麟 鏞麟 鳳麟

瑞麟 儀麟 起七品 恩榮

族伯叔祖策太學生 勅封儒林郎 緒增廣生 簡庠生 著邑庠生 勅封修職郎

例封文林郎 培廩貢生候選訓導 例授修職郎 誥封奉政大夫
誥封奉政大夫 會芝

廩貢生原任山西澤州府經廳署陽城縣知縣
勅授宣議郎 例贈文林郎 例晉承德郎 會

萬增廣生原任甘肅西河縣典史 勅授登仕郎 例贈文林郎 例晉承德郎

會蔦嘉慶庚申 恩科鄉魁大挑一等原任衡水
縣教諭 勅授文林郎 例晉承德郎

胞叔肇禮太學生 欽加同知銜 例封奉政大夫 肇乾議敘八品銜 肇章例封修職郎

誥封中
憲大夫

女　勅封孺人晉封恭人

本生庶母氏黃處士諱履泰公女名鼎公胞妹

本生生母氏馬處士諱世奎公女候補把總名晉公胞妹

具慶下

本生生慈侍下

庭訓

業師

堂兄名坤字子厚議敘從九品

嫡堂伯叔肇昌　肇基　肇模議敘八品　肇勳　肇春從九品

二

從堂叔肇奎　肇印

再從堂伯叔昌林太學生　崑從九品　豹　震　潛　百朋庠生

百齡　燕喜庠生　燕譽庠生　燕序庠生　燕詒太學生　肇鎰從九品

靄堂　九思誥封武德騎尉　希甫　錫魁　松齡從九品

春齡太學生　椿齡　植齡

族伯叔椿齡附貢生郎選知縣欽加同知銜　椿台太學生　椿蔭咸豐乙卯科舉人前任昌黎縣教諭　椿霖　椿華庠生　椿馥增貢生候選縣丞　祖偉

祖和勅封登仕郎江蘇太湖廳東山司巡檢　祖誠太學生歷任江蘇武進縣奔牛司太湖廳東山司巡檢軍功欽加六品銜　祖英例封徵仕郎例封修武校尉　祖隲道光

本生胞兄名汝塲字界山附貢生候選知縣
米小亭老夫子印毓黃庠生
郭冠五老夫子印彭壽道光壬辰科舉人
廉雨田老夫子印師梅處士
劉魯岑老夫子印雲東廩貢生候選訓導
郭子堅老夫子印鍼城咸豐辛亥恩科舉人

己亥科副魁候選州判例
授登仕郎例封修武校尉維藩附貢生維翰太學生候
選州同維垣附貢生維楨太學生
本生胞兄弟汝塲附貢生候選知縣汝坊業儒
嫡堂兄弟敬銘附貢生戶部雲南司員外郎廣東司行走壽銘太學生即補同知鼎
銘業儒
從堂兄弟坤議敘從九品塽塏城仲洪業儒滿
再從堂兄弟鍾麟庠生楷森濂錫齡與三輯
瑞向晨樹九柏太學生榜雙武庠生原任山海路把總
咸豐三年隨營効力陣亡恩賞世職雲騎尉斌世襲雲騎尉候補京營守備福慶恩
榮壽官棣樸模治澤濱泳

覺丞

三

族祖杏雲老夫子 諱培 廩貢生候選訓導

李衡圃老夫子 印炳章 道光丙午科副舉人正藍旗覺羅教習即選知縣

受知師

過虞卿老夫子 印錦雲 咸豐壬子科舉人前任甯河縣知縣

張星伯老夫子 印錫庚 道光丙申科進士前順天府府丞

龔蔚汀老夫子 諱文齡 嘉慶

族兄弟 文鑑 附貢生 文錕 附貢生 文鈞 文鐸 業儒 文銘 郡庠生

文鎔 文鍔 文釗 文鈁 文濤 太學生 文濰 庠生

文濱 文灝 庠生 文瀛 文濬 文潢 文洵 文江 文淛 俱業儒 文溥 文淦 文渭 俱幼 文印 歲貢生候選訓導 欽加五品銜 文卿 郡庠生 文璧 廩膳生 文壇 歷署三河縣馬坊營灤州城守營把總歷永平府協標千總 文珩 文瑾 文玠 文璐

文珍 文珠 文墉 文墀 文均 俱業儒

胞姪 雨兒 業儒 寶兒 幼

從堂姪 家政 家讓 家燊 家棟 家楨 家幹

家祥 家瑞 俱業儒

原文缺頁

談松林

字雲蓀，號小峯，行三。嘉慶庚午年二月初七日吉時生。順天府甯河縣廩膳生，民籍。乙卯科副榜貢生。

始祖良　梁城所千戶

六世祖仲熹　庠生

七世祖資　恩貢生候選教諭

七世祖母氏陳　例封孺人

八世祖經　廩膳生

八世祖母氏李

氏于

氏景　撫孤守節建坊入祠

九世祖性教　庠生　貤贈文林郎福建

七世伯祖才　庠生　誥封明威將軍

八世伯祖國政　明武進士密雲衛守備　國士　鄉飲大賓

九世伯祖性善　庠生　性道　廩貢生候選訓導

胞伯太高祖有序　增廣生　有體　候選經歷

堂伯叔太高祖有典　庠生　三策　庠生　誥封明遠將軍　三奇　康熙甲子科武舉候選守備　三重　有章　有法　有智　聲鉉　庠生　聲驂　庠生　聲闇　恩貢生

胞叔高祖嘉猷　太學生候選吏目　嘉弼　歲貢生　嘉勳　乾隆壬午科舉人，任直隸灤州訓導、奉天府甯海縣教諭，勅贈儒林郎貴州獨山州州同

松溪縣知縣

九世祖母氏張 同邑恩貢生候選教諭諱時儒公女 貤贈孺人

太高祖有仁 庠生 敕贈文林郎福建松溪縣知縣 貤贈儒林郎貴州獨山州州同

太高祖母氏李 豐潤候選縣丞諱 公女 敕贈孺人 貤贈安人

氏王 貤贈孺人 貤贈安人

高祖嘉修 雍正己酉科舉人任福建建甯府松溪縣知縣湖北武昌府大冶縣知縣 敕

堂伯叔高祖嘉謨 歲貢生候選訓導 嘉訓 太學生 嘉諶 太學生 嘉諆 太學生 嘉言 選主簿 嘉行 太學生

從堂伯叔高祖彬文 候選州同 郁文 康熙丙子科武舉任山東臨淸衛督運守備

會文 宗文 庠生 煥文 庠生 翼文 璞文 素文 博文 允文 中和 廩貢生 懋綸 懋功 懋述

懋儀 懋修 庠生

胞叔曾祖淸 乾隆壬申恩科舉人任河間府甯津縣教諭河南彰德府林縣知縣丙午河南鄉試同考官 高 增廣生 雅 太學生 雄 附貢生 綱 太學生

嫡堂叔曾祖鴻 敏 特授恩榮 錧 太學生 襄 附貢生 叢 悰

庠生 雋 庠生 頵 廩貢生四庫館謄錄任貴州都勻府獨山州州同署定番州知州廣西龍英州州同 繡 庠生 珠 庠生 謹 嘉慶丁卯科舉人候選知縣

例授文林郎 贈儒林郎

高祖母氏崔同邑庠生諱士隆公女廩膳生諱師孔公胞姑母 勅封孺人

氏杜同邑任安徽廬州府知府諱立本公孫女 勅封孺人

曾祖謚乾隆丁卯科舉人候選知縣 例授文林郎

曾祖母氏張寶坻 例封孺人

氏鄭玉田 例封孺人

從堂伯叔曾祖壽世庠貢生任武邑縣訓導 輔世 輯世 治世太學生 澍世庠生 斌 英 熾庠生 惠 俊庠生 洽庠生 錦特授恩榮 五福 五辰 五紀 五桂特授恩榮 五瑞

族伯叔曾祖尚謙庠生 尚義 成憲歲貢生 來宣庠生 九錫 九敘 以恭 以敬 以讓 以誠 永裕庠生 永成庠生 永泰 永立 鑑庠生

胞伯祖其學乾隆甲午科舉人郎選知縣 例授文林郎

嫡堂叔祖其宗增廣生候選州同 例授儒林郎 其儀道光壬午科舉人候選知縣 例授文林郎 其德太學生 其原附貢生 其珍從九品 其位從九品 其章 其廣 其相

堂伯叔祖其本 其善 其精 其粹 其文 其志

二

祖其極字用之增廣生例贈修職郎　例
贈文林郎
祖母氏吳豐潤歲貢生候選訓導諱嵩治
公女　例贈孺人
父照煦字嫗廷號魯峯　例贈文林郎
母氏董豐潤太學生　勅
贈武信郎諱載公孫女庠生諱人驁公女
庠生任江南興武衛領運千總嘉湖衛守備諱
人鸞公庠生諱人鷹公
胞姪女候選衛千總諱
詔碕公諱詔璠公胞姊
例贈
孺人
永盛下

其祥　其發　大年　大成特授恩榮　大豐　大裕
大志　大慶　爲霖庠生例贈修職郎　爲禮　爲明　爲
鐸內閣供事　爲城　爲恭　爲邦　爲讓
從堂叔祖楫　梅太學生　鶴翎　祝三　含章　龍章
成章　玉章　憲章　鵬　輯瑞　誠　美如恃
授恩榮　美時　美玉
族叔祖其藻庠生　其好　勤增廣生　毓崑　毓秀
胞叔耀崑字玉亭號栗峯例封修職郎
嫡堂伯叔耀會　象鼎
堂叔執信　執禮　執權　執玉　執中　昌齡
延齡　永齡　裕齡

業師

祖訓

庭訓

劉省三夫子 諱學曾 增廣生

康松雲夫子 諱濤 庠生

康敬原夫子 諱以莊 庠生

課師

叔祖敬之夫子 諱其儀 壬午科舉人候選知縣

唐東瞻夫子 諱宗泰 嘉慶戊午科舉人原任甯河縣知縣

從堂叔文 興嗣 楷 起 思忠 思孝 思敬

思温 恩貢生候選教諭 思命 瀛洲 鴻洲 振英 庠生

振魁 福善 福允 福慶 業儒 福臻 福元

九齡 長齡 業儒 鳳山 鳳翔 鳳岡 鳳集

鳳來 鳳喈

再從堂叔文彬 文琯 文煥 樞 丞壽 鍾英

考取佾生 雙璧

族叔訓 誼

胞兄桂林 柏林 嗣堂伯耀曾

嫡堂弟桐林 辛亥恩科副榜即選教諭 長林 樹林

從堂弟肅 熙 文瀚 幼 文治 幼 文藻 幼

屠門

廉癸午夫子諱以誠嘉慶癸酉

道光乙酉兩科副榜即選教諭

受知師

帥海門夫子諱承瀚乙丑進士翰林院檢討前提督順天學政

駱籲門夫子名秉章壬辰進士現任四川總督庚子順天鄉試同考官

馮春園夫子諱芝戊辰進士翰林院檢討禮部左侍郎前提督順天學政

王監明夫子名通照丙申進士山東道監察御史癸卯順天鄉試同考官

再從堂弟廷詰　廷桂　廷琪業儒　廷壽業儒　廷巘業儒　廷瓚幼　廷度幼　廷範幼　廷燮幼　廷溥幼　恩榜

三從堂弟兄復起　復安　容泰　保泰　全立　光斗庠生　光第　春卿

族弟孟齡　錫齡俱業儒

胞姪慎

嫡堂姪怡　愷　愜幼

從堂姪金榜

三從堂姪大存　二存

娶劉氏同邑字東生諱如楨公孫女增廣生諱學曾公女

子恂嗣胞兄桂林

王蔆堂夫子諱廣蔭癸未榜眼

工部尚書前提督順天學政

程楞香夫子名庭桂丙戌進士

前都察院左副都御史提督順天學政

龔西園夫子諱文齡庚辰進士

原任工部侍郎前提督順天學政

衛靜瀾夫子名榮光癸丑進士

翰林院編修乙卯順天鄉試同考官

何賡卿夫子諱彤雲甲辰進士

前戶部侍郎乙卯順天鄉試副考官

花松岑夫子諱沙納壬辰進士

文一字同邑附貢生李名熙春次子

房

前吏部尚書乙卯
順天鄉試副考官

賈鍋堂夫子 名楨丙戌榜眼 武
英殿大學士乙卯
順天鄉試正考官

乙卯鄉試中式副榜第三十八名
鄉試中式第一百七名
會試中式第　名
殿試第　甲第　名
朝考第　等第　名
欽點

族繁不及備載
世居縣城

巳

李誠蔚

字仲霞號雲亭行二又行五道光己丑年十一月
二十九日吉時生順天府寧河縣廩膳生民籍

始祖諱榮字向欣
始祖妣氏張
二世祖諱實字秋圃
二世祖妣氏劉
三世祖諱朝陽字鳳鳴三錫恩榮
三世祖妣氏岳例贈孺人
四世祖諱從耻字惠言邑庠生
四世祖妣氏王
五世祖諱常潤字澤民例贈修職

胞伯叔太高祖珍邑庠生　琠敕封文林郎永平府撫寧縣教諭
胞伯叔高祖德新三錫恩榮　德一特授恩榮　德錫歲貢生候選訓導
德俊邑庠生　德經廩膳生　德謨例授登仕佐郎
嫡堂伯叔高祖德裕例授登仕佐郎　德懋邑庠生　德貞貤贈修職郎
德寬廩膳生貤封修職郎　德銘敕封文林郎永平府撫寧縣教諭　德培
德純特授恩榮貤贈修職郎
胞伯曾祖彙太學生例授修職郎
嫡堂伯叔曾祖旭　曦恩錫登仕佐郎　鵬生特授恩榮　覲邑庠
生　述例授修職郎　昭太學生　潛　曾　晅　晃　智

郎

五世祖妣氏楊孺人例贈

六世祖諱君鼎字奉山恩貢生候選直隸州分州例授修職郎敕封文林郎好善樂施名著同邑

六世祖妣氏馬孺人例封

太高祖諱珠字楚玉贈修職郎例

太高祖妣氏于孺人例贈

高祖諱德壽字端公太學生欽賜八品銜例授徵仕郎好善樂施惠及鄉鄰前任關縣尊諱廷牧高其誼旌賜堅重瀰閭匾額兩學及巡政麗城守營督捕廳公賜瀛海雲龍匾

堂伯叔曾祖晧　昕特授恩榮　會　瞋例授登仕佐郎　暐貤贈修職郎　晈乾隆戊申恩科舉人考取咸安宮教習大挑二等任永平府撫甯縣教諭卽補山西沁源縣知縣　暘邑庠生　旺　曜

胞伯叔祖士準太學生例贈修職郎　士風太學生例贈登仕佐郎

嫡堂伯叔祖士度太學生特授恩榮　士元歲貢生候選訓導

堂伯叔祖鶴年特授恩榮　中美　鶴鳴　鶴翔　大猷

大爲　龍標恩賜修職郎　龍友例贈修職郎　龍玉　龍真

龍蟠　龍祥　龍光　維麒邑庠生　鶴舉　鶴軒

從堂伯叔祖全仁　全義從九品　全禮　永年邑庠生　有年

可宗　可發　可大　可久　可祚　泰來例贈修職郎　順來例贈修職郎　福來　正芽　正芳　福凝

峯觀　峯山　鶴覓　承覓

額介族公立教宗睦
族本根庇蔭二扁額
高祖妣氏楊孺人 例封
曾祖諱暄字善長太學生 例贈文林郎
曾祖妣氏王孺人 例贈
祖諱士行字勵亭太學生 例贈文林郎
祖妣氏麗孺人 例贈
父諱正春字青臣業儒早逝 例贈文林
郎
母氏劉同邑雍正乙卯科舉人揀選知縣諱
毓珣公本生曾孫女歲
進士候選直隸州分州
諱立詒公孫女太學生
諱贊曾公女邑庠生諱
通治公思錫九品名通
典公胞妹名愍名英名

嫡堂伯叔 際春武庠生 熙春附貢生候選訓導即業師 茂春 富春
得春
堂伯 逢春太學生 遇春特授恩榮 達春
從堂伯叔 長生 長發 長慶 長春 鎮 鎰 銓
鑑 鈺 鐸 鏞 鏌 鈴太學生 銜歲貢生候選訓導
如栢 如山 如蘭 富貴 栢 振 招
扶
再從堂伯叔 發 達從九品 福 温 秀 福堂恩賜登仕郎
常春 慶春 永寬 永和 永昇 永順 永
全 浩從九品 滋 潤 澤 沛附貢生候選訓導 濟醫學訓科
瀚業儒 沐
胞兄弟 誠懃 誠耀業儒

二

居尽
藕候選從九品名昫胞
姑母邑庠生名沛然胞
祖姑母 旌表節
孝 例封孺人
本生父 諱和春字霽齋太學生 例
封文林郎
本生母氏苗 同邑孺人 例封恩賜
修職郎章 恩誥封武
功將軍諱恩壽公曾孫
女 勅贈登仕佐郎諱
一熊公孫女 例授登
仕佐郎候選州左堂諱
成文公女邑庠生名棠
公胞妹名桐公胞姊乙
酉丙戌聯捷武進士
欽點守府歷任山西甯
武等處參府 欽放山
東沂州協鎮 誥授武
功將軍名偉公增廣生
名楷公堂妹名邦典邦
禮邦利胞姑母郡增生

堂兄弟誠著邑庠生 誠存太學生 誠朗 誠化 誠思 誠
澤 誠孚 誠玉 誠睿 誠良 誠哲
從堂兄弟成林 成蹊 成本 成箴 成功 成業
成勳 成恩
再從堂兄弟中樞 中樹 中桂 萬山 端 瑞
茂枝 茂林 茂蔭 誠學 誠蔭 誠魁 誠
尚 廷桂從九品 廷梁 廷楷 廷模 廷翰 廷章俱儒業
廷楨 廷棟 廷棻 廷章俱儒業
三從堂兄弟信 山 惠 恭 廷楫 廷線 廷玉
廷璧 廷琳 廷瑜儒業 廷琛 廷璠 廷瑛俱業
儒 泉 廉 章 坤 璽 連會 連城
胞姪健儒業

候選知縣諱硯田戶部主事名學田郡庠生名邦憲堂姑母同榜舉人名如蘭太姑母

慈侍下

本生永感下

受業受知師

廉敬原老夫子 諱以莊 邑庠生

嫡堂伯文叢夫子 名熙春 附貢生例授修職郎

孫雨村老夫子 諱世恩 增廣生

談雪蒼老夫子 名松林 咸豐

從堂姪原 儀 伸 伺 僑 倫 俱業儒

再從堂姪寶 業儒

胞姑母一 適同邑張武庠生名桓公

三從堂姪僖 份 傅 椿 業儒

四從堂姪大印 二印 大榜 二官 業儒

娶張氏 同邑增廣生諱本公女武庠生名桓公胞姪女業儒名加煜名加熾名加炘胞姊

繼娶俞氏 豐潤縣從九品名濬公女增廣生諱海公胞姪女邑庠生名聯珂親姊邑庠生名聯翩業儒名聯第堂姊

子倬 俶 俱業儒 价 幼

女一 字待

胞妹四 長適本城太學生常公堂姑丈名森次子附貢生辛酉呈薦名立坊次適同邑武庠生劉公名殿臣三適寶坻縣太學生張公名步墀四適本城議敘八品劉公名永泰

覺歷

三

乙卯科副榜
辛酉科舉人

廉葵午老夫子 諱以誠 嘉慶
癸酉道光乙酉兩
科副榜郎選教諭

廉星瞻老夫子 諱驥元 道光
丁酉科舉魁辛丑科考
取景山教習任安徽
歙縣知縣遇難殉節奉
奉旨議卹知府銜世襲
雲騎尉恩騎尉世職
罔替滋亭地方建祠

喬溥泉老夫子 諱邦哲 山西
徐溝縣人前任甯河縣
知縣遵化直隸州知州

王燮堂老夫子 諱廣蔭 癸未
科榜眼前任都察院左
副都御史順天學政

楊諳堂老夫子 諱式穀 辛丑

科進士前任順天學政

汪嘯會老夫子 名元方 癸巳

科翰林前任順天學政

吳傅岩老夫子 名譽曾 庚子

科舉人前任甯河縣知縣陞任薊州知州

李蘭樵老夫子 名賡雲 己未

科舉人壬戌科進士現任甯河縣知縣

孫鳳翥老夫子 名煥翔 辛巳

科舉人甯河河縣教諭

池荷亭老夫子 名珍 附貢生甯

河縣訓導

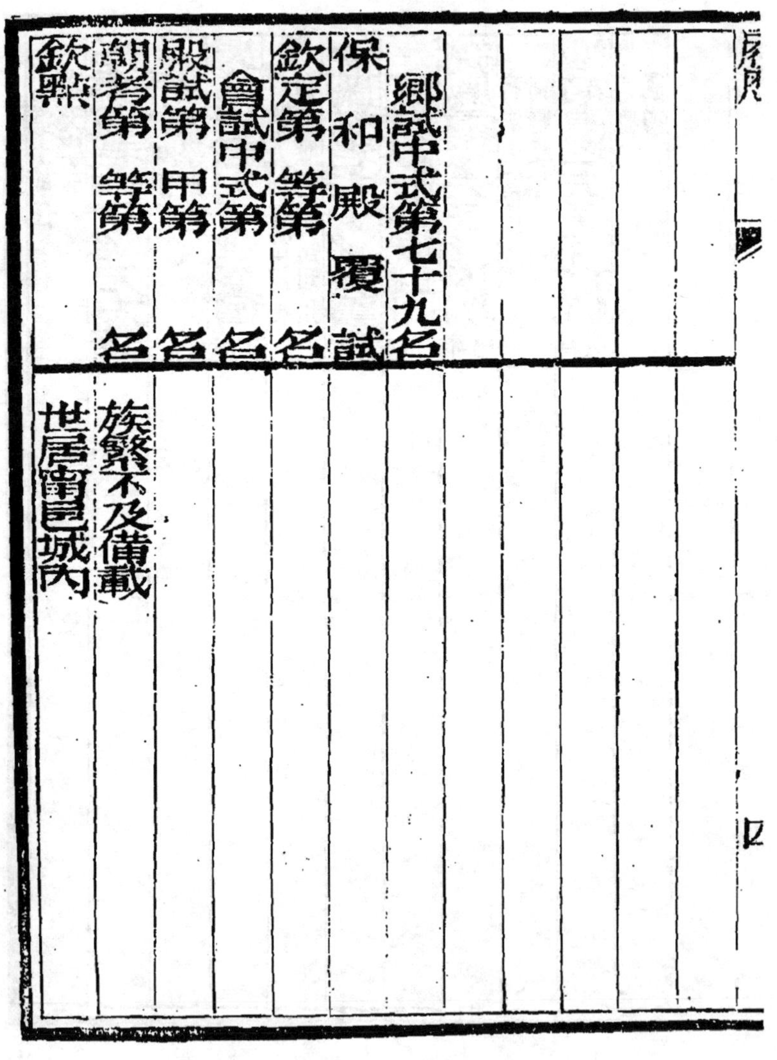

鄉試中式第七十九名
保和殿覆試
欽定第　等第　名
會試中式第　名
殿試第　甲第　名
朝考第　等第　名
欽點

族繁不及備載
世居甯邑城內

苗如蘭

字陔南號仙洲行一道光戊戌年五月初六日吉時生係直隸順天府寧河縣府學廩膳生民籍

始祖仲良 金陵人前明指揮僉事誥授武節將軍遷居梁城所遂家焉

始祖妣氏 田 單 誥封恭人

太高祖恩普 修職郎 覃恩貤封武功將軍

太高祖妣氏 陳 靳 李 覃恩貤封夫人

高祖一鶴 恩賜修職郎 覃恩誥封武功將軍

高祖妣氏 康 劉 覃恩誥封夫人

胞高伯叔祖 一麟 庠增廣生 一鳳 一鵬 一熊 登仕郎

胞曾伯叔祖 星文 春文 大文 太學生

嫡曾伯叔祖 郁文 炳文 布政司照磨 漢文 人文 成文 會文

嫡堂伯叔祖 檀 棣 太學生 栢 庠生 樹 育 仕事 植 敕封承德郎 棫

文章

從堂伯叔祖 起英 淳 楷 庠生 森 庠生 模 棠 庠生 楨 樸 洪緒

從堂伯叔祖 邦治 井田 錫田 軍功六品頂戴 毓秀 毓芳

貢卷

履

曾祖景文 貢生 覃恩誥封武功將軍

曾祖妣氏劉 覃恩誥封夫人

本生曾祖揆文 廩膳生爲本邑宿儒領綱薦七次 覃恩貤封武功將軍

本生曾祖妣氏鄭 同邑 貤封奉政大夫琇公女修職郎國柱公胞妹乾隆庚寅 恩科舉人歷任江西清江樂安等縣知縣乾隆壬子科充江西同考官陞瑞州府同知加外府銜國棟公嫡堂妹修職郎光第光先光祉光揩公胞姑母廩膳生候選訓導光中太學生光曾公堂姑母太學生承澤承湍承惠邑庠生基莹公姑祖母 覃恩貤封夫人

鋶清 薰田 金鑑 金劍 金鏞

再從堂伯叔 邦泰 庠生 葆綿 邦譽 邦傑 邦慶

邦憲 廩生 邦典 邦本 邦立 邦靖 際春 六品

頂戴郎補外委 富春 欽賜六品銜頂現任北塘汛把總 葆萌 葆初

雨田 邦輔 邦禮

再從堂兄弟 玉堂 華堂 錦堂 福堂 滿堂

芬 綿 萱 芹 芳

族兄弟 位 其俊 其潤 其祥 瑞符 元慶

琳子 世卿 世勳 二和尚

胞叔厚田 字魯生 員外郎升銜現任戶部四川司主事兼廣東司行走派辦捐銅局

胞弟夢麟 字晴嶠 府庠生

祖樟字樹滋道光乙酉丙戌聯捷進士　欽點營用選山東單縣營守備陞山西澤州營都司歷署潞安北樓等營參將咸豐元年陞任甯武營參將咸豐三年　欽放山東沂州協副將因軍功勞績致仕後　賞食半俸　覃恩誥授武功將軍

祖妣氏鄭同邑歲貢生候選訓導家駒公女歲貢生候選訓導家騏公胞姪女嘉慶癸酉科拔取謄錄安肅縣訓導湖北恩施縣縣丞開公嫡堂妹道光乙酉科解元歷任天津郡鄢等縣教諭保送知縣敕授文林郎閬公嫡堂姊敕封修職郎園公胞妹九品銜閩公胞姊　覃恩誥封夫人

嫡堂弟湘蘭幼

娶李氏同邑候選同知思文公女璞公胞姊

子啟賓幼讀

女一

二

履歷

父硯田 字小樹增貢生候選知縣 敕授文林郎

晉封奉政大夫

母氏董 同邑衛千總銜鳴謙公女武生鳴瑞公胞姪女太學生文龍公胞姊文熊公嫡堂姊 敕封孺人

祖嚴慶 藝傳下

庭訓

受業師

劉帝鄰夫子 諱廷輔 庠生

魏子千夫子 諱士俊 嶧縣人 庠生

馮靜瀾夫子 即春濟 廩膳生

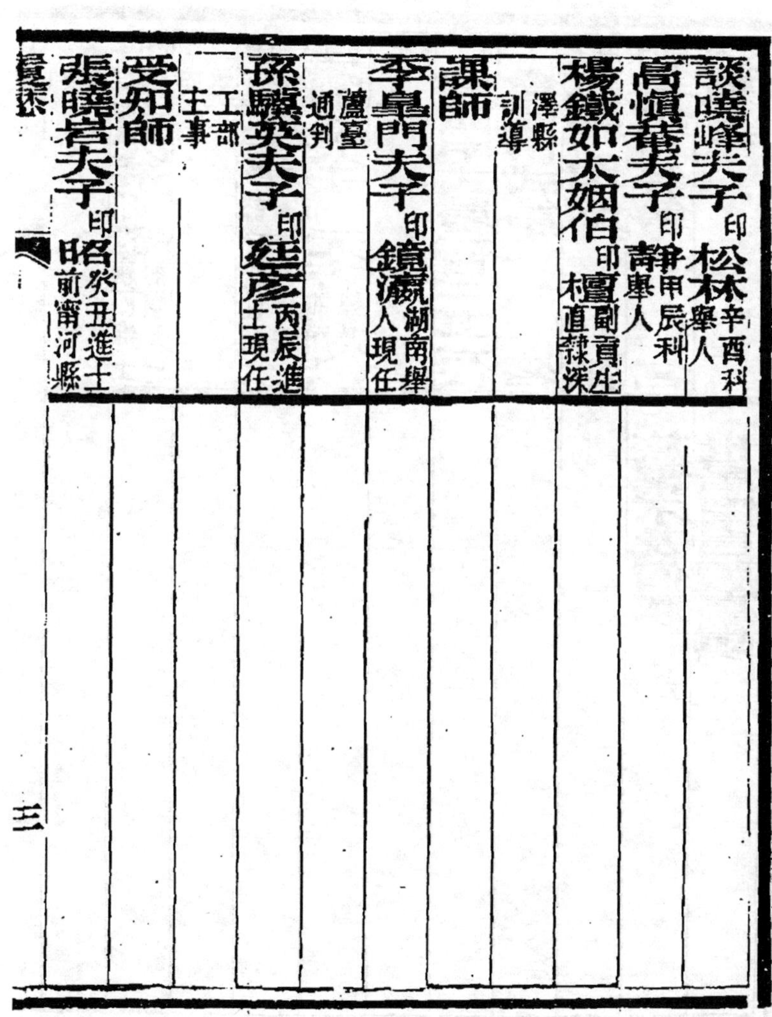

談嘵峰夫子 印松林 辛酉科舉人

高慎菴夫子 印靜壽 甲辰科舉人

楊鐵如太姻伯 印檯 副貢生直隸深澤縣訓導

課師

李皋門夫子 印鏡瀛 湖南舉人現任蘆臺通判

孫驥英夫子 印廷彥 丙辰進士現任工部主事

受知師

張曉岩夫子 印昭 癸丑進士前甯河縣

房

知縣

蔣寶舫夫子 印毫達 廣西進士 前順天府

府丞

李古廉夫子 諱青鳳 前順天學政

汪嘯龕夫子 印元方 前順天學政

鄉試中式第一百二十一名

會試中式第　　名

殿試第　甲第　　名

朝考第　等第　　名

欽點

族繁不及備載

世居甯邑盧臺鎮

三

欽命四書詩題

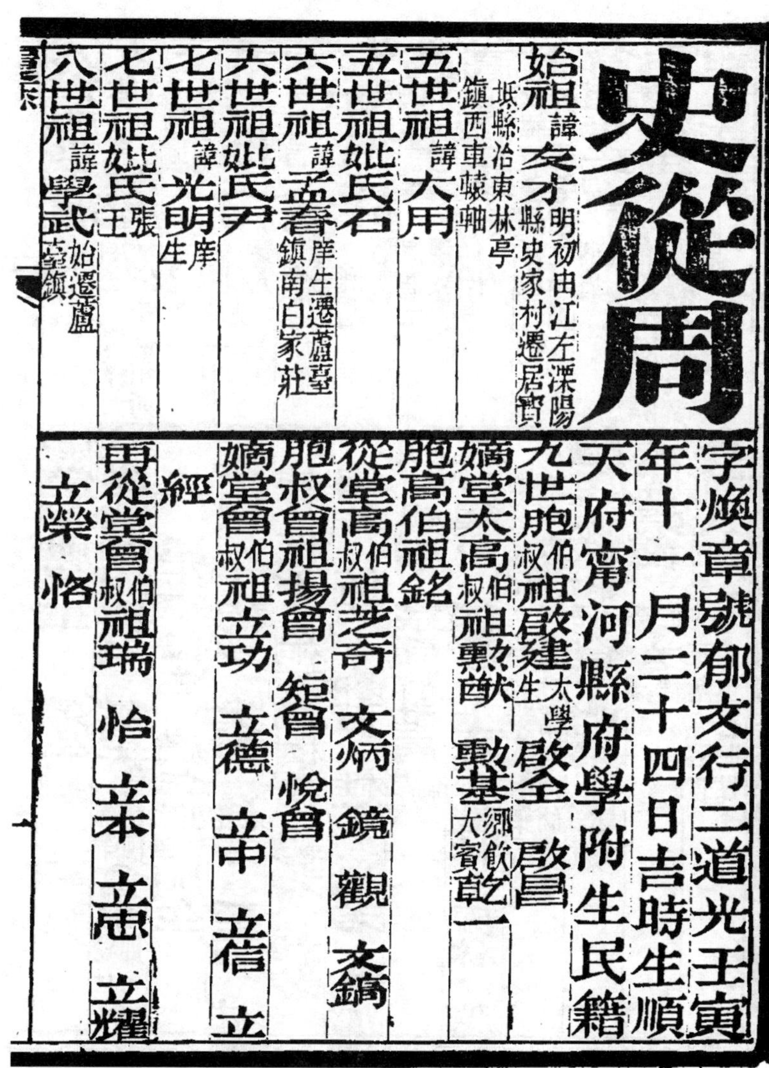

史從周

始祖諱友才明初由江左溧陽縣史家村遷居寶坻縣治東林亭鎮西車轅軸

五世祖諱大用

五世祖妣氏石

六世祖諱孟春庠生遷蘆臺鎮南白家莊

六世祖妣氏尹

七世祖諱光明庠生

七世祖妣氏張 王

八世祖諱學武始遷蘆臺鎮

字煥章號郁文行二道光壬寅年十一月二十四日吉時生順天府甯河縣府學附生民籍

九世胞伯叔祖啓建太學生 啓全 啓昌

嫡堂太高伯叔祖勳猷 勳基鄉飲大賓 勳乾 一

胞高伯祖銘

從堂高伯叔祖芝奇 文炳 鏡 觀 文鎬

胞叔曾祖揚曾 縉曾 悅曾

嫡堂曾伯叔祖立功 立德 立中 立信 立

經

再從堂曾伯叔祖瑞 恰 立本 立志 立耀

立榮 恪

履歷

八世祖妣氏張

九世祖諱啟望 庠生 例授太學生候選州同

例贈宣德郎

九世祖妣氏邵 李安人 例贈

太高祖諱大成 例贈修職郎

太高祖妣氏孟 孫孺人 例贈

高祖諱玉書 恩進士 候選教

高祖妣氏李 孺人 例贈

曾祖諱輝會 郡庠生 例贈文林郎

曾祖妣氏趙 孺人 例贈

祖諱洪生 字澤東 登仕郎 例贈文林郎 從周受業

祖妣氏王 孺人 例贈

嫡堂叔祖德生 榮生

三從堂伯叔祖興嗣 雲生 恩榮登仕郎 會生 登仕郎 丞

生 崑生 俊生 廣生 太學生 順生

族伯叔槐芳 梅芳 棠芳 棣芳 廷玉 柱

芳 柘芳 桐芳 俏生 樹芳 鬱芳 枝芳

楨芳 檜芳 森芳 桂芳 楷芳 文濟

胞兄弟興周 宗周 業儒 維周 業儒

族兄弟繼良 繼選 上林 堂林 珮林 茂

林 叢林 祥林 業儒 鳳林 業儒 嘉賓

胞姪聯珠 幼 聯登 讀 聯第 聯城

族姪崇德 宗文 業儒

娶劉氏 同邑李家沽名祥貴公女 名自富公胞姊

父原發字昇晨一字旭齋從名袁九品 例封文林郎

母氏李 例封孺人同邑北澗沽 庠生諱均平公女

名安公胞姊名鳳林公胞姑母

重慈慶 俱存下

祖訓

受業師

表叔子轂張老夫子 印 文璧 歲進士候選訓導

子一山老夫子 印 桂馨 邑庠生

李臯門老夫子 印 鏡瀛 湖南舉人前任盧臺通判

李白華老夫子 印 敬亭 咸豐辛酉科解元

表祖靄庭張老夫子 印 椿蔭 咸豐乙卯科舉人現任昌黎縣教諭

談曉峯老夫子 印 松林 咸豐辛酉科舉人

子二 聯步、聯仲 俱幼

大胞姑母 適同邑張新莊處士名信成張公室名瓌公母

二胞姑母 適同邑乾隆已酉選拔廣東順德縣知縣諱天甯王公玄孫候選州同諱嘉會公子候選從九品名繼善公室名用賓名作賓名禮賓公母

胞妹 適同邑名正心陳公長子名大啟公室

二

歷

李蘭樵老夫子 印 慶雲 壬戌科進士前任大興縣知縣現任甯河縣知縣

受知師

楊詒堂老夫子 印 式穀 道光辛丑科進士禮部右侍郎前任順天學政蒙進學

鄉試中式第七十五名

覆試第　等第　名

會試中式第　名

殿試第　甲第　名

朝考第　等第　名

欽點

順天鄉試硃卷　同治庚午科

中式第七十五名史從周順天府甯河縣府學附生民籍

同考試官掌浙江道監察御史署掌江南道監察御史記名道府欽加道銜李　閱

掌雲南道監察御史賈　薦

大主考宗人府府丞加三級唐　批

又取批

大主考刑部尚書加三級鄭　批

又取批

大主考經筵日講起居注官太子少保協辦大學士刑部尚書稽查欽奉上諭事件處武英殿總裁總管内務府大臣加三級瑞　批

又取批

大主考文淵閣大學士國史館正總裁文淵閣領閣事弘德殿行走加三級倭　批

又中批

陳言務去清光大來

精理爲文秀氣成采

思清筆健氣靜神恬

氣疏義密骨秀神清

本房原批

局緊機圓華實並茂次樸實說理三精警奪目詩諧二場經術湛深語無枝葉三場策對詳明學有根柢

聚奎堂原批

一氣揮灑筆有化機次三樹義必精措詞無懦詩吐屬工雅二場經藝深沈三場策對詳贍

季康子問仲由可使從政也與子曰由也果於從政乎何有曰賜也可使從政也與曰賜也達於從政乎何有曰求也可使從政也與曰求也藝於從政乎何有季氏使閔子騫爲費宰閔子騫曰善爲我辭焉如有復我者則吾必在汶上矣

史從周

不能用諸賢者亦難屈大賢也夫由賜求裕從政之才季不能用閔子騫辭費宰之志季豈能屈哉亦虛問之而徒使之耳且吾黨才猷素裕者罔非可用之才而志節能全者終有難移之志乃才可用而不用諸賢莫得展其才志難移而欲移大賢愈以堅其志

起勢整肅
全題在握
筆無滯機

一洗沉悶之習 神味獨得 提頓得機得勢

二比着眼問字使字相題有識

機神一片

聖賢於此一爲各舉所長而體異用同若有厚望權臣之意焉一爲自明所守而意嚴詞婉若有厚望使者之心焉說在季氏問由賜求與使閔子騫是夫三子造詣各有所成何難宣猷於廊廟閔子堅貞以勵所守豈能貶節於權門何季氏猶以從政相疑而以費宰相屈哉蓋謂使三子職居一邑固足展抱負以黼黻休明然末職縱能奏治功而高位每易速官謗小試可信者或大用難期也則諮詢不得不切也使閔子身仕公朝固足效悃忱以匡扶社稷然公家固需正士而私室无乏端人薦之以從君何如延之以助己也則徵召不得不殷也而不知三子各有所長也自來因循

一噴一醒
刊落浮詞

回應神不
外散是謂
文有綫索
折筆中肯
理明詞確
筆有堅光

每易憤事功而由則果決足重膠執難以理繁劇而賜則通達堪稱空疎難以應事變而求則材藝莫窮使三子而位列浚明何難紀殊勳於簡策而豈知閔子不爲所用也自來抗直每貽夫後患而閔子則望其善辭殷勤易感爲知已而閔子則慮其復至徘徊易加夫維縶而閔子則決以汶上對使者而言無觀望何難却下逮之弓旌於是知諸賢莫得展其才焉想其負卓絕之資早各具濟世經邦之畧何慮事權既屬莫勝萬變之紛紜而無如問者爲康子也倖大權之獨據而抑塞英賢豈能重任吾徒乎惟經濟風優藉訪求而明其梗概俾知國家養士有年非無人才之可用特

頓挫生姿

患薦剡之無聞耳此則夫子之意也夫於是知大賢愈以堅其志焉想其居德行之科固時深求志達道之懷豈欲肥遯鳴高以避當塗之物色而無如使者爲季氏也覩僭妄之時形而憂切宗邦豈反失身權貴乎惟生平素定藉使者而達其悃忱俾知巖邑需才甚殷不敢以苟且就功名亦不敢以矯激明氣節也此則閔子之心也夫故曰虛問之而徒使之也

本房加批

醒心豁目機暢神流不拘拘於尋行數墨而動合自然中節非時賢所能猝辦

含蓄遒然

二比虛渾與上下交俱有關照

故天之生物必因其材而篤焉　史從周

篤物者無容心因材之故可決矣夫天能生物卽能篤物而要無容心也因材而篤其故不有可決哉嘗思萬物本乎天是物之生固因乎天而豈謂天之因乎物哉顧生物之初物因天以成其氣類而生物之後天因物以妙其轉移吾蓋退觀往古黙驗彼蒼而知化工本無工也大德獲報天豈有私於舜哉亦因舜之德而篤焉耳吾因其故而恍然於天之生物矣陰陽摩盪之交動植飛潛物各以成其生質乃同此一物往往彼與此莫可等量非天之有意參差正天之無心付與也夫固有應以自然者矣化育流行之

二比大開大合詰題眞切

際知覺運動物賴以暢其生機乃仍爲是物往往前與後不啻殊觀非天之忽爲異致亦物之自爲取攜也夫固有決以當然者矣何也物之得天有其材而天之篤物妙於因然而天之生物有不待因者然而天之篤物有必待因者其在開闢之初物形未兆天不難以眞精妙合顯鍾毓之獨神想其希濩絪縕而朕兆初萌物之生自無而有苞符漸啟物之生且自寡而多一爲之溯厥由來物誠不能以自主不待因也而在蕃衍而後物類已呈天早以橐籥潛施示權衡之盡付觀於陰陽煦育而成形之際物已各具其生機成性之時物實自全其生理一爲之推其終極天實不得以

再接再厲

爲功必待因也昊蒼之默運能順成其率育斷不能逆著其功能縱春秋冬夏時序以遂生成雨露風霆恩膏以博生德而天終必因物以篤物者其材有以限之也知此意而篤物於無窮因其材有可大之勢篤物於不蔽因其材有可久之資卽有時所篤如出意外在流俗方詫非常以相與而不知正如分以相償也夫豈無因而至前哉庶彙之蕃滋莫不聽命於穹蒼要不能盡諉諸氣數縱成始成終長養惟資天運爲消爲長盈虛悉本天心而天仍必因物以篤物者其材有以致之也知此意而於物驟爲篤焉因其材有莫遏之機於物徐爲篤焉因其材有相需之象卽有時所篤

反乎常情在旁觀方歎眷顧之獨優而不知正驅策之甚神也何
非因勢以利導哉觀於栽培傾覆之際可見矣

本房加批

氣充詞沛却是切實發揮故覺語無泛設

一講勁氣直達

折落得勢

禹稷顏子易地則皆然　史從周

易地以觀聖賢憂樂一致也夫禹稷之憂與顏子之樂皆地使之然也易地以觀不信其皆然乎嘗謂先聖後聖其揆一也夫揆之一不僅於一之中見一正可於不一之中見一也蓋能行道即能守道雖勞心熙載絕非有徇世之心能守道即能行道雖匿迹衡門亦非有忘世之意不明乎此第執一境以觀聖賢而聖賢之心不見即聖賢之道不見也吾謂禹稷顏子同道而禹稷之溺饑如彼顏子之樂如此是何由而然哉此其故不在禹稷也此其故不在顏子也則固各有所處之地在也翼爲之責未膺禹稷未以禹

二比意亦猶人而文獨語語精鑿實能發

稷自負王佐之才素著顏子未以顏子自拘乃不自負爲禹稷而竟憂勤於艱食未以顏子自拘而竟退處於窮廬非禹稷顏子所逆料也地爲之也宮廷未切疇咨禹稷亦可爲顏子用行夙徵契合顏子亦可爲禹稷乃可爲顏子而未嘗一室嘯歌可爲禹稷而未得同廷襄贊非禹稷顏子有成心也地爲之也夫知居其地而然則可知非居其地將不然矣今夫禹稷遭際唐虞司空教稼之職付畀維殷故得以念切平成共襄夫黼座設易唐虞而春秋則不矜不伐之功能亦將蘊爲無伐無施之志願蓋當憂而憂自必當樂而樂可知也今夫顏子時值春秋求志達道之衷施行無自

出所以皆然之理不得以爲常蹊徑目之

故祇以功深克復獨處於蓬門設易春秋而唐虞則三月無違之乾惕何難擴爲三過不入之勤勞蓋當樂而樂自必當憂而憂可知也易地則皆然也然則謂禹稷優於顏子不得也夫疏九河植百穀胼手胝足似遠過於抱膝長吟而不然也荒度固莫恤身家而情殷昏墊不過胞與爲懷率育固莫辭艱苦而念繫阻飢猶是同仁爲量治水明農之際無異能焉禹稷之憂莫非本顏子志量耳本顏子志量而爲禹稷地迫之也易地以觀不如出一轍哉然則謂顏子絀於禹稷不得也夫步亦步趨亦趨函丈追隨似不能爲帝廷輔佐而不然也窮居固未能濟世而侍側有言曾廣善勞

之願修已固未及治人而爲邦有問曾商禮樂之全簞瓢陋巷之中有王道焉顏子之樂正以抱禹稷經綸耳抱禹稷經綸而爲顏子地限之也易地以觀不並著千秋哉吾故曰禹稷顏子同道

本房加批

文純從題之所以然處著筆切響堅光非同捕風掠影

珠圓玉潤
工雅絕倫

賦得人語中含樂歲聲 得含字五言八韻 史從周

歲稔徵人語方言子細參聲情歡且洽樂意露仍含但聽誇
狠戾無聞畏鼠貪鴻嗷知久息魚夢憶曾酣籌祝登場慶衢
歌到處諳相逢詢飲蜡偶聚計祈蠶耕鑿從頭說輸將握手
談至今忘
帝力共荷
聖恩覃

本房加批
清新俊逸庾鮑風流

張文灝

始祖諱應春明季官留灤州

始祖妣氏李章

二世祖諱思亮遷新河莊入寶坻籍

例贈修職郎

二世祖妣氏李劉孺人 例贈

三世祖諱萬善歲貢生候選訓導

例授修職郎

字煥之號熙宇一號勵泉行一又
行四道光乙巳年七月十九日吉
時生順天府甯河縣廩膳生民籍

太高叔祖龍藻 鳳藻

胞高伯祖俊邑庠生 敕封登仕郎 例封宣議郎 例封文林郎

堂高叔祖儼 份太學生

族高伯叔祖培基歲貢生候選訓導 宏基廩貢生 廣基己亥科舉人庚子科

欽賜都察院都事乙炎與千叟宴 恩

巳千叟宴蒙 恩與宴王錫徵仕郎

胞曾伯祖大成敕封儒林郎

堂曾伯祖大啟例封登仕郎 例贈文林郎 大經廩貢生原任河南大勝關分司

三世祖妣氏章 王孺人 例封

四世祖諱景祥 太學生 始遷蘆臺鎮

四世祖妣氏馬

太高祖諱玉藻 登仕郎 例贈

太高祖妣氏趙 孺人 例贈

高祖諱倬 例贈修職郎 例贈宣議郎 例晉儒林郎 例贈文林郎

高祖妣氏楊 例贈孺人 例封安人 例

曾祖諱大猷 增廣生 例封修職郎 例贈宣議郎 例贈文林郎 誥封奉政大夫

敕授登仕郎 例封宣議郎 敕封文林郎

從堂曾伯叔祖大炎 生 邑庠 大鶴 大勳 大閎 大德

族曾伯叔祖時行 乾隆乙酉科拔貢就職直隸州州判改就儒學教諭 中行 戊子科舉人揀選知縣 觀光 庚寅科舉人揀選知縣 廷儀 敕封文林郎陝西浦城縣知縣 例贈奉政大夫 臺鼎 臺鼐 擴 廩膳生 拯 增廣生

胞叔祖培 廩貢生候選訓導 例授修職郎 例贈宣議郎 例贈文林郎 貤封奉政大夫 郎業 師

嫡堂伯叔祖鏡 太學生 封儒林郎 簡 敕 邑庠生 贈儒林郎 鑑 例晉 增廣生 例贈 儒林郎

從堂伯祖曾錫 曾鉉 例封武畧騎尉 曾璽 廩貢生原任山西澤州府

曾祖妣氏王 例封孺人 誥封宜人

祖諱著 邑庠生 敕贈修職郎 例封宣議郎 例封文林郎 誥封奉政大夫

祖妣氏鄭 敕封孺人 誥封宜人 同邑歲貢生候選訓導諱家駿公女嘉慶癸酉科挑取謄錄 國史館議敘選授安肅縣訓導升任湖北恩施縣縣丞諱開公胞妹道光己酉科解元大挑二等原任邯鄲縣訓導截取知縣諱闓公胞姊

父名椿齡 附貢生即選知縣 欽加同知

經歷署陽城縣知縣 敕授宣議郎 例贈文林郎 例晉承德郎

曾冀 增廣生原任甘肅西河縣典史 敕封登仕郎 例贈文林郎 例晉承德郎

曾尊 嘉慶庚申恩科鄉魁大挑二等原任衡水縣教諭 敕授文林郎 誥封奉直大夫 誥封武德將軍

再從堂叔祖筲 管

族伯叔祖元培 增廣生 秉智 郡庠生 應奎 廩膳生 應璽 郡庠生 能

敏 候選州吏目 珍 陝西蒲城縣知縣 敕封文林郎 例贈奉政大夫 克全 克

成 邑庠生 克順 例授武略騎尉 廷棟 例贈修職郎 廷璽 修職郎 例贈

廷森 例贈修職郎 廷訓 己未恩科舉人即選知縣

胞叔椿蔭 乙卯科舉人現任永平府昌黎縣教諭以知縣在任候選歷署清豐縣棗城縣教諭

郎業師 椿棠 敕封徵仕郎 例封文林郎業師

銜例封
文林郎

母氏邵誥封宜人例贈孺人營城附貢生候選布政司理問諱餘慶公長女太學生議敘八品銜諱宗簡公胞姊監生名之蓉公胞姑母

本生父名椿台太學生敕封徵仕郎例封文林郎

本生母氏陳敕封孺人例封孺人玉田縣敕封修職郎諱紳公孫女議敘八品銜諱介如公女太學生諱昱公八品銜名晟公

嫡堂叔椿華邑庠生郎課師 椿馥增貢生候選縣丞 二

從堂叔維藩邑庠生 維翰太學生候選州同 維垣邑庠生 維楨太學生敕封承德郎 維鼎 維弼

再從堂伯叔福全 福成 福長 福增 福祺 福洪議敘從九品例封武略騎尉 福來 祖厚增廣生 祖旧敕封承登仕郎江蘇太湖廳東山司巡檢 祖偉 祖誠太學生歷任江蘇震澤縣震澤司武進縣弁生司太湖廳東山司巡檢軍功欽加六品銜 祖玹誥封奉直大夫誥封武德將軍 祖膺道光己亥科副魁候選州判例封奉直大夫覃恩誥封武德將軍

三從堂叔繼祖

族伯叔昌林太學生 百朋邑庠生 燕嘗邑庠生 燕譽郡庠生 燕序

胞妹九品銜名士魁公
盼生名葆棻公胞姑母

膝下

本生具慶下

受業師

庭訓

胞叔祖 諱 培 字 杏雲 廩貢生候
選訓導 貤封奉政大
夫 例贈文林郎 敕
封宣
德郎

胞三叔 名 椿蔭 字 鶴庭 乙卯
科舉人現任永平府昌
黎縣教諭以知縣在任

郡庠 鳌元 庚子科副舉人鑲藍旗八旗教習陝西
生 蒲城縣知縣敕授文林郎 貤封中
憲大 鳌公 候選從九品 例封登仕郎 鳌禮 太
夫 例封文林郎 貤封中憲大夫 學
生 欽賜同知銜 例封奉 鳌乾 議敘八品銜
政大夫 晉贈中憲大夫 誥封中憲大夫
例封 詩 例贈 志 恩錫 書紳 邑庠 允中 太學
文林郎 登仕郎 言登仕郎 生 生
允治 附貢 承先 例贈 毓棠 歲貢生候 毓楷 毓杭
生 修職郎 選訓導
林 邑庠生

本生胞兄弟 文桂 廩膳生 文濂 監生
文沐 卽課師

嫡堂兄弟 文壽 太學生候 文濱 文湧 太學生 文洵
選鹽經歷

從堂弟 文瀛 文浚 附生 文江 文濤 文淦 文渭

文徵 文洞 文淮 俱業儒

三

二八五五

庶

候選歷署棗城縣清豐縣教諭

胞四叔父諱春棠字望波
敕封徵仕郎
例封文林郎

課師
嫡堂叔名椿華字棣如邑庠生

本生胞兄名文湘字萍洲廩膳生

恩師
孫立亭老夫子諱鴻基原任

再從堂兄弟文鑑附貢生候[illegible]　文昆附貢生候選理問　文鈞　文鐸郡庠生

文銘附生　文鎔太學生　文鍔　文鈁　文劍　文光

文郁衍　文山[illegible]

三從堂兄弟寶林　松林　文鑽　文奎運功六品銜署通永鎮標左營外委　文林　文錦　夢麟[illegible]文林郎例封中[illegible]　[illegible]鹿文林郎例封　文廷

長桃壬戌恩科舉人辛未科大挑一等截取[illegible]補知縣　文鑾歲貢生候選訓導　文[illegible]

衍　文璐[illegible]現任通永協城子[illegible]　文珍經廳六品軍功

文寄[illegible]任[illegible]歲貢生前任[illegible]水縣訓導現任[illegible]欽加五品銜　文卿

郡庠生　文壇儘先守備署北塘營守備歷任三河營[illegible]馬坊汛司廳灤州城守營部廳現任北

塘汛部廳　文墉北塘營經廳軍功賞加六品銜　文墀郡廩生　文均[illegible]　文[illegible]

甯河縣
知縣

孫鳳翥老夫子 諱煥翔 道光辛巳科舉人 原任甯河縣教諭

池荷亭老夫子 印珍 附貢生 前任甯河縣訓導

萬耦舲老夫子 印青藜 道光庚子科進士 現任禮部尚書兼管順天府府尹 前任順天學政 蒙取入泮

楊詒堂老夫子 諱式穀 道光辛丑科進士 原任順天學政 蒙取一等

坊附生 文星

族兄弟 文中 汝塲附貢生即選知縣 汝埭辛酉科舉人 汝銘附貢生戶部雲南司員外郎 壽銘太學生即選同知 鼎銘太學生候選同知 汝坊郡庠生 景福歲貢生候選訓導 景昌例授從九品 士穀例授從九品 源業儒 沂增廣生 士達太學生 士芬太學生

胞姪 登綬幼 芹俱幼

嫡堂姪 毓新 毓松 毓基 毓藺俱業儒 毓菖 毓

從堂姪 毓璯 毓璋 毓珍俱業儒 毓珂 毓瑜俱幼

再從堂姪 作梅 作所 作諧俱業儒 小德 小仁

汪嘯會老夫子 印元方 癸巳進士前任順天學政蒙補廩生

龐寶生老夫子 印鍾璐 前任順天學政蒙取一等

夏子松老夫子 印同善 丙辰進士現任兵部右侍郎前任順天學政蒙取一等

錢湘吟老夫子 印寶廉 戊戌進士現任[illegible]部右侍郎提督順天學政蒙取一等

卜義 俱幼 國駒 國騮 國驟 俱業儒 東柱

三從堂姪 伯超 附生 伯起 伯達 鈺 銳 伯𢡟 郡庠生 銘 伯純 伯綬 伯謙 伯綱 伯紹 俱業儒

伯壎 附生 伯紀 連仲 學浩 學愷 學慎 學恭 六品軍功 學經 郡庠 學鴻 附生 學柱 業儒 仲 伯讓

族姪 家騏 家駒 家楨 俱業儒 家駟 四 家驄 家驎

家松 琨 辛酉科舉人前任磁州東光縣訓導河南鄉用知縣 琳 太學生 琪

琛 瓊 俱業儒 銳 郡附生 釗 業儒 樞 太學生 楙 桐 同附生 楫

榜 俱業儒 桂 柏 存 萬 福 鑅 太學生 鏞 鉞 俱業儒

福照 虎臣

子印賡雲壬戌
任甯河縣
廳同知
印家勳甲辰
知縣以同
用現署甯
印光鑑壬戌
印熲壬戌

三從堂姪孫宗琦幼
族孫際同業儒 開泰 兆祥
第 慶元 利堂
娶佟氏豐潤縣佟家莊恩
公孫女太學生諱棠
公太學生名椿年公嫡堂
妹名開甲公嫡堂姑母
子毓萊 金榜俱幼讀
女一幼

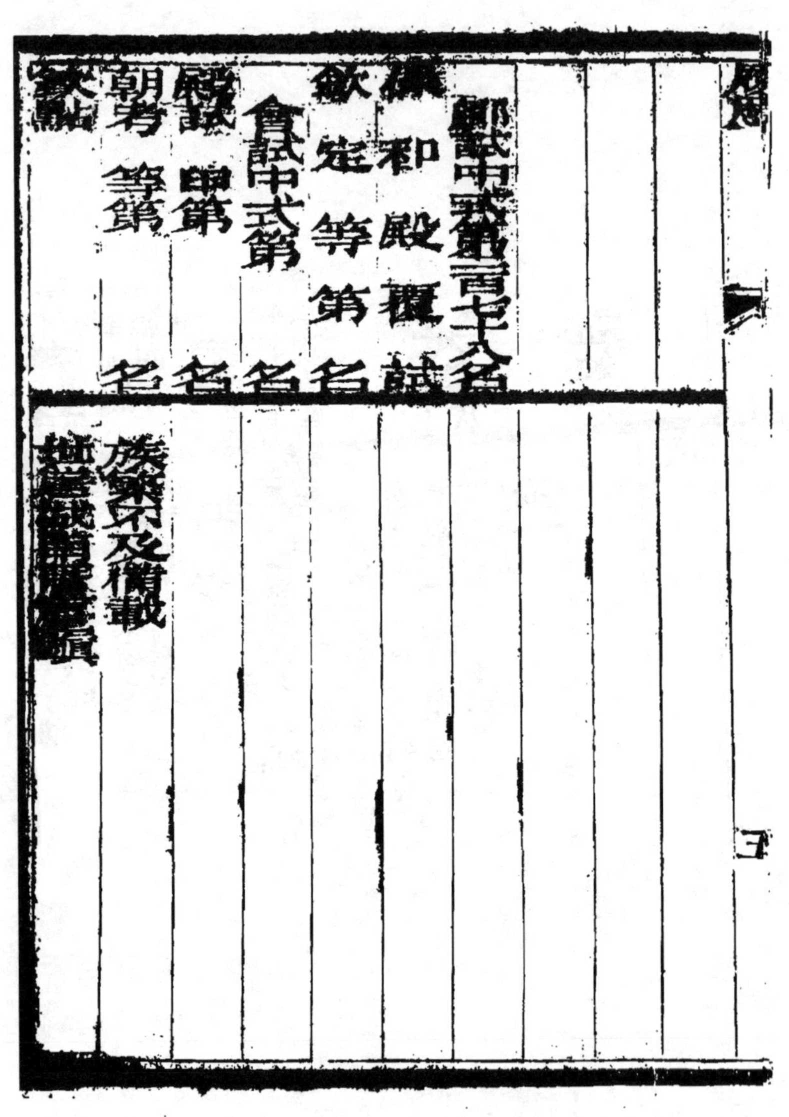

鄉試中式第二百七十八名

保和殿覆試

欽定　等第　名

會試中式第　名

殿試　甲第　名

朝考　等第　名

欽點

族繁不及備載

世譜[illegible]

張學鴻

字用儀號漸逵行二咸豐癸丑年六月二十二日吉時生係順天府甯河縣學廩貢生民籍候選訓導

始祖諱應春明季官留灤州

始祖妣氏李章

二世祖諱思元遷新河莊入寶坻籍

例贈修職郎

二世祖妣氏李劉孺人例贈

三世祖諱萬善歲貢生候選訓導

例授修職郎

三世祖妣氏章王孺人例封

五世叔祖龍藻 鳳藻積學早世妣氏孫守志欽旌節孝奉旨入祠載入縣志

胞太高叔祖倬貤贈儒林郎貤封奉政大夫

嫡堂太高叔祖儼 份太學生

族太高伯叔祖培基歲貢生候選訓導 宏基廩貢生 廣基乾隆己亥科舉人庚子科欽賜都察院都事乙巳千叟宴 裵恩與宴 琰與千叟宴恩錫徵仕郎

胞高伯祖大啟例封登仕郎例封文林郎

嫡堂高叔祖大成敕封儒林郎 大猷增廣生例封文林郎誥封奉政大夫

四世祖諱景祥太學生始遷蘆臺鎮
四世祖妣氏馬
五世祖諱玉藻例贈登仕郎
五世祖妣氏趙例贈孺人
太高祖諱俊邑庠生敕授登仕郎例封文林郎
太高祖妣氏尹敕封孺人
高祖諱大經廩貢生河南大勝關巡檢敕授登仕郎例封宣議郎例封文林郎
高祖妣氏邵敕封孺人
曾祖諱曾芝廩貢生原任山西澤州府

從堂高伯叔祖大炎邑庠生 大鶴 大德 大勳 大閑
族高伯叔祖時行乾隆乙酉科拔貢就職直隸州州判改就儒學教諭 中行乾隆戊子科舉人揀選知縣 觀光乾隆庚寅恩科舉人揀選知縣 廷儀敕封文林郎陝西蒲城縣知縣例贈奉政大夫 肇鼎 肇熊 擴廩膳生 拯增廣生
胞曾叔祖曾蕙增廣生原任甘肅西河縣典史敕授登仕郎例封文林郎例封承德郎誥封奉政大夫 曾尊嘉慶庚申恩科經魁辛未大挑二等原任衡水縣教諭敕授文林郎誥封奉政大夫誥封武德將軍晉封宣武將軍
嫡堂曾伯叔祖曾鈞例封武略騎尉 曾範例封武略騎尉
從堂曾伯叔祖策國學生敕封儒林郎覃恩誥封資政大夫 簡庠生例封儒林郎
例封武略騎尉 籍增廣生例封儒林郎 著邑庠生敕封修職郎例封文林郎
誥封奉政大夫 培廩貢生候選訓導誥封奉政大夫 例封修職郎 例封文林郎

縣歷陞授陽城縣知縣
敕授宣議郎例封
文林郎誥
封奉政大夫
曾祖妣氏萇誥封岳宜人
祖諱祖厚號醴溪增廣生例封文林郎
誥封奉
政大夫
祖妣氏孫誥封宜人欽旌節孝奉
旨入祠　誥封中憲大
夫繼彭公女邑庠生
誥封中憲大夫燕芑公
胞妹優增生乙酉科謄
錄原任浙江玉泉場鹽
大使燕翼公胞姊道光
己亥科舉人咸豐癸丑
科進士工部都水司主
事廷彥公增生誥封
奉政大夫廷珍公增生

再從堂曾叔祖等管
族曾伯叔祖元培增廣生秉賀郡庠生應奎廩膳生應璧郡庠生
能敏候選州吏目珍敕封文林郎陝西蒲城縣知縣克全恩錫登仕郎克
成邑庠生克順例授武略騎尉廷棟例贈修職郎廷璽例贈修職郎
廷森例贈修職郎訓咸豐己未恩科舉人景山官學教習候選知縣
胞叔祖祖和敕封登仕郎江蘇太湖廳巡檢例封文林郎咸豐三年襄辦捐賑事蒙過
邑侯賜以誼重枌榆匾額祖偉處士例封文林郎著有四書正音待梓
嫡堂叔祖祖誠太學生歷任江蘇震澤司奔牛鎮東山司巡檢軍功欽加六品銜賞
戴藍翎誥封奉政大夫祖英例封徵仕郎誥封奉直大夫覃恩誥封武德將軍祖
隋道光已亥科副魁候選州判例封徵仕郎誥封奉直大夫覃恩誥封武德將軍晉封
宣武將軍

二

貤封奉直大夫廷瑛公監生貤封奉直大夫廷聯公監生廷鈺廷瑞公胞姑母癸酉科拔貢欽點戶部七品小京官培曾公胞姑祖母

父 諱廷長 號芸浦廩膳生同治壬戌恩科舉人乙丑辛未會試呈薦辛未大挑一等分發江蘇即補知縣委辦河運出力業賞加同知銜委辦西征軍餉出力業賞給四品封典軍功隨帶加二級誥授中憲大夫例封文林郎

母氏邵 增廣生誥封奉政大夫宗元公女道光壬午科舉人宗愷公宗顧公武庠生宗申

從堂伯叔祖 福全 福成出嗣三門 福增 福長 福祺 福洪議敘九品例授登仕郎敕封武略騎尉 福來 福慶出嗣三門

再從堂叔祖 維藩附貢生例封修職郎 維翰國學生候選州同敕授儒林郎敕封儒林郎覃恩誥封資政大夫因助團練業邑侯過公榮以効忠倡義匾額 維垣 維楨邑庠生太學生貤封儒林郎 維鼎例封武略騎尉 維弼例封武略騎尉 椿齡附貢生候選知縣欽加同知銜例封文林郎卓行傳見縣志 椿台太學生例封文林郎誥封奉直大夫 椿蔭咸豐乙卯科舉人歷任蒿城清豐昌黎縣教諭即升知縣敕授文林郎誥封奉直大夫著有怡然塾課女三字經註待梓仕蹟見縣志即業師 椿霖處士敕封徵仕郎誥封奉直大夫 椿華邑庠生例封文林郎 椿馥增廣生候選縣丞敕授修職郎例封文林郎

族伯叔祖 昌林太學生 百朋邑庠生 燕喜郡庠生 燕序郡庠生 九

公宗敬公宗雍公道光癸卯科謄錄咸豐辛亥恩科舉人原任吉林甯古塔學正宗龍公胞姪女道光癸卯科謄錄咸豐壬子科舉人原任山西甯武縣知縣欽加同知銜之蕙公胞妹增生允中公監生執中公廩生建中公胞姑母

慈侍下

庭訓

胞兄訓

業師

李捷三夫子諱榮綬廩貢生候選訓導

思例封武略騎尉肇元道光庚子科副榜陝西蒲城縣知縣升孝義廳同知肇公從九品誥封奉政大夫肇禮太學生同知銜誥封奉政大夫肇乾議敘八品銜誥封中憲大夫承先例封修職郎書紳邑庠生允治附貢生允文例封文林郎

胞伯孟麟例授登仕郎貤封奉政大夫例封文林郎仲麟貤封奉政大夫例封文林郎出嗣三胞叔祖

嫡堂伯叔文璧歲貢生候選訓導壬戌恩科鄉試房薦例授修職郎出嗣三胞叔祖文珩例授武略騎尉文璞軍功六品銜署通永左營經制外委文玠軍功六品銜任山永協城子域經制外委文璐文瑞郡庠生

從堂伯叔文印歲貢生前任淶水縣訓導任邱縣教諭現任曲周縣教諭欽加五品銜誥封奉直大夫文卿郡庠生文壇歷任三河營把總山永協千總北塘汛千總現任北

履歷　三

太姻伯李暐堂夫子諱仲庚邑庠生例封文林郎

母舅邵晴湘夫子印之蕙道光癸卯科謄錄咸豐壬子科舉人原任山西甯武縣知縣欽加同知銜

從堂叔祖藹庭夫子諱椿蔭咸豐乙卯科舉人原任昌黎縣教諭在任候升知縣

內兄劉潤生夫子印沛然光緒庚辰科進士現官翰林院編修國史館纂修

塘營守備郎補都司文墉軍功六品銜北塘營把總文墀歲貢生候選訓導文均太學生文坊郡庠生文珠候選縣丞

再從堂叔伯寶林例授武略騎尉文林　松林　文錦　文瑨　文中　文奎軍功六品銜通永鎮把總文程

三從堂叔文鑑附貢生文錕附貢生議敘布政司理問覃恩誥封資政大夫

文鈞早逝叔母氏劉守志欽旌節孝奉旨入祠載入縣志文鐸郡庠生早逝叔母氏王守志欽旌節孝奉旨入祠載入縣志文銘庠生文鎔太學生文鈁

文鍔　文光六品軍功文郁　文山軍功六品銜現署北塘營把總文釗　文濤太學生候選鹽經歷例授修職郎文淮歲貢生候選國子監助教文濱太學生文灝光緒乙亥恩科舉人現任武邑縣教諭獎記大功一次議敘五品銜

文源邑庠生文澤太學生文濂太學生文瀛　文浚郡庠生

課師

姻伯李伯華夫子 印敬亭 咸豐辛酉科解元同治辛未科大挑二等歷任吉林伯都訥訓導武邑縣教諭

年伯高熙亭夫子 印賡恩 光緒丙子恩科進士翰林院編修國史館纂修上書房行走現任湖南正主考

談曉峯夫子 諱松林 同治甲戌科進士湖北即用知縣欽加同知銜

祝迺書夫子 印康民 同治甲子科舉人前主講本鎮正誼文社

文江 光緒己卯科副榜 文溥 太學生 文淦 軍功八品銜 文渭 文沅 文洞 文淮 俱業儒

族伯叔 汝埸 附貢生候選知縣 汝坊 廩生 汝埭 咸豐辛酉科舉人 雙 武庠生山海路把總陣亡世襲雲騎尉 斌 武世襲雲騎尉京營守備 鵬 六品軍功 敬銘 附貢生戶部員外郎 壽銘 太學生候選同知 柏 例授登仕郎誥封奉直大夫 福善

景福 歲貢生候選訓導 景昌 從九品 士穀 從九品 士達 太學生敕封承德郎 士芬 太學生 沂 增廣生 瀾 景行 敕封修職郎例封文林郎

胞兄弟 學鯉 號少浦附貢生 學鵠 廩膳生本科優貢己丑科朝考二等以教職選用

嫡堂兄 學愷 學然 學泰 六品軍功

從堂兄弟 伯壎 郡庠生 伯城 伯塘 伯坤 伯址 伯塏 伯堉 伯堅 俱業儒

高濂溪夫子 印 泰昌 同治丁卯科舉人現主講本鎮正誼文社

受知師

李蘭樵夫子 印 賡雲 同治壬戌進士前任甯河縣知縣欽加運同銜

張朗山夫子 印 緒楷 道光庚申翰林前任順天府府丞

夏子松夫子 諱 同善 咸豐丙辰翰林兵部左侍郎前任順天學政掌入學

徐季和夫子 印 致祥 咸豐庚申會元現任都察院左副都御史福建正主考前

再從堂兄弟 伯超 增廣生 伯賡 增廣生 伯起 伯迎 伯訓

伯越 伯謙 伯樞 伯廣 伯廉 伯紹

伯綱 儒業 伯綬 伯繩 金斗

三從堂兄弟 重 銳 鉦 錡 立 大鵬 二鵬

四從堂兄弟 作梅 四品封典誥封中憲大夫 作所 原名慎修國學生因助修文廟議敘八品銜

作誥 光祿寺署正加九級 作楷 卜德 卜義 卜

仁 旭暉 旭昕 旭昌 旭普 國駒 國驥

毓萊 毓萃 俱業儒 毓華 毓藹 業儒 毓芢 毓藺

毓蓁 毓薊 廩膳生 毓萱 邑庠生 毓蘭 毓蕢 毓

富 毓芹 毓璔 業儒 毓璋 毓瑜 毓珍 附生 毓瑛

毓珂 毓珩 毓玨

任順天學政科試蒙取
一等第一名補廩歲試
蒙取一等
第三名
孫子授夫子印詒經咸豐庚申
翰林戶部左侍郎前任
順天學政科試蒙取一
等第
三名
年伯江韻濤夫子印澍昀
光緒丁丑翰林國史
館纂修本衙門撰文協
辦院事記名道府壬
午甘肅副主考乙酉鄉
試薦卷
房師
熙小舫夫子印彝鹿正白旗漢軍人
光緒癸未翰林國史
館協修己丑會試薦卷

族兄弟琨咸豐辛酉科舉人前任磁州訓導現署河南新鄭縣知縣　棡太學生　椿太學生
桐庠生　楫業儒　銘候選鹽大使　銳附生　鐸　鑑候選布政司經歷　虎臣
家楨附生　宗泗五品銜候選巡檢
嫡堂姪甲第　金第　璧第　繼第　連第　慶第
起第
從堂姪魯業儒
再從堂姪際同　際棠　際泰　際榮　搉
三從堂姪猪兒　建勳　鑄　大金　二金
四從堂姪宗琦　宗堯　宗伊　宗尚　士儀　士
倫
胞姑母適遵化歲貢生道光己酉科謄錄卽選教諭齊公諱應選三子廩貢生候選訓導諱大文

房師

鄉試中式第一百三十七名

保和殿覆試

欽定一等第二十七名

會試中式第　名

覆試　等第　名

殿試　甲第　名

朝考　等第　名

欽點

胞妹二長適玉田咸豐辛亥科舉人光緒丙子科進士歷任浙江於潛奉化歸安遂安縣知縣欽加同知銜尹公印椿長子太學生名郁然次適灤州工部主事都水司行走員外郎銜耿公印如蘭長子業儒名葆和

娶劉氏誥封奉政大夫印煜公女貤封奉直大夫印英印蘊公胞姪女同治丁卯科舉人光緒庚辰科進士現官翰林院編修國史館纂修印沛然太學生印淳然公胞妹

子彭述　彭禧讀俱幼　彭賢幼

女一

族繁不及備載

世居邑南蘆臺

三

許善鑒

字琇岩號杏林行三道光甲辰年十二月二十三日吉時生順天府甯河縣廩膳生民籍

始祖斌 前明世襲武指揮永樂二年由金陵上元縣遷居順天

本支始祖桐 字奕波邑庠生 國初 誥封武德騎尉本支分派

妣氏秦 誥封宜人

二世祖士文 字沖宇邑庠生原任北塘汛千總 敕授武畧騎尉

妣氏呂 敕封安人

三世祖翃 字端美邑庠生 例贈

妣氏郭 孺人

一世伯叔祖棟 桂 梧

二世叔祖士昌 太學生

二世堂伯叔祖士先 士元 士科

三世伯叔祖鳳翔 連 太學生

三世堂伯叔祖瑋 希孔 希顏 邑庠生 希曾 希耀 希虞

四世從堂伯叔祖廷芳 廷芬 晉九 廩生 廷瓚 庠生 廷璧 廷璽 文華 庠生 文錦 太學生 文繡 廷佐

胞叔太高祖翛 岐 岳 邑庠生

從堂伯叔太高祖滋 例贈修職郎 淮 邑庠生 湧 邑庠生 濱 渶

四世祖廷翰 字憲公 邑庠生

妣氏于 孺人 例贈

太高祖岱 字超五 例封登仕郎

妣氏金 孺人 例贈

高祖登科 字發甲 恩錫九品職銜 敕授登仕郎

妣氏郭 孺人 敕封

曾祖鉚 字顯符 例授登仕郎

妣氏陳 孺人 例贈

祖大醇 字文醇 嘉慶癸酉科薦卷增廣生 敕贈徵仕郎 晉贈文林郎

妣氏朱 孺人 敕贈

氏張 孺人 敕封

湫 太學生 洽 淑 沛 彩 邑庠生 濱 鎧 武庠生 鈞

鎌 銘 淨

胞叔高祖應時 郡庠生 出嗣胞叔太高祖 貤贈通奉大夫 諱括公 登瀛

嫡堂叔高祖登泰 登五 恩錫從九品

從堂伯叔高祖律時 庠生 登選 登賢 登會

族伯叔高祖人和 太學生 人鸞 恩錫從九品 貤贈文林郎 人龍 太學生

世凝 太學生 貤贈文林郎 世秀 世儒 世賢

胞叔曾祖鑑 太學生 鎮 武庠生

從堂叔曾祖衡 鐺 太學生 銓 恩錫從九品 鈐 邑庠生 敕贈文林郎 誥贈通奉大夫鹽運使銜貴州銅仁府知府 著有周禮儀禮選要集註

再從堂叔曾祖鑾 武庠生 瑞 強 恩錫從九品 滿

族叔曾祖成學 太學生 敕贈文林郎 成憲 從九品 達夫 歲貢生候選訓導 敕封武略騎尉 成官 太學生 敕贈儒林郎 成禮 太學生 成業 太學

父淶字[illegible]恩貢生候選直隸州州判敕授徵仕郎例贈文林郎
妣氏陳敕封孺人誥贈資政大夫附貢生諱有典公孫女誥封中憲大夫累贈資政大夫太學生葆業公女道光乙酉科優貢誥封資政大夫諱誨公胞姪女辛卯科優貢戊戌科教習選同銜山西寧鄉懷仁知縣兼理應州知州[illegible]鴻議公甲午科舉人戊戌科進士吏部郎中軍機章京工科掌印給事中欽差辦理淮南團練事宜福建汀漳龍道諱鴻翊公胞妹己酉科優貢庚戌科教習同知銜原任山東臨邑知縣諱鴻鼎公胞姊誥封奉直大夫諱鴻翥公癸卯科優貢新樂縣教諭諱鴻翱公貤封通議大夫增廣生[illegible]鴻晉公[illegible]鄉縣訓導江蘇

生

成儒太學生　成文太學生　朝陽邑庠生敕封儒林郎國子監助教

朝泰武庠生　秉直候選州同從九品　琛從九品　春太學生　朝光太學生　朝聘太學生　秉剛從九品

胞伯祖大有太學生　大經太學生貤贈奉政大夫　大興太學生

堂伯叔祖存裕　存誠　存仁

從堂叔祖大年　大力　大亨恩貢生候選教諭貤封通奉大夫　大綸道光戊子科優貢己丑科教習以知縣用揀發貴州補[illegible]文縣知縣[illegible]郎岱廳同知[illegible]仁[illegible]知[illegible]亥平[illegible]州長寨[illegible]仁[illegible]欽加鹽運使銜賞戴花翎補用道　大順　大勳

再從堂叔祖汝照　汝樟[illegible]貤封武[illegible]

族伯叔祖勳武庠生[illegible]候選州州判[illegible]道光乙酉科[illegible]謄錄[illegible]書館纂修[illegible]敕授儒林郎　大鎔增廣生　璣郡庠生　勤武庠生　敏武庠生　[illegible]

補用知府準鴻謀公己酉科拔貢工部郎中花翎三品銜貴州補用道貴陽府知府 印 鴻鑫公 貤封奉直大夫 印 鴻翰公嫡堂姊 廩貢生癸酉科謄錄候選訓導 諱 學曾太學生 諱 學[illegible] 言太學生名學仲邑庠生 諱 學瑞待詔銜名學儁胞姑母庚午科優貢內閣中書 諱 學彭

堂姑母

承感下

庭訓

課業師

堂兄葆卿夫子 印 蕃

外叔祖陳香國夫子 諱 梅

舅 陳[illegible]夫子 印 鴻[illegible]

[illegible] 印 [illegible]

生 大儒 [illegible] 大受 生太學 [illegible] 敕封武[illegible] 從九品

胞伯濟 廩膳生道光甲辰恩科謄錄辛亥舉人 [illegible] 知縣 [illegible] 例贈文林郎

胞叔 [illegible] 例 [illegible] 例贈 [illegible] 文林郎

嫡堂叔伯 [illegible] 監生

從堂叔伯 [illegible] 江 沂

再從堂叔伯 涇 渭 灃 漪 之屏 之灝 之

楨 四川補用 [illegible] 之幹 之楨 太學生 永年 庠生 延年 把總

族叔伯 鸞元 從九品 中元 天津楊柳青把總 纘祖 增生 文元 外委

胞弟 善恩 邑庠生早世

嫡堂兄弟 善得 善繼 善熙 五品軍功

從堂兄弟 善賡 恩科舉人大挑二等前奉天昌圖縣懷德縣 善泰 善貞 善成 善昌 咸豐辛亥

正 [illegible] 訓 [illegible] 五品銜保陞知縣現任吉林賓州 [illegible] 補用 [illegible] 候選庫大使 善通 [illegible] 千總 善純 庠生 善揚 陞用知州

母舅陳桐溪夫子 諱鴻翮

姻伯戴舄川夫子 諱襄清

表舅姻伯高愼菴夫子 諱靜

受知師

汪文端夫子 號嘯會 道光癸巳翰林 原任都察院左都御史軍機大臣順天學政

孫子授夫子 諱詒經 咸豐庚申翰林 現任戶部左侍郎前順天學政

許筠菴夫子 印應騤 道光庚戌翰林 現任吏部左侍郎前順天學政

課友

陳杏傳表兄 諱學曾

戴源青 姻兄妹丈 印彬元 辛酉拔貢己卯

善全 庠生 善芳 善芬 善誠 善元 善寶

再從堂弟兄 永盛 永德 永成 善明 五品軍功 善慶

善和 善讓 篤培 篤福

族兄弟 保樑 五品藍翎通州協左司把總 玉峯 六品軍功

嫡堂姪 慶春 慶田 慶霖

從堂姪 兆圖 從九品 兆洞 文童 兆祥 文童 兆祿 邑庠生 兆富

兆貴 兆榮 兆豐 兆第 兆甲 兆鳳

再從堂姪 琛 環 珍 琪 璋 復興 從興

族姪 永珍 邑庠生 永升 六品軍功署天津鎮標外委

嫡從堂姪孫 立功 章功

胞姑母 適天津庠生誥封中憲大夫國子監助教劉公諱開宇第七子太學生印淑益

胞姊長 適同邑道光甲辰舉人容城縣訓導誥贈奉政大夫翰林院編修高公諱靜長子廩貢生歷挑丙子己卯乙酉本科謄錄充國史館謄錄前署鄴縣教諭保舉知縣欽加五

經魁庚辰傳臚翰林院編修乙酉科江南主考高曦亭表兄印慶恩丙子翰林國史館纂修上書房行走四川學政

陳欣山表兄印世鏞辛酉舉人現任獲鹿縣教諭

鄉試中式第二百十一名

保和殿覆試一等第六十六名

會試中式第　名

殿試　甲第　名

朝考　等第　名

欽點

品銜印棠恩

次適同邑道光乙酉科舉人武邑縣教諭磁州學正欽加五品銜誥贈奉政大夫翰林院編修戴公諱襄清次子增廣生諱彬彤欽旌節孝

胞妹適同邑太學生誥贈奉直大夫翟公諱承志長子太學生中書銜印鳳翬

娶于氏太學生諱嶽公孫女處士諱爾龍公女名德泰妹　恩貢諱德俊廩生名德麟堂妹

繼娶張氏太學生諱懷民公孫女　馳封武畧騎尉諱文靖公女　誥授昭武都尉都司銜諱文田公胞姪女道光乙酉科舉人江西大庾縣知縣諱文誥公堂姪女太學生名良卿從九品名德卿嫡堂妹光緒壬午科武舉名寶卿嫡堂姊

子慶鏞

女一字同邑從九品崔公印德敏之孫武庠生印克莊公次子

族繁不及備載

世居城南新河莊現寓小留莊

欽命四書詩題

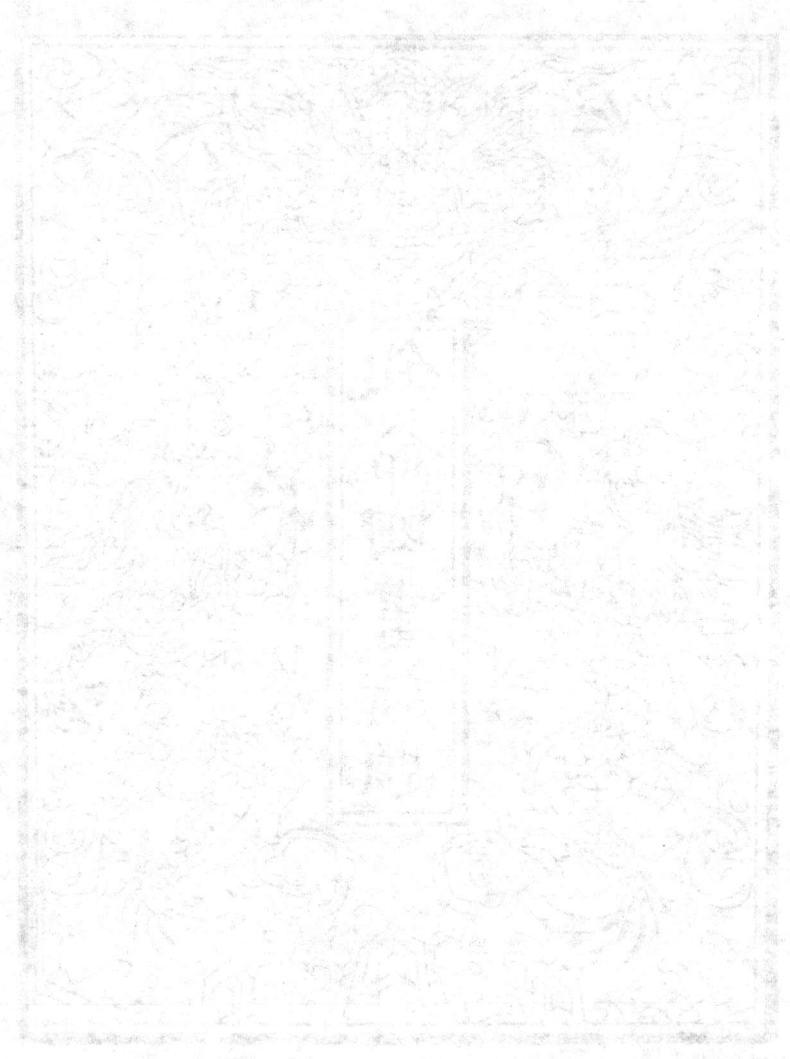

邵剛中

字子毅號象乾行二又行五咸豐庚申年正月十六日吉時生係順天府甯河縣府學廩膳生民籍

本支始祖祖瑾 例封儒林郎

本支始祖妣氏張 同邑太學生諱學博公胞姑母武庠生諱儒先守備諱振魁公武庠生諱振勇公胞祖姑母例贈安人

太高祖士賢 例封修職佐郎例封文林郎例贈儒林郎

太高祖妣氏楊 安人例贈

本生太高祖士哲 增廣生例封修職佐郎例封文林郎例贈儒林郎

七世伯叔祖璁 俊 彥

嫡堂高伯叔祖硯耕 廩貢生候選訓導 光祚 邑庠生候選按察司知事

從堂曾伯叔祖順全 太學生 餘慶 增廣生候選布政司理問 官臺 邑庠生

春臺 太學生 蘭臺

再從堂伯叔祖宗正 宗直 宗芳 宗平 宗簡 議敘九品銜 毓林

三從堂伯叔之定 之成 之立 之鵬 之睿 之和 之渙 之通 之崇 之鴻

四從堂兄弟喜中 信中 松中 柏中 長中 玉

本生太高祖妣氏田例贈安人

高祖大復 廩貢生候選訓導例授修職佐郎例封文林郎例封儒林郎

高祖妣氏禮 同邑候選布政司理問諱可敬公女太學生諱廷獻公胞妹乾隆庚子科舉人諱廷琛公武庠生儘先守備諱廷臣公附貢生諱廷棟公胞姊乾隆乙卯科副貢諱際平公胞姑母例贈安人

曾祖鶴齡 廩貢生候選布政司理問例授儒林郎例封文林郎誥贈奉政大夫

曾祖妣氏張 玉田縣武庠生諱鵬揚公

中 守中 會中 佐中 卜中

族姪迺懋 迺懃 迺憲 迺恕 迺愚 以上係長門

胞太高伯祖士奇

嫡堂高叔祖桂巖

從堂曾叔祖全保

再從堂叔祖宗智 宗信 以上係二門

胞太高叔祖士英

嫡堂高叔祖時亨 庠生例封文林郎 光甲 候選府經歷 光運

從堂曾叔祖柏齡 太學生例封文林郎 福齡 祿齡 錫齡 增廣生

再從堂叔祖宗姿 宗渭 道光乙酉科舉人癸巳恩科進士原任廣東長樂縣知縣歷署樂昌新甯曲江等縣知縣 宗夔 宗莘 宗澤 宗沂

女歲貢生諱淸沅公歲
貢生諱慶沅公邑庠生
諱澄沅公胞姊邑庠生
諱士棻公胞姑母　例
封安人
誥贈宜人

祖宗愷廩貢生道光壬午科舉人例授文林郎例贈文林郎

祖妣氏張同邑嘉慶庚中恩科舉人辛未大挑二等原任衡水縣教諭誥封奉政大夫晉封宣武都尉諱留夢公長女誥封直大夫貤封武德騎尉諱祖英公道光己亥科副貢候選州判例授徵仕郎貤封奉直大夫晉封宣武都尉諱祖隲公胞姊五品銜歷任淶水縣訓導任邱曲周縣教諭諱文印公

邑庠生宗鯉

三從堂叔之翰附貢生候選訓導河南試用縣丞欽加理問銜賞戴藍翎　之圖五品銜雲南試用縣丞　之陸議敘九品銜　之丞　之祥　之順
之洞　之萬　順來

四從堂兄弟榮綬郡庠生　斌綬　荃綬俱業儒　雙綬　存綬
隆綬　啟綬　晉綬　咸綬俱劝

族姪爾田　爾儒俱業儒　以上係四門

胞太高叔祖士業誥贈奉政大夫

嫡堂高叔祖可久　可大　光烈國學生　光壽誥贈奉政大夫

從堂曾叔祖慶齡增廣生　德齡　岱齡　頤齡國學生例封文林郎　望齡國學生五品銜候選州同加捐鹽課司提舉誥授奉直大夫　延齡

郡庠生諱文卿公郎補都司北塘營守備名文壇公軍功六品頂戴北塘營把總諱文墉公歲貢生候選訓導名文墀公太學生名文均公都庠生諱文坊公胞姑母例封孺人例贈孺人

父之騏字驪齋廩膳生鄉試三次房薦例贈文林郎

母氏李同邑附貢生諱震公長孫女國學生諱維藩公女諱良材公胞妹名如棠儘先把總名如棣名如桐公胞姑母例封孺人

慈侍下

庭訓

彭齡貢生候選訓導例授修職佐郎

再從堂叔祖開運全金房薦例封修職佐郎 開泰 宗昌 汝炘軍功六品銜 汝

汝翰國學生 連奎國學生 宗秀增廣生光緒戊子科

三從堂叔之芳 之蔭 之芬 之萱 之芸 之

芹業儒 之蔚 之菖業儒

四從堂兄弟廷樑 廷楝 廷椿 廷楨 廷桂 廷

楷俱業儒 廷枬 廷樞 廷樸業儒 廷棣幼 以上係五門

胞曾叔祖九齡附貢生例封文林郎 順齡國學生 康齡邑庠生

胞伯叔祖宗元增廣生例封文林郎誥贈奉政大夫 宗顏 宗申武庠生

宗敬 宗羅 宗龍道光癸卯科挑取謄錄咸豐辛亥恩科舉人原任吉林甯古塔學正副受業

業師

蘭伯茁象申夫子 印邦憲 恩貢生提舉銜候選直隸州州判

祝乃增夫子 印康民 江蘇江陰縣人甲子科舉人內閣中書截取同知前主講正誼文社

洪右臣夫子 印良品 湖北黃岡縣人戊辰翰林戸科掌印給事中記名繁缺道前主講正誼文社

高懸溪夫子 印恭昌 豐潤縣人壬子科副榜丁卯科舉人候選教諭前主講正誼文社

嫡堂叔祖宗文 道光乙酉科舉人大挑二等原任南皮縣訓導饒陽縣教諭 宗彝 咸豐壬子科舉人 宗濂 廩膳生 宗謹 邑庠生 宗山 庠生 宗仁

胞伯叔之蘭 六品軍功 之驥 郡庠生一出嗣 之駿 邑庠生出嗣

嫡堂伯叔之蕙 廩貢生道光癸卯科挑取謄錄咸豐壬子科舉人國史館謄一列傳告成奏會議敘知縣選授山西甯武縣知縣欽加同知銜誥授奉政大夫例封文林郎 之達 之驊 之綖 之驄 之鸞 之英

從堂伯叔之良 道光癸卯科舉人 之循 之璐 之樸 郡庠生 之[illegible]

侗 之銘 之禧 之餘

嫡堂兄體中 庠生 剛 受業

從堂兄弟允中 增廣生丙子壬午戊子三科房薦 執中 國學生 履中 得中 建中 業儒 己丑恩科舉人 依中 賓中 禮中 業儒 鵠中 砥中 俱幼

受知師

丁德芝夫子 印符九 江西德化縣人 恩貢生 花翎運同銜 前甯河縣知縣

潘進舫夫子 諱斯濂 廣東番禺縣人 丁未進士 前順天府府丞

徐季和夫子 印致祥 江蘇嘉定縣人 庚申科會元 大理寺卿 前順天學政

年伯許筠庵夫子 印應騤 廣東番禺縣人 庚戌科進士 吏部左侍郎 倉場總督 前順天學政

周生霖夫子 諱德潤 廣西臨桂縣人 癸亥科進士 刑部右侍郎 前順天學政

再從堂兄弟擇中 誠中 岦中 崟中 昭中 巽中
中 恆中 序中 閎中 鎮中 郡庠生 宇中

胞兄用中 字牖民

胞姪河兒 海兒 俱幼

嫡堂姪占兒 升兒

從堂姪伯虎 仲虎 叔虎 季虎 孝虎 六虎
咬兒 二咬 俱幼

再從堂姪貽孫 麟孫 集孫 松孫 永兒 俱幼

胞姑母一 適同邑附貢生張諱維藩公長子附貢生諱文鑑

胞姊一 適同邑道光壬辰恩科舉人原任大名府大名縣教諭廉公諱如鈺長孫醫學訓科諱封公長子附監生候選典史諱塈公嗣子醫學訓科名士燮

娶李氏 同邑諱開文公孫女國學生印向榮公四女 武庠生名殿華公胞妹 名春華 名國華 名寶

李若農夫子 印文田 廣東順德縣人 己未科探花 禮部右侍郎 現任順天學政

鍾子蕃夫子 印德輔 安徽桐城縣人 現甯河縣知縣 陞補東路廳同知

課友

孟義生兄 名集元 廩膳生

叢冠之兄 名雲樺 廩貢生 玉田縣訓導 即蘭兄

周芥青兄 名士廉 乙酉科舉人 揀選知縣 前鴻臚寺序班 即蘭兄

王卓生弟 名焯 乙酉科舉人 即蘭弟

史仙舫弟 名㓗 乙酉科舉人 揀選知

華胞姊

子

女四

履歷

縣印
蘭弟

李蘭溪弟 名維綱 廩膳生 印蘭弟

苗雨亭兄 名其潤 附貢生 印蘭兄

王湘波堂姊丈 名藺 國學生 五品銜

李星舫姻叔 名光庭 廩膳生

鄉試中式第三百四九名

覆試 等第 名

會試中式第 名

殿試 甲第 名

朝考 等第 名

欽點

族繁不及備載

世居邑南營城莊遷居盧臺

順天鄉試硃卷 光緒癸巳 恩科

中式第二百四十九名舉人邵剛中順天府甯河縣府學廩膳生民籍

同考試官翰林院編修國史館協修加三級陳 閲

薦 理精法密經策淹通

大主考會典館副總裁刑部右侍郎鑲黃旗滿洲副都統管理戶部三庫事務加三級裕 批

又 取 批 骨秀神清經策融貫

大主考戶部右侍郎議覆錢法堂事務加三級陳 批

又 取 批 氣舒韻灝經策湛深

大主考經筵講官太子少保軍機大臣會典館副總裁刑部尚書管理八旗官學大臣總理各國事務大臣加三級孫 批

又 取 批 義確詞堅經策樸實

大主考經筵講官太子少保毓慶宮行走會典館正總裁戶部尚書管理國子監事務稽察京通十七倉大臣加三級翁 批

又 中 批 思沈力厚經策淵涵

本房原薦批

氣局博大風度端凝次三冠冕堂

皇才思煥發詩諧

五藝皆昌明博大氣象發皇

聚奎堂原批

落落辭高次三均大雅詩工

故君子必慎其獨也曾子曰十目所視十手所指其嚴乎

邵剛中

原君子慎獨之故獨中之視指倍懍矣夫獨之當慎以誠形之莫能揜也莫能揜斯獨知之地皆視指之地矣其嚴不甚可畏乎昔子思之學傳自曾子而中庸之旨實與大學相發明其所以致警於人已內外間者莫不於慎獨之功三致意焉中庸以體道爲歸故戒慎恐懼時以莫見莫顯者深惕諸一已之隱微大學以誠意爲要故求慊戒欺恆以十目十手者倍嚴乎眾人之視指此其意君子懍之而凡入大學者宜共懍之也誠中形外獨之不可揜也

若此此無儼翼之修者尚能禁人之瞻視乎尚能禁人之指摘乎大抵皆獨之不慎以致此也而知其故者惟君子君子深悉夫中外之理本自相符故爾室常惺息息有屋漏且明以隱相顧諟方寸可與大廷對方寸自不爲大廷疵也其惕厲有深焉者矣君子默體夫誠形之機胥能互應故齋居自惕在在有鬼神天地以相與鑒臨一念能與萬物通一念庶可與萬物見也其悚惶有迫焉者矣此獨之所出必慎也且夫君子慎獨不過自戒其欺自求其慊耳初何嘗因窺伺有人而故從而慎之哉然而觀於誠中形外之不爽而君子瞿然矣想其格物致知之下固未嘗稍釋戰兢當

夫環堵棲遲庸人或習爲戲豫之謀而君子則志氣常凝初無可覓之罅𨻶若夫行違色取之徒又何在可容矯飾苟其中藏敗露當局或巧試彌縫之術而旁觀則隱幽畢照難逃交集之詆排曰者曾子嘗言之矣曰視曰指以獨之不可揜也曰所視所指以其獨之不可揜而必宜慎也然則不綦嚴乎莫嚴於當躬之機緘乍啟而外來之指視環集當前我予人以可視而視之曾不緩於須臾我予人以可指而指之若不留其餘地是視與指則固有其所也不必適與目接而目已承之不必適與手遇而手已隨之蓋有形之視指益迫以無形之視指而其意難安君子觀於此其慎獨

有不從而益深乎莫嚴於一己之朕兆未萌而眾著之視指默以相伺我有可視而視之者每不約而同我有可指而指之者亦不謀而合是目與手又可統以十也人不必皆視悉可以視推之人不必皆指悉可以指概之蓋在外之視指益悚以在內之視指而其勢愈迫君子鑒於此其慎獨有不從而益密乎嚴矣哉此獨君子可不戒歟以求慊哉

本房加批

顧視清高氣深穩理境難得如此圓融湛足自是文人妙來之候

○○○○○子曰爲政以德譬如北辰居其所而眾星共之子曰詩三百

一言以蔽之曰思無邪

邵剛中

立治術經術之準皆本於心焉夫德得於心思感於心也爲政而譬如北辰讀詩而蔽以無邪非皆本於心乎且治術不可或昧也經術不可不通也而吾謂欲治術經術之各明則心術先不可不講以心術爲治術之原建極以綏猷君道無殊於天道以心術爲經術之準由博以返約陶情乃足以閑情夫而後治術懋經術昌而心術亦於是乎正說在夫子論爲政與誦詩今夫體天立極範人心於大中者非政乎比事屬詞導人心於至順者非詩乎政也

詩也蓋皆本於心者也古聖王立紀陳綱月吉所懸始和所布其所以統朝野而胥入範圍者政也然而政固有其本焉自驩虞雜霸之說行而政一變苟且張皇之術起而政又一變爲政而無學問以濟之治術所以不純也夫子曰有德在盍以之且夫爲政者固本乎敬以作所者也不必牢籠乎一世而欽其德者共仰日月之照臨不必要結乎羣倫而畏其德者直如雷霆之震攝端拱者一人而歸懷者萬國斯何如運量也統傳類而驗會歸之象覺庶民有好洽貨風畢雨之情朝覲來王慰就日瞻雲之願衆情悉協直不啻北辰靜而凝衆星環而向也譬以居共不可恍然於執簡

御製者洽象一如天象哉古聖王卽物抒懷性情所寄風俗所關其所以被管絃而託諸歌詠者詩也然而詩固有其要焉自訓詁者矜穿鑿之才而詩以晦箋疏者工附會之說而詩愈以晦誦詩而昧辭志以害之經術所以不明也夫子曰有一言在足蔽之且夫作詩者固本乎思以爲言者也不必拘賦與比之旨著爲思皆有悱惻之情不必泥風雅頌之詞體其思各有經綸之致已刪者就逸取義者斷章斯何如會通也綜篇什而觀勸懲之文覺思婦勞人志趣不流於蕩忠臣孝子念慮胥得其常精義所存固已於三百統其全一言括其要也蔽以無邪不可曉然於發情止禮者

循途不入歧途哉

本房加批

兩大比各還實義思沉力厚氣足神完

伯一位子男同一位

邵剛中

爵有繼公侯而班者伯與子男亦定於天子矣夫伯之位雖次於公侯而子男之位又次於伯也一位與同一位非皆定於天子哉且我周以西伯開基已非子男之列迨其後屏藩衆建拱衛日多豈徒爾公爾侯足備王朝之位哉夫一代肇興推恩原無遐邇之分而班爵要有等威之辨或則圭頒以七寸或則服煥以五章蓋德足長人者其位不得概以從同而德足養人安人者其位又不能稍從其異也公侯各一位既自天子定之矣而次於公侯者不又有伯與子男乎三公則論道經邦五伯則取威定霸是位不同

於公者往往因其勢而亦僭號公焉然而鉅典不可干安得貴賤
無分而妄爲尊大侯封則錫及車馬子男則璧執穀蒲是位不同
於侯者往往因其盛而亦竊稱侯焉然而王章不容紊安得尊卑
莫別而妄自推崇審是則伯與子男其位雖與公侯同定於天子
要非公侯比也降而論之伯非自爲一位子男非同此一位乎且
夫論伯如鄭秦久無忌憚矣繻葛一戰抗命竟敵天子之師超乘
一過耀武莫懍天威之赫鄭秦之强天子且莫能制矣然而虎牢
雖固猶是周封驪鐵雖雄依然藩服則顧名思義要自有其一位
也固已昭然於典册之中且夫論子男如吳楚久相僭竊矣主盟

中夏何隙逞蠶食之威爭長南邦乘間肆鯨吞之毒吳楚之雄天子且避其鋒矣然而端木有辭百年未許王孫善對九鼎難遷則責實循名夫固同此一位也蓋已懍然於柱史之藏是故命爵之初伯與子男當思無負此位矣剖之以符也畢重旬宣之寄削之以玉也各承帶礪之盟我先王實本天位與共之心不勝其鄭重以定之者也今雖制作稍湮矣入故府而考遺文則伯與子男夫豈徒備位已哉而當受爵之後伯與子男當思長保其位矣秩秩然東面北上無忘鷩冕之尊濟濟者宣德奉恩適等鴈行之序我先王蓋本在位謀政之意不勝其斟酌以付之者也今雖王綱不

振矣綜簡篇而搜故典則伯與子男又豈僅充位已哉凡五等也

爵之班於天子也如此

本房加批

筆酣墨飽氣盛言宜

賦得秋鷹整翮當雲霄 得才字五言八韻　邵剛中

夙抱雲霄志秋鷹整翮纔飛騰依上界顧盼自雄才霧薄天邊劃沙寒塞外堆搏風摩碧落得地出紅埃振羽拳應屈盤空眼疾開神傳工部句獵校景升臺寥廓迎霜下翱翔帶月回何如逢

聖代鳳翽集

蓬萊

本房加批

情來與往音節鏗鏘

貢生

陳鴻翕

曾祖諱萬福太學生貤贈儒林郎

曾祖母氏劉張貤贈太安人

本生祖諱有典附貢生勅贈儒林郎晉贈朝議大夫吏部考功司主事加三級

本生祖母氏郝于勅贈太安人晉贈太恭人

祖諱有訓太學生例贈武畧佐騎尉貤贈修職郎

祖母氏福例贈文林郎諱可法公女庚

字子和號靜山行十道光丙戌年三月初三日吉時

生直隸順天府寧河縣廩膳生民籍

嫡堂伯植附貢生候選布政司經歷勅封修職郎貤封朝議大夫吏部考功司主事加三級

[illegible]太學生誥封朝議大夫吏部考功司主事加三級

胞伯棣例授武畧佐騎尉

胞兄弟鴻暈議叙從九鴻詡邑庠生鴻翀鴻翼業儒

嫡堂兄鴻翔邑庠生鴻翥道光辛卯科優貢戊戌科教習候選知縣鴻翊道光甲午科舉人戊戌科進士吏部考功司主事加三級軍機處行走鴻翔丁未科挑鴻宣取謄錄甲辰科優貢卽選教諭鴻習邑庠生鴻翔本科鴻歲優貢

妻高氏山東候補知府諱符清公女候選守禦所千總名符靜候選同知名符謙公胞姪女學濤

學漢

公胞姊

舍
子科舉人廷霖公胞妹
乙卯科副榜際平公胞
姑母例
贈太安人
父梅道光乙酉科優
貢候選訓導
母氏翟太學生廷校公女
邑庠生際唐際泰
際周太學生
際虞公胞妹
繼母氏劉諱馥公女名渭占渭
清渭濱渭洲渭川邑
庠生渭璜公胞妹俊秀名
楷邑庠生名楨公胞姑
己酉選拔第一名
鄉
會試中式第　名
殿試第　甲第　名
欽點

子
女一

族繁不及備載

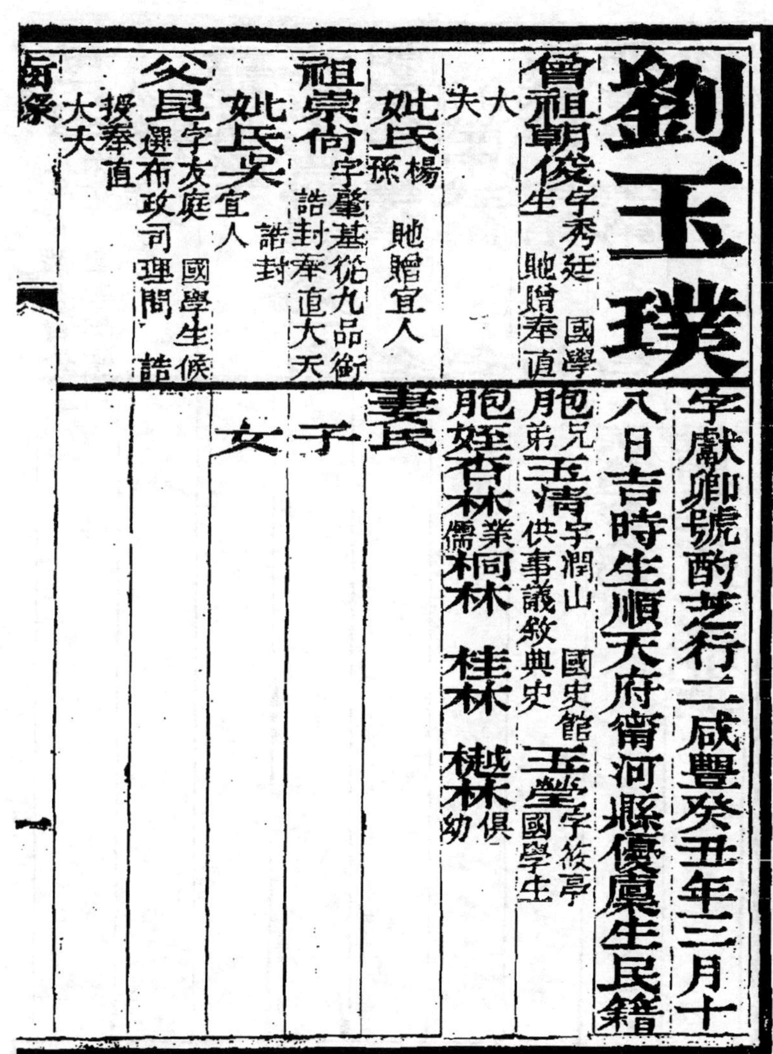

劉玉璞

字獻卿號酌芝行二咸豐癸丑年三月十八日吉時生順天府甯河縣優廪生民籍

曾祖朝俊 字秀廷 國學 貤贈奉直大夫

妣氏楊 孫 貤贈宜人

祖崇倚 字肇基 從九品銜 誥封奉直大夫

妣氏吳 誥封宜人

父昆 字友庭 國學生 候選布政司理問 誥授奉直大夫

胞兄玉清 字潤山 國史館供事議敘典史

胞弟玉瑩 字筱亭 國學生

胞姪杏林 業儒 桐林 桂林 樾林 俱幼

妻氏

子

女

毋氏 孝八品恩榮樂善公孫女 國學生暎公女 誥封宜人

重嚴 具慶下

光緒乙酉科選拔第一名

朝考第 等第 名

鄉會試中式第 名

殿試第 甲第 名

朝考第 等第 名

欽點

族繁不及備載

世居邑南九十里北塘

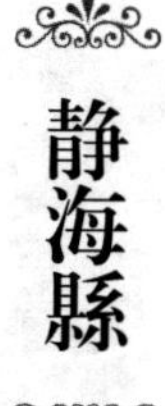

静海縣

會試

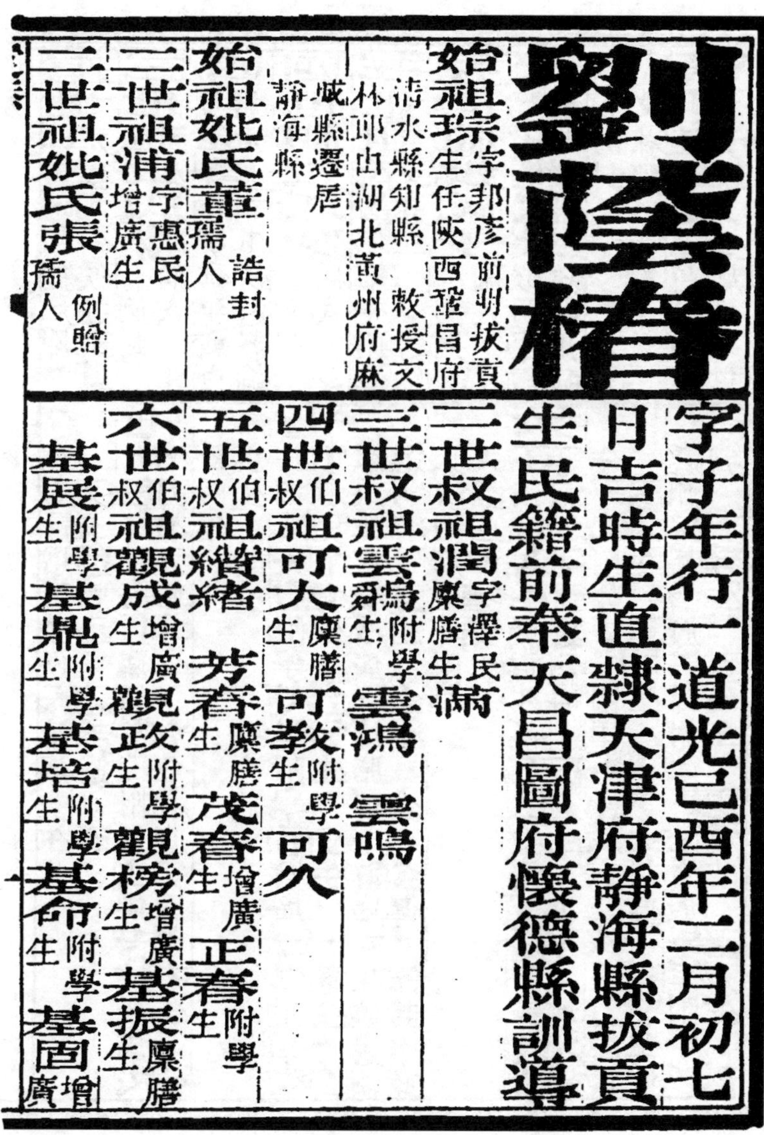

劉廕椿

字子年行一道光己酉年二月初七日吉時生直隸天津府靜海縣拔貢生民籍前奉天昌圖府懷德縣訓導

始祖琮字邦彥前明拔貢生任陝西鞏昌府清水縣知縣教授文林郎由湖北黃州府麻城縣遷居靜海縣

始祖妣氏董誥封孺人

二世祖湔字惠民增廣生

二世祖妣氏張例贈孺人

二世叔祖潤字澤民廩膳生　滿

三世叔祖雲鵠附學生　雲鴻　雲鳴

四世伯叔祖可大廩膳生　可教附學生　可久

五世伯叔祖纘緒　芳春廩膳生　茂春增廣生　正春附學生

六世伯叔祖觀成增廣生　觀政附學生　觀榜增廣生　基振廩膳生

基晟附學生　基鼎附學生　基培附學生　基命附學生　基固增廣

歷居

三世祖雲鵬字聞居廩貢生候選訓導

三世祖妣氏李例封孺人

四世祖昌齡字舜年歲貢生候選教諭

四世祖妣氏陳例封孺人

五世祖承緒字繼卷附學生

五世祖妣氏于例贈孺人

六世祖觀儀字巖四廩貢生候選州判

例封文林郎

六世祖妣氏張邑前明廩膳生誥

生　基開增貢生候選縣丞　基新廩貢生候選訓導

七世胞伯祖洪範廩膳生　洪任附監生候選府經歷　洪捷增廣生　洪

涵附學生

七世伯叔祖洪儒附學生　洪祚附學生　錦增廣生　士毅附學生　鑑

歲貢生候選訓導　銑增廣生　鉅廩膳生　錞　錀歲貢生候選訓導誥封奉政

大夫　鈞增廣生　[illegible]附學生

太高伯叔祖萬定歲貢生候選訓導　又足增廣生　萬育　夢楨附學

生　夢楫附學生　夢求附學生　夢熊歲貢生候選訓導　夢乙恩貢生候

選州判　夢來增廣生　夢攀附學生　夢稷增廣生　夢旌附學生　夢

贈資政大夫諱進德公孫女戊辰科進士授大同府推官升河南道監察御史提督浙江全省學政浙江漕運總督巡按江西河南晉大理寺卿 誥封資政大夫諱箎公女 例封孺人

庶祖妣氏牛 例贈孺人

生祖妣氏金 例贈孺人

七世祖洪牧 字岳侶 附學生

七世祖妣氏馬 例贈孺人

氏王 例贈孺人

麟附學生 夢驥附學生 夢發廩膳生 夢標附學生 夢鳳附學生

敕封承德郎晉贈奉政大夫加一級 夢燮附學生 夢育附學生

胞高叔祖愼徵附學生

高伯叔祖震 賜甲附學生 策甲附學生 峪 巖附學生 峻歲貢生候選訓導著有劍附詩鈔 徵厚歲貢生任奉天廣甯縣訓導敕授修職佐郎 徵高附學生 徵明歲貢生候選訓導 昕徵附學生 文徵附學生 嵈附學生

嶒增廣生 嵒附學生 嶟附學生 嶠附學生 嵉增廣生 峸增廣生 𡾟廩膳生乾隆甲午科舉人嘉慶丙辰科進士任刑部陝西清吏司主事加一級 誥授奉直大夫著有安榴堂文稿行於世 岸廩膳生 嵨附學生 豹文武庠生 藻文附學生

太高祖萬選 字青錢 附學生

太高祖妣氏王 大城誥封明威將軍鄉飲大賓增廣生諱恩掄公孫女邑庠生諱新公女康熙壬子科進士諱威公丙子科舉人諱端公胞姪女廩膳生諱永祜公胞姑母太學生諱嶸公胞祖姑母增廣生諱廣廷公曾祖姑母附學諱鉞公高祖姑母例封孺人

高祖慎徽 字典五 增廣生

高祖妣氏王 大城武庠生諱勞謙公孫

萬年 歲貢生任奉天廣甯縣訓導 敕授修職佐郎 彭年 附學生

胞曾伯祖企元 太學生

嫡堂曾伯祖哲 附學生 善 太學生

曾伯叔祖翕羽 翰羽 翽羽 恩賜登登仕郎 延顯 附學生 景程 晨獻 附學生 履端 恩賜登仕郎 芳泉 廩膳生 玉堂 附學生

玉錫 太學生 其椅 附學生 其榮 郡庠生 槐森 廩膳生嘉慶丁卯科舉人內閣中書 誥封奉直大夫 槐楙 廩膳生嘉慶丙午科舉人己酉科進士山西交城縣戊午科山西鄉試同考官 誥授奉直大夫 士凝 附學生 玉桂

胞祖姑母 適青邑太學生 誥封奉政大夫 晉贈資政大夫姚公字孔彰諱嘉言

女邑庠生諱作楨公女
太學生諱申公胞妹邑
庠生諱鍾慶公庚午科
舉人國子監學正諱鍾
泗公胞姑母邑庠生諱
書雲公胞祖姑母太學
生　誥封奉政大夫諱
振平公曾祖姑母太學
生　誥授奉政大夫名
玉瑩公高祖姑母壬戌
科進士廣平府教授諱
玉和公太學生名玉林
公辛未科進士翰林院
庶吉士名玉森公堂高
祖姑母太學生敕敕封
資政大夫候選知府名
立元公同知銜名立方
公太高祖姑母　例封

嫡堂伯祖錫貢　錫純
堂伯祖錫服附學生　錫鏧　錫極
伯叔祖華林　華亭　承烈恩賜登仕郎　德崇太學生　德盛恩
恩賜登仕郎　德懋　秉剛附學生　秉心廩膳生　秉端附學生　秉
之業儒　秉蘭業儒　秉益三太學生　永鎮太學生　永霽太學生例封奉政
大夫　振元　煜熙例貢生候選知州　秉才六品軍功
胞叔佩珂字芸閣歲貢生候選訓導　佩珊字玉峯早逝孀母氏王旌表節孝
胞姑母適大城太學生曹公諱鎮堃
堂伯克讓字謙吉例贈修職佐郎　克敬　克和　克成字德菴太學生

孺人
曾祖企魁字鷟坌太學生例贈修職郎晉封文林郎
曾祖妣氏李文安歲貢生蓋平縣訓導諱如桐公曾孫女太學生諱炯公孫女康熙己卯庚辰科聯捷進士浙江定海縣知縣乙酉科浙江鄉試同考官諱灼公乾隆己未科進士甘肅正甯縣知縣改授大名府教授諱勳公姪孫女附學生諱廷圻公女增廣生諱自彭公胞妹

克朗
伯叔元增字勛旃增廣生善草書工詩古鄉試十薦未售椿祖受業椿父受業椿受業　元鼎
元亭　鍾亭　鍾靈太學生誥封奉政大夫　鍾祥　鍾瑞武庠生
元瑞　元訥貤封武德騎尉　方泰業儒　漢濬附學生　漢輝
太學生志廉字鑑泉廩貢生候選訓導椿受業　燏勳字倘一積學未遇　甸山
附學生雨山附學生　學文業儒行誼載邑乘孝子傳　竹孫附學生　元榮
恩賜登仕郎鴻逵附學生　崇儀太學生軍功保舉五品藍翎候補知州　湧濤
增廣生行誼載邑乘文苑傳　戴堯附學生　寶森附學生　友三五品銜廣西候補州判　康齡

歲貢生諱自祖公胞姊
增廣生諱撝謙太學生
諱德謙公胞姑母
母 例贈孺人
祖錫朋 字獲珍太學生 例贈修職郎 晉
封文林郎
祖妣氏馬 大城太學生諱文貞公女附學
生諱鑄公胞妹諱鳳山
公胞姑母名孟祥公胞
祖姑母業儒名瑞圖胞
曾祖姑母 例封孺人
父佩珩 字蘭臺附貢生道光己酉科堂備
例封修職郎 晉封文林
郎 覃恩誥封奉政大夫

胞弟蔭楊 字硯農太學生 蔭權 字子衡武童生
胞姊一 一適同邑附學生眸公名鴻如公次子己卯科經魁名宗沂
胞妹二 一適青邑增廣生陳公諱世篤三子候選州判名際愷
一適青邑太學生董公名衷諶長子邑附學生名承澤
嫡堂弟蔭棣 字子禮太學生 蔭檉 蔭楓 蔭梓 業儒 蔭棟 武童
生 蔭桂 字石農附學生 蔭樑
堂兄弟蔭南 廩膳生甲子科謄錄壬午科 恩貢生候選州判 蔭榮 蔭樾
蔭楟 六品職銜 用仁 伯壎 增廣生甲子科舉人 椿受業 仲篪 廩膳生咸
豐辛酉科拔貢生本科經魁同治癸亥 恩科進
士即用知縣籤掣湖北親老告近改掣山西歷署

履歷

妣氏實天城太學生諱文治公孫女太學生諱連城公女貢生諱萬城公貢生諱治成公貢生六品銜軍功賞戴藍翎諱培城公歲貢生已亥恩科挑取謄錄諱僖城公胞姪女名榮珠公胞姊增廣生諱榮桂公附學生諱榮椿公附學生諱榮棣公附學生諱榮梅公嫡堂姊例封孺人誥贈宜人

嚴侍下

祖訓

長治平縣長子等縣知縣題補太平縣知縣欽加同知銜甲子科山西鄉試受卷官誥授奉政大夫著有醉經堂文稿椿受業 國恩業儒 蔭棠附學生 蔭樟例貢生 蔭槐

增廣生 蔭楨業儒 鳳山 世恭 世靖

兄弟 增福 恩榮業儒 恩第 恩緒 世守 子純附學生

汝驥廩膳生 儲霖增貢生壬戌科庚午科挑取謄錄 儲俊附學生 蔭桂

附學生 德升 德起 國鈞 福興軍功五品藍翎候選千總 雲

書 雲青 雲貞 雲彩 汝騏佾生

胞姪駿衛字紹康 駿釗幼讀 駿漢幼

嫡堂姪駿榜幼 駿如幼 駿森幼

庭訓
胞叔訓
受業師
堂兄西樓夫子諱仲虎履歷
詳前
年伯紫垣劉夫子諱樞亭
大城縣
增廣生
課恩師
堂伯勖旃夫子諱元增履歷

堂姪如山業儒駿惠業儒駿生太學生駿聲增廣生駿彰附學生
駿烈業儒駿業增廣生駿昭業儒駿明　駿輝　廷芝候選
縣丞廷琳太學生貤贈奉政大夫兵部員外郎加一級駿濤業儒從周　從
曾　駿運　福田廩膳生硯田
姪孫美林八品職銜書林業儒鄉林　玉林
姪曾孫五代　寬　祿見
室王氏大城附學生諱象成公孫女道光辛己科武舉人諱國慶公附學生諱符慶公武庠生諱嘉
璧慶公太學生諱恩慶公胞姪孫女附學生諱嘉
榮公女附學生名嘉樾公武庠生諱嘉楨公太學
生名嘉栻公廩膳生名嘉棠公廩膳生諱嘉相公
附學生名嘉榛公胞姪女從九品候選縣丞名元

履歷詳前

堂叔翳景夫子諱志廉履歷詳前

堂兄友軒夫子諱伯壎履歷詳前

表伯紫垣王夫子諱階平同治壬戌科舉人

表伯介庭王夫子諱召通道光乙未科舉人

王

輝公胞姊五品銜候選千總名元炳公胞姊附學生名元煦公廩膳生名元炘公堂姊名繼昌名緒昌公胞姑母例封孺人

子駿會字仰曾娶同邑四品銜候選都司郭名俊章女駿雲殤聘文安丙子科同榜舉人王公叔培女亦殤

長適大城太學生蘭公名春年公次子名汝楫

次字文安壬戌科舉人乙丑科會試謄錄王公錫命子名毓果

三未字

四未字

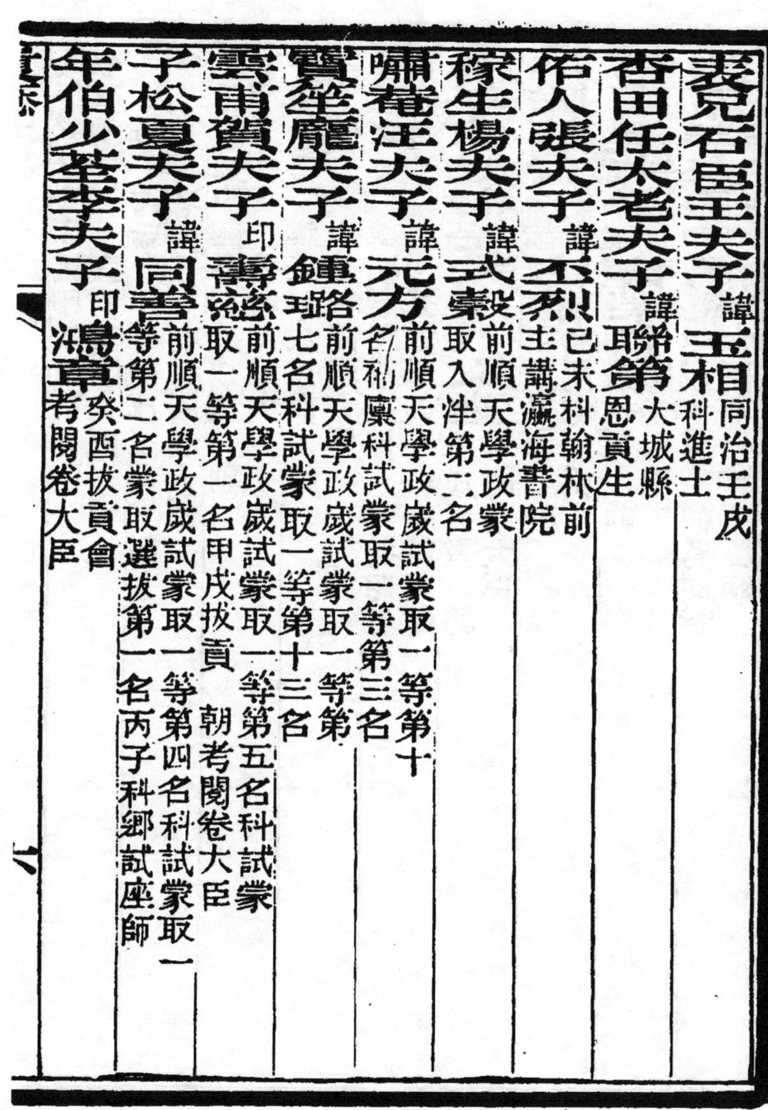

表兄石臣王夫子 諱 玉相 同治壬戌科進士

杏田任太老夫子 諱 聯第 大城縣恩貢生

佑人張夫子 諱 丕烈 己未科翰林前主講瀛海書院

稼生楊夫子 諱 式穀 前順天學政蒙取入泮第二名

嘯菴汪夫子 諱 元方 前順天學政歲試蒙取一等第十名補廩科試蒙取一等第三名

寶笙龐夫子 諱 鍾璐 前順天學政歲試蒙取一等第七名科試蒙取一等第十三名

雲甫賀夫子 印 壽慈 前順天學政歲試蒙取一等第五名科試蒙取一等第一名甲戌拔貢朝考閱卷大臣

子松夏夫子 諱 同善 前順天學政歲試蒙取一等第四名科試蒙取一等第二名蒙取選拔第一名丙子科鄉試座師

年伯少荃李夫子 印 鴻章 癸酉拔貢會考閱卷大臣

佩衡寶夫子印鋆甲戌拔貢朝考閱卷大臣

年伯際軒徐夫子印桐甲戌拔貢朝考閱卷大臣

紀皆黃夫子諱倬甲戌拔貢朝考閱卷大臣

孝侯黃夫子諱鈺甲戌拔貢朝考閱卷大臣

譜經殷夫子諱兆鏞甲戌拔貢朝考閱卷大臣丙子科鄉試座師

太年伯旭初毛夫子諡文達甲戌拔貢朝考閱卷大臣

藕舲萬夫子諱青藜甲戌拔貢朝考閱卷大臣

百齋桑夫子諱春榮甲戌拔貢朝考閱卷大臣

蘭孫李夫子印鴻藻甲戌拔貢朝考閱卷大臣本科會試座師

文山崇夫子 印綺 甲戌拔貢朝考閱卷大臣

薌生靈夫子 諱桂 甲戌拔貢朝考閱卷大臣

潤卿董夫子 諱恂 甲戌拔貢朝考閱卷大臣

秋皋紹夫子 諱祺 甲戌拔貢朝考閱卷大臣

叔雨龔夫子 諱自閎 甲戌拔貢朝考閱卷大臣

明叔溫夫子 諱葆深 甲戌拔貢朝考閱卷大臣

華峯魁夫子 諱齡 甲戌拔貢朝考閱卷大臣

芝菴麟夫子 印書 丙子科鄉試座師

覲虞黃夫子 印自元 庚午科鄉試薦卷房師

實亭邵夫子 印 積誠 丙子科鄉試房師

松圃馬夫子 諱 繩武 前天津府知府

源亭吳夫子 諱 榮 前靜海縣知縣

世伯雲遲吳夫子 印 國棟 現衡水縣知縣

伯韋鄭夫子 諱 士蕙 丁未科進士前靜海縣知縣

序東陳夫子 印 以培 現遵化州知州前靜海縣知縣

雲楣胡夫子 印 燏棻 甲戌科進士現天津兵備道

子常汪夫子 印 守正 現天津府知府

同學益友

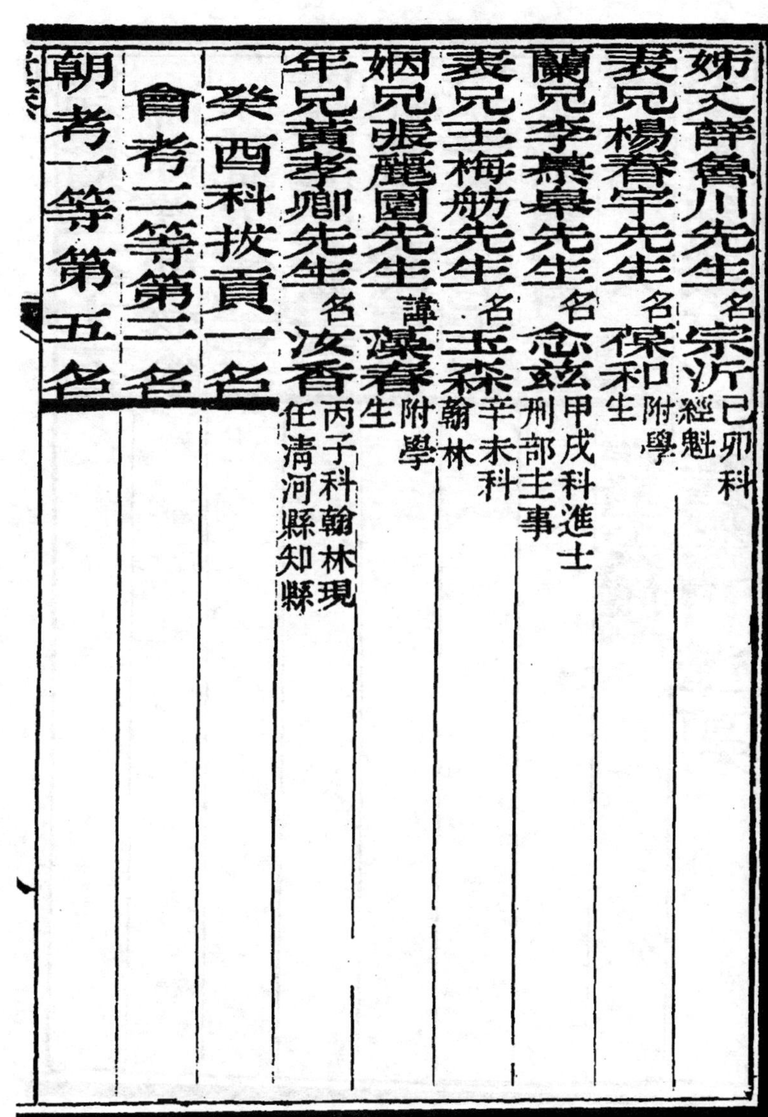

姊丈薛會川先生名宗沂己卯科經魁
表兄楊春宇先生名褓和生附學
蘭兄李燕皋先生名念兹甲戌科進士刑部主事
表兄王梅舫先生名玉森辛未科翰林
姻兄張麗圃先生諱藻春生附學
年兄黃孝卿先生名汝香丙子科翰林現任清河縣知縣
癸酉科拔貢一名
會考二等第三名
朝考一等第五名

履歷

保和殿覆試二等十二名

歸部銓選教諭

丙子鄉試中式第九十二名

保和殿覆試一等第五名

己丑會試中式第百一名

保和殿覆試三等七十三名

殿試二甲第一百一名

朝考入選

欽點即用知縣籤分

族繁不及備載

世居縣西南中灘子頭村

會試硃卷 光緒己丑科

中式第一百一名貢士劉蓘椿直隸天津府靜海縣拔貢生民籍

同考試官翰林院編修 國史館協修加三級國熙閱

薦批

大總裁禮部右侍郎總理各國事務大臣加三級廖批

大總裁經筵講官太子太保頭品頂戴工部尚書管理火藥局溝渠河道八旗官學大臣 會典館副總裁兼管順天府府尹 南書房行走加三級潘取批

大總裁經筵講官工部尚書正藍旗漢軍都統管理宗部三庫事務光祿寺[illegible]宗學[illegible]京通十七倉會同四譯館[illegible]大臣加三級嵩取批

大總裁太子少保 武英殿總裁 玉牒館副總裁 禮部尚書加三級李取批

中批

庶子春華家丞秋實

沙明水淨玉潤珠圓

唇吻吹律胸臆調鐘

沉浸醲郁含英咀華

本房原薦批

總握全題胎息深厚陳言盡去戛戛生新次三亦矜鍊名貴迴不猶人詩莊雅

聚奎堂原中批

三藝一律雅潔詩亦雅

鄉試

張綜翀

字荆韜號學謙行一戊寅年十月初十日生直隷天津府靜海縣民籍廩膳生治易經

高祖聯奎廩生

曾祖長春增生

祖寅捷辛酉舉人

祖母楊氏

父志華辛卯舉人

母杜氏邑庠生諱彪公女

具慶下

胞叔志程　志朱　志軾庠生

兄居敬庠生　綜璵庠生　遴芳同榜舉人

弟遠同榜舉人　綜瑭庠生　思敬庠生

胞弟綜璜庠生　開甲庠生

胞侄玉麟幼

娶李氏太學生素涵公女

繼娶李氏邑增生欽賜儒官延齡公女

子也達　也行　俱儒業

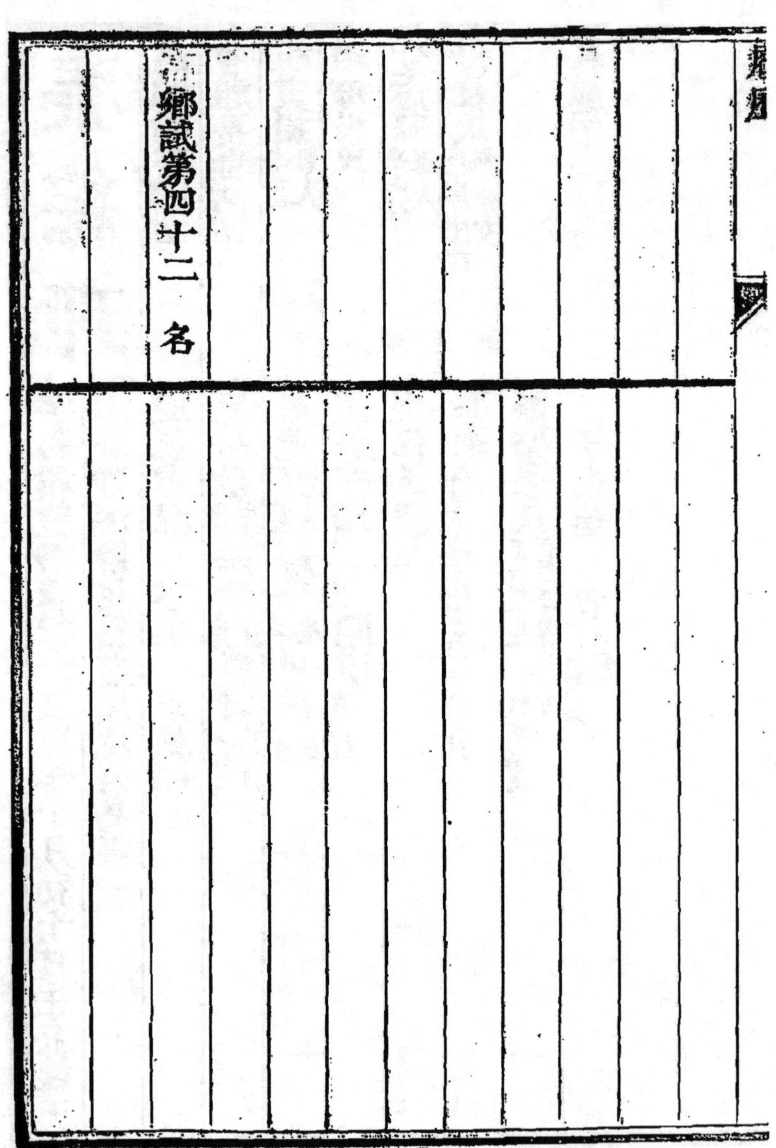

鄉試第四十二名

亢克莊

高祖任 恩貢生 敕贈文林郎四川城都府什邡縣知縣

曾祖鑣 前癸卯武舉人 誥贈通奉大夫甘肅巡撫

本生曾祖釗 拔貢生四川什邡縣知縣 誥贈通奉大夫甘肅巡撫

祖巨源 歲貢生 誥贈通奉大夫甘肅巡撫

祖母劉氏 誥贈夫人

本生祖洙 歲貢生 誥封通奉大夫甘肅巡撫

字敬符號渭谿行一庚子年十二月初二日生直隸天津府靜海縣附學生民籍習易經

胞伯樸 庠生 楨 廩生

胞叔樟 廩生 一成 太學生

兄克寬 己酉科舉人 克敏 太學生 克濬 己酉科舉人 克嶷 庠生 克裕 克孚 克璥 克毅 俱業儒

弟克凝 業儒 克浚 克岐 克嶠 克勤 俱幼

胞弟熙 太學生

娶徐氏 癸巳科舉人現任雲南普洱府同知諱修仁公次女

子九牧 九徵 俱幼

姪炅 昱 昶 旭 崧 泰 晸 曙 俱幼

父展成廪貢生現任甘肅巡撫都察院右副都御史
前母高氏誥贈夫人
母解氏誥封夫人
本生重慶下
鄉試第二百十一名

邊培運

字旭亭號蘧齋邨行一丁酉年十二月初一日生直隸

天津府靜海縣附學生民籍習詩經

高祖隆纛廩膳生

曾祖鴻序太學生

祖懋勳增廣生

祖母王氏

父煥庚庠生

母張氏

俱慶下

伯煥晟庠生

叔煥彩癸巳科舉人候選知縣

嫡堂叔煥彬太學生

嫡堂兄培遠增廣生

嫡堂弟培遴　培達俱業儒　培進幼

娶王氏庠生諱廷璉公女

子

鄉試第二百三十四名

王毓芑字節泉號鶴生行一道光戊子年七月十八日吉時生直隸天津府靜海縣附學生民籍

六世祖燕昭字余新庠生

六世祖母氏雷

太高祖用賢字顯曾太學生

太高祖母氏李

高祖華字名山

高祖母氏馬

氏汪

曾祖文字西侯太學生

曾祖母氏劉

氏劉

娶孟氏鹽山縣嘉慶丁卯科武舉人辛未科武進士郎用守備名國卿公胞姪女武庠生候選衛千總諱殿卿公女武生候選衛千總金城太學生金榜胞姊道光癸卯科武舉人兆熊堂妹武生兆榜附學生兆沅堂姊

子紹庭業儒連城幼

劉氏

祖隆謙字牧之優貢生候選教諭例授修職郎

祖母氏魏大城縣增廣生諱燦公三女太學生諱揚撫公胞妹武庠生諱揚發公附學生諱揚翥公胞姊郡庠生名旭齡遐齡柏齡公胞姑母例封孺

父秀浦字雨湘早逝例贈文林郎

母氏楊青邑庠生以孝行載入縣志誥封宜武都尉諱世蔡公長女運職武諱淳公太學生諱溪公武庠生誥封武德都騎尉諱永清公武庠生誥封武德都騎尉諱津公胞妹武生毓杰附學生毓梅武

生毓本嘉慶丙子、丁丑聯捷武進士御前藍翎侍衛原任廣西南甯府左江都司毓巢武庠生毓椿增廣生毓東胞姑母旌表節孝例贈太孺人

奎父澧字蘭 太學生候選鹽課司大使敕授修職郎例封文林郎

奎母氏高 庠生諱廷對公女太學生敕封修職郎諱廷錫公胞姪女庠生諱肇敏肇鑾公胞妹附貢生候選鹽課司大使諱肇運公嫡堂妹庠生震基庠生世基慶基輝基胞姑母道光癸卯科舉人庚戌科進士候選知縣崇基嫡堂姑母附學生令綸胞姑祖母敕封孺人例贈太孺人

氏劉 大城縣歲貢生候選訓導諱青

錢公胞姪女乾隆己酉科舉人原任正定府靈壽縣教諭諱青甸公長女附學生諱士衡公增廣生諱士謙公胞妹奉曾奉宸奉綸胞姑母嘉慶甲子科舉人原任四川石泉縣知縣諱鏡瑤堂姑母　敕封孺人

例封太孺人

生母氏董 例封太孺人

本生具慶下

庭訓

業師

族伯宗健夫子 諱乾齡 歲貢生候選訓導

族兄松山夫子 名廷樾 庠生

貫邑劉退揚夫子諱士謙大城縣增廣生

繆寶卿夫子名士璠天津縣人道光丙午科舉人

吳小岩夫子諱咸之河南光州人道光戊子科舉人原任新城縣知縣

馬敬齋夫子名聿修青縣廩膳生

薛秀峯夫子諱鍾堯道光戊子科舉人

袁伯佟濟堂夫子諱禹功道光辛巳恩科副榜乙酉科舉人

蕭邁珩夫子名寶善道光壬午科舉

履歷

入即選知縣

唐景伊夫子 諱淑世 嘉慶丙子科舉入原任陝西三水縣知縣欽加知州銜

受知師

王菱堂夫子 諱廣蔭 道光癸未科榜眼原任工部尚書提督順天學政

鄉試中式第一百三十一名

會試中式第　名

殿試第　甲第　名

朝考第　等第　名

欽點

族繁祇載本支

世居縣南唐官屯

三

李家淦

原名繩孫，字麗生，號一郇，又號小松，行一，道光癸未年二月十七日吉時生。直隸天津府静海縣增廣生，民籍。

十一世祖德玉，邑庠生。

十世祖守節。

九世祖應科，太學生。

八世祖鳳，邑庠生。

八世祖妣氏張、氏史。

七世祖維翰，邑庠生。

七世祖妣氏郭

七世胞叔祖維鋼，邑庠生。

太高嫡堂叔祖正興，武庠生。正任　正志

太高胞叔祖正蒙，附監生。

堂高叔祖杜，庠生。權　標，武庠。楷　森

嫡堂高叔祖榛，武庠生。柱，庠生。

從堂曾叔祖大來　大義　大起　大受　大謀

大濤　大山　大慶

堂曾叔祖天木　宗木，邑庠生。俊木　滋木，廩膳生。崇木

歷阯

太高祖正傳字訓功國學生

太高祖妣氏白

高祖樸字澤長邑庠生貤贈文林郎

高祖妣氏張順治庚寅科拔貢辛卯科副榜前任山西遼州直隸州知州諱萬仞公仲孫女歲貢生諱[illegible]公孫女壻[illegible]生諱[illegible]公女庠膳生諱璐璵公胞姪女壻庠生諱鎣公庠生諱鑒公胞姊雍正甲辰科舉人諱鑾公歲貢生廣平府威縣訓導諱鑒公嫡堂姊貤贈孺人

樹木郡庠生　檜木

再從堂叔祖孟書儒士　思書　顏書　虞書　憑書

曾書　中書　庭書　振書　春書　鑑書

從堂叔祖衔書儒士　程書　麟書邑庠生　饋書儒士　善書

銓書邑庠生　雲書邑庠生　冠書恩賜九品頂戴　禾書恩賜粟帛

永書恩賜九品頂戴　璽書　統書　徵書

胞伯祖照書字青藜乾隆癸卯科舉人揀選知縣例封文林郎著有睡吟草待梓

族伯叔處士賡琪　賡瑜　賡珽　賡承　賡歌　賡新

賡恩

再從堂伯叔賡亮　賡烋　賡調　賡炳　賡三附學生

曾祖大本字幹亭廩膳生例贈

文林郎

曾祖妣氏毛歲貢生諱起鳳公孫女康

熙丁丑科拔貢壬午科

舉人諱起鴻公胞姪孫

女邑庠生諱元公女

恩貢生諱勳公邑庠生

諱廉公胞姪女處士諱

時若公胞姊雍正壬子

科舉人前任奉天義州

學正諱時敏公恩貢

生諱時和公嫡堂妹邑

庠生諱昌公胞姊母增

廣生諱興公廩膳生諱

端公嫡堂姑母太學生

諱賡颺公胞祖姑母邑

庠生諱賡蕢公邑庠生

賡致 賡璋業儒 賡迎 賡踐 賡觀 賡勤 實

賓增廣生

嫡堂伯叔 賡燔邑庠生 賡榱邑庠生 賡靖邑庠生 賡昌邑庠生 賡

父附學生 賡剛郡庠生 賡懸業儒 賡端

胞叔賡劭字樹星邑庠生

胞姑二一適太學生高諱振臚公長子恩貢生候選直隸州州判名會沚公一適候選千總高

諱肇均公次子諱銓基公

族兄弟 映杞 映椐 映樟 映鵬 映榜 映檉

映檀 映杕 映荊 映梅 映檖 映槐

堂兄弟 映棠邑庠生 映桐業儒 映杉 映棫河南候補布政司經歷 映

二

宬尼

諱樹德公祁庠生諱鋒
利公堂祖姑母附學生
名儁附學生名健堂曾
祖姑母　例贈孺人

氏候選州同諱
漢公孫女康
熙乙卯科舉人諱湦公
歲貢生諱𣻌公康熙乙
卯科舉人諱茂源公歲
貢生諱巨源公堂姪孫
女拔貢生前任福建汀
州府武平縣知縣諱玉
衡公女歲貢生鄞縣知
縣諱文成公廩貢生前
任貴州甘肅巡撫諱展
成公從堂姪女太學生
諱克經公胞姊雍正已
酉科舉人諱克濬公雍
正已酉科舉人前任保
定府淸苑縣教諭諱克

隸業儒映楓　映橋　慶孫附生蔭孫業儒泉孫　詒孫

嫡堂弟映酉

胞姊適甯河縣廩貢生候選訓導邵諱大復公
孫太學生諱順翰公長子附學生名宗山

胞妹二　一適乾隆已亥科舉人前任香河縣訓導牛
諱會承公孫優庠生諱廣筠公季子名積厚
一適嘉慶辛酉科拔貢候選直隸州州判朱諱善
寶公孫附學生候補　奎文閣典籍廳名元桂公
長子廩貢生道光丙午科謄錄　實
錄館議敘候選復設訓導名衣點

娶馬氏歲貢生前任文安縣訓導諱國援公孫女邑
庠生諱毓清公女名樹棻太學生名樹楨胞
姊郡附學生名樹楨附
學生名樹模嫡堂妹

子廷驥業儒　廷棨幼讀　廷馨幼

女二

寬公乾隆戊午科舉人
工部員外郎諱克莊公
乾隆辛酉科舉人前任
江蘇松江府知府福建
延建邵道諱克中公再
從堂妹 例贈孺人
祖鶴書字邑川增廣生
隋川貤贈文林
郎
祖妣氏曹武清縣雍正甲
辰科舉人諱康
銓公孫女庠生諱塤公
女庠生諱璧公胞姪女
乾隆丁酉科武舉人前
任浙江台州衛漕運千
總長淮都運府 誥授
明威將軍諱先甲公胞
妹 貤
贈孺人

族姪光允 光斗 光輝 光榮 光基 光爟
光綱 光讓
從堂姪光耀 光釗 光麗 光裔 光紱 光髮
光前
堂姪光浩
再從堂姪孫元芳 春芳

寬表 三

父廣濤字粒松邑庠生例贈文林
郎
母氏杜廩膳生諱正焯公
孫女乾隆癸卯科
經魁嘉慶丙辰科進士
前任奉天錦州府教授
諱剛公次女大學生諱
駿公胞妹太學生諱馴
公胞姊廩膳生道光壬
辰[illegible]謄錄丁酉科拔貢
國史館議敘現任趙
州隰城縣教諭名麟孫
名隆孫胞姑母道光己
酉科舉人名崧年胞祖
姑母例
封孺人

慈侍下

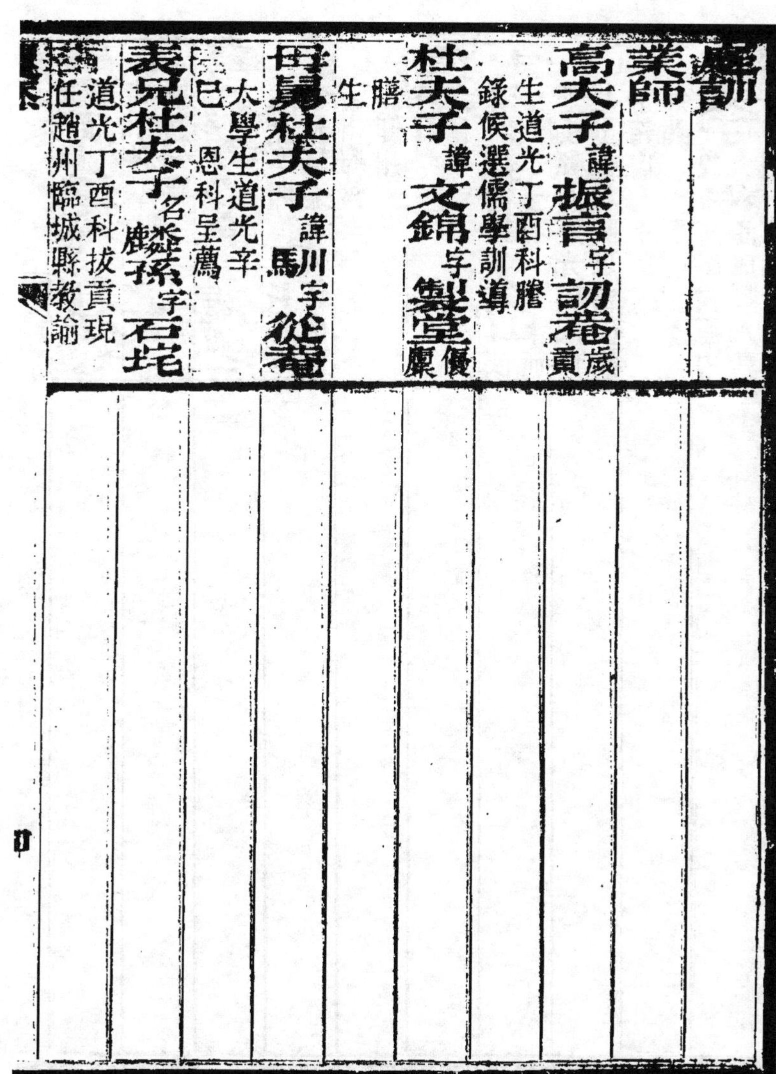

受業師

高夫子諱振言字訒菴歲貢生道光丁酉科謄錄候選儒學訓導

杜夫子諱文錦字製堂優廩膳生

母舅杜夫子諱馴字從菴太學生道光辛巳恩科呈薦

表兄杜夫子名麟孫字石垞道光丁酉科拔貢現任趙州臨城縣教諭

薛夫子諱鍾瑩字秀峯道光戊子科舉人揀選知縣

表兄殷夫子名嘉樹字譽之道光辛卯恩科舉人甲辰科進士現任山東沂州府莒州知州

受知師

史夫子諱寶徵字璞山陝西華陰縣人道光丙戌科進士翰林院庶吉士前靜海縣知縣

陳夫子諱彬河南歸德府商邱縣人嘉

慶辛未科進士前任天津府知府

潘夫子名錫恩字芸閣安徽人嘉慶辛未科進士前任兵部侍郎順天學政

雷夫子名維翰字西垣江西鉛山縣人道光庚子科進士前任吏科給事中甲辰恩科順天鄉試同考官

蔣夫子名達字立夫廣西省人道光辛丑恩科進士翰林院編修京畿御史道光辛亥恩科順天鄉試同考官本科順天鄉試同考官現任順天府府丞

鄉試中式第二百十七名
覆試第　等第　名
會試中式第　名
覆試第　等第　名
殿試第　甲第　名
朝考第　等第　名
欽點

族繁不悉備載
世居

張仲儒

始祖元倫字元勳國初由滄州同居鎮移居靜海中旺鎮

二世祖懷孔

三世祖璋庠生

高高祖時辛

高祖宗閔

高祖妣氏王

曾祖世泰字由安

曾祖妣氏鄭滄州諱曠公女諱宗湯公胞姊太學生諱選公胞姑國學生候選州同名

字子銘一名慶雲字雲舫行一道光二十五年二月初五日吉時生係直隸天津府靜海縣廩膳生民籍

三世伯叔祖璟 代 珖

高高伯叔祖時宏太學生 時勤 時覓 吉士太學生

高叔祖宗雍

堂高叔祖宗會太學生 宗孟太學生

從堂高伯叔祖宗顏太學生 宗思 大熊道光壬午科武舉人衛所千總

曾伯叔祖開泰 永泰

堂曾伯叔祖際泰庠生 豐泰恩賜登仕郎

從堂曾伯叔祖光泰太學生 恒泰

再從堂曾伯叔祖成泰從九品 興泰

堂伯叔祖調梅 調飪 調琴

履歷

雲書附貢生名雲圖公祖姑附貢生候選訓導名兆蘭附生名家蘭國學生名湘蘭曾祖姑例

祖調鼎字牧金庠生贈文林郎

祖妣氏王同邑諱成緒公女諱德宣名德安公胞姊例贈孺人

父蔚桐字鳳樓附貢生例贈文林郎

母氏劉滄州諱樹芳公女國學生名滋蘭名滋芸公胞姊例封孺人

本生父蔚椿字壽卿庠生例贈文林郎

本生母氏劉滄州武生名以貴公女璽膳生名增[illegible]公胞妹附生名增嶸武生名增崙公胞姊例贈孺人

從堂伯叔祖調印 調陽 調呂 調和 調御

再從堂伯叔祖調中 調霖 調燭 調雨從九品

三從堂伯叔祖調琯 調理 調韻 調元太學生 調巒太學生

胞叔蔚樟字鄉庭行五增廣生仲儒受業

從堂叔蔚林 蔚欖 蔚楨 蔚柏

再從堂叔蔚楓國學生 蔚棠 蔚松 蔚杞 蔚杜

蔚樾 蔚橋 蔚楙 蔚枝

三從堂叔蔚杉 蔚楠 蔚桊 蔚栗 蔚梓 蔚柳

蔚榛附生 蔚欖 蔚穠 蔚楚 蔚樓

族叔蔚[illegible]從九品 蔚桂 蔚榕 蔚榞 蔚哲

胞弟仲儀字鑾坡業儒

堂弟仲儔業儒 仲儼業儒

燕侍下

本生永感下

再從堂兄弟仲傑　仲任　仲仟　仲仕　仲僴

三從堂兄弟仲銓　仲修　仲僩　仲儁　仲伊　仲

庭訓

仲伸　仲份　仲俠　仲价　仲侃　仲倌

業師

娶張氏同邑武庠生諱鈞公曾孫女太學生諱永祥公孫女庠生諱湜亭公姪孫女武庠生諱廷棟公女武生名廷標武庠生

張充而夫子諱之𢷬庠生

紀式南夫子名燠邦附生

子蘭生幼讀桂生幼讀金山幼

諱廷杰武庠生諱廷椿公胞姪女

女三

受知師

賈幼亭夫子名學曾江蘇武進縣人前任南皮縣知縣天津府知府授清河道署按察使司按察使

[illegible]夫子諱元方道光癸巳科進士前任順天學政禮部左侍郎軍機大臣

龐寶生夫子名鍾璐道光丁未科探花前任順天學政現任禮部左侍郎

夏子松夫子名同善咸豐丙辰科進士前任順天學政現任兵部右侍郎

錢范泉夫子名寶廉道光庚戌科進士現任順天學政刑部右侍郎

陳六舟夫子名彝壬戌進士丁卯鄉試同考官現任雲南曲靖府知府

[illegible]辰

二

履歷

恩師

吳正齋夫子名繩曾同治甲子科舉人現任静海縣知縣　欽加同知銜

吳春帆夫子名贊誠安徽廬江人己酉拔貢現官順天府府尹

鄉試中式第四名

保和殿覆試第　等第　名

會試中式第　名

覆試第　等第　名

殿試第　甲第　名

朝考第　等第　名

欽點

族繁不及備載

世居城東南六十里中旺鎮

欽命四書詩題

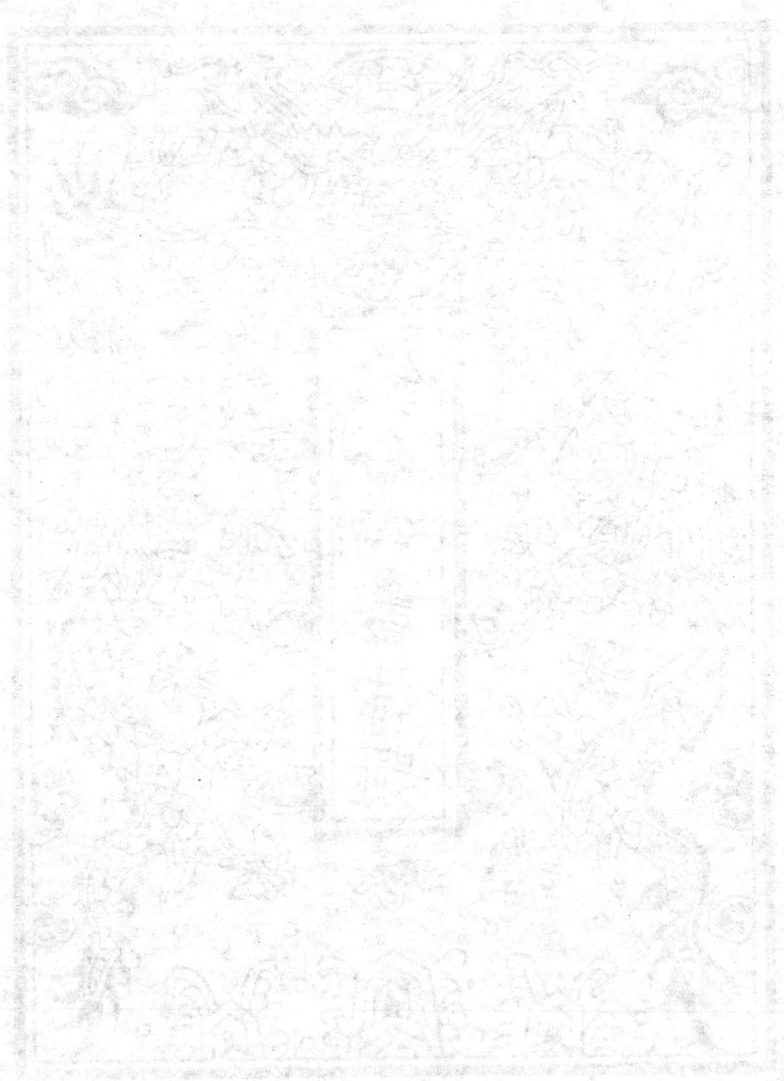

履歷

朱式泉
曾

一世祖岐山明季易姓夏由京遷居通州

妣氏張

二世祖克成誥贈武功將軍

妣氏姚誥贈夫人

字仲洪行二又行十同治丁卯年五月二十四日吉時生係直隸天津府靜海縣優增生民籍

字叔沂行三又行十三同治辛未年十一月初九日吉時生直隸天津府靜海縣副貢生民籍

胞高伯祖文煥國學生貤贈昭武都尉 文炳國學生 文燦國學生、誥贈昭武都尉晉贈武功將軍

胞曾伯祖善同乾隆壬子科副榜候選直隸州州判誥贈奉政大夫貤贈朝議大夫

嫡堂曾伯祖善繼國學生 杰歲貢生 景琮庠生 津增生

三世祖亮公字夏之貢生雍正元年由通州遷居靜海復姓朱誥贈武功將軍

妣氏康同邑諱士英公女誥贈夫人

高祖文煇字延章國學生誥贈通奉大夫

妣氏劉同邑諱漢嗣公女誥贈夫人

曾祖善寶字子荊嘉慶辛酉科拔貢會典館謄錄候選直隸州州判誥贈朝議大夫晉贈通奉大夫

善世乾隆辛卯科武舉人壬辰科進士二等侍衛江西南康營都司福建汀州鎮左營遊擊漳州鎮中營遊擊琳八品銜善治乾隆己酉科武舉人候選衛千總誥贈奉政大夫暄國學生

胞叔祖連桂貢生出嗣胞曾伯祖誥贈奉直大夫貤贈朝議大夫

堂伯叔祖慶泰庠生恆豐國學生恆泰九品銜恆豫八品銜履豐九品銜、恆謙國學生慶安國學生誥封奉政大夫恆充庠生誥贈中憲大夫慶瀾廩生貤封奉政大夫恆鼎國學生

胞伯叔燿奎字烈先廩貢生道光丙午科謄錄兵部職方司主事補授湖南慈利縣知縣歷署善化衡陽益陽興甯衡山攸縣等縣知縣候補直隸州知州軍功隨帶加四級知

妣氏李同邑國學生諱善德公女庠生諱允通公乾隆甲寅恩科舉人諱允适公胞妹嘉慶丙子科舉人諱兆熊公胞姑 誥贈恭人 晉贈夫人

祖元桂字秉陽庠生 誥封朝議大夫 晉贈通奉大夫

妣氏王文安諱原公十一世孫女嘉慶戊子科舉人諱苞林公女庠生諱倌公胞姊庠生諱運昌公胞姑 誥封恭人 晉贈夫人

府衔 賞戴花翎

衣藻字漣溪附貢生候選州同同知衔 賞戴花翎 貤封三品封典

衣德字佩言廪貢生中書科中書東河候補同知 特用道河南候補知府三品衔 賞戴花翎

燿榮字益之湖北候補府經歷五品衔 賞戴藍翎

嫡堂伯衣錦藍翎同知衔候選州同 誥封朝議大夫

堂伯叔彬候選從九

榀八品衔 貤贈朝議大夫

衍緒敕封文林郎

光鈞增生候選訓導 貤封朝議大夫

光錦貤封武咯騎尉

福順廪生道光己酉科拔貢候選直隸州知州

福景武庠生

鴻緒庠生

光遠國學生候選典史

光煒廪生 誥贈中憲大夫

光裕候選都司游擊衔 賞戴花翎

福蔭貢生

福多道光己亥科武舉人

光德大城縣守備都司衔 賞戴花

父衣繡字紱堂廪貢生咸豐乙卯科謄錄議敘鹽大使分發山東保陞知縣歷署邱縣文登城武等縣知縣代理章邱縣知縣補授卽墨縣知縣同知銜在任候補直隸州知州隨帶加二級

母氏蕭同邑增生諱育新公孫女道光乙酉科拔貢八旗官學教習分發四川知縣歷署南川羅江梓潼等縣知縣陞用同知直隸州知州諱鹿苹公女庠生諱升愷公同知銜四川候補

翎

福申庠生 光煜八品銜 光恩國學生 光藻貢生誥封中憲大夫 光鑑郡庠生 福臻附貢生 光照

族叔材濟光緒己卯科舉人前甘肅合水縣知縣道員用吉林候補同知 棨濟光緒丙子科舉人四品銜兵部職方司主事總理各國事務衙門章京海軍衙門章京

胞兄式煌早逝貤贈奉直大夫

嫡堂兄弟爾麟增貢生鹽提舉銜湖南候補通判 爾鵬庠生 爾梅庠生

爾駿 爾昌東河候補主簿署理山東甯陽縣主簿 爾森

爾濂 爾英

堂兄爾驥廪貢生光祿寺署正

知縣歷署綿州直隸州
州判龍安府經歷鹽源
縣縣丞代理榮昌縣
知縣諱升梧公胞妹

具慶下

庭訓

受業知師　謹依先後爲序

陳朵三夫子　印雲㶊　丙子舉人
李雨臣夫子　印沛霖　廩生
高屏山夫子　印邦鎮　廩生
曾外舅王少蓮夫子　印煜

從堂兄弟　大鏞　河南試用縣丞歷署保孝驛硤石驛驛丞候補知縣　大純　庠生
大瀛　大用　大受　大士　錫蕃　湖南候補典史
大信　汝梅　恩培　八品銜　汝昌　恩綸
大誥　同治癸酉科舉人光緒庚寅恩科進士吏部主事文選司驗封司行走
國璋　庠生　大典　大恕　大興　延壽　逢年
熙壽　庠生　大經　大彰　芳年　華年　庠生
大全　大謨　大倫　大任
族兄弟　開第　廩生鴻臚寺序班兼襲雲騎尉　耆第　國學生
嫡堂姪　鳳梧　鳳桐　鳳書　鳳紀　鳳集

三

履歷

姜鄭亭夫子 印 忠樾 己丑舉人

劉星五夫子 印 春奎 己卯舉人 直隸大挑知縣

劉謙甫夫子 印 允恭 己丑進士 江蘇即用知縣

譜兄王芍園夫子 印 爲楫 己丑進士刑部主事

王敬齋夫子 印 其慎 己未進士 山東即補道

鳳桂 鳳墀 鳳韶

堂姪鳳翔 鳳翱 鳳岡

從堂姪鳳喈 增生癸巳科謄錄式餘受業 鳳舉 鳳楨

鳳林 鳳翰 鳳逵 鳳池 鳳沼 鳳儀

鳳翥 鳳翕 蒿齡

從堂姪孫念祖 述祖 繩祖 蔚祖

胞姑母 適天津蕭歲貢生候選訓導桐蔭公長子咸豐戊午科舉人陝西雒南縣寶雞縣知縣同知銜候補直隸州知州 印 聚星公

胞姊一 未字逝

華祝萱夫子 印 金壽 甲戌傳臚
詹事府中允 山東學政
王晉賢夫子 印 恩淮 丁丑進士
翰林院 檢討
裔椿谿夫子 諱 有年 己未進士
前山東章邱縣知縣
李秋圃夫子 印 葆實 癸未進士
翰林院 編修
秦雨亭夫子 諱 澍春 甲戌進士

泉娶郝氏三河藍翎五品銜山東臨清州吏目
印贊清公女庠生乙酉科謄錄崇峻
胞妹連
中胞姑
子金榜
女一
會娶王氏天津同治壬戌科舉人直隸懷來縣
教諭五品銜候選知縣 印 煜公女
繼娶陳氏江蘇道光壬午科傳臚歷任山西按
察使江西布政使 諱 嘉樹公曾孫女
同治壬戌科傳臚歷任甘肅按察使湖南布
政使安徽巡撫浙江學政頭品頂戴順天府
府尹 印 彝公孫女光緒乙亥科舉人花翎二
品頂戴山東儘先補用道 印 重慶公女附生
延會胞妹
延韡胞姊

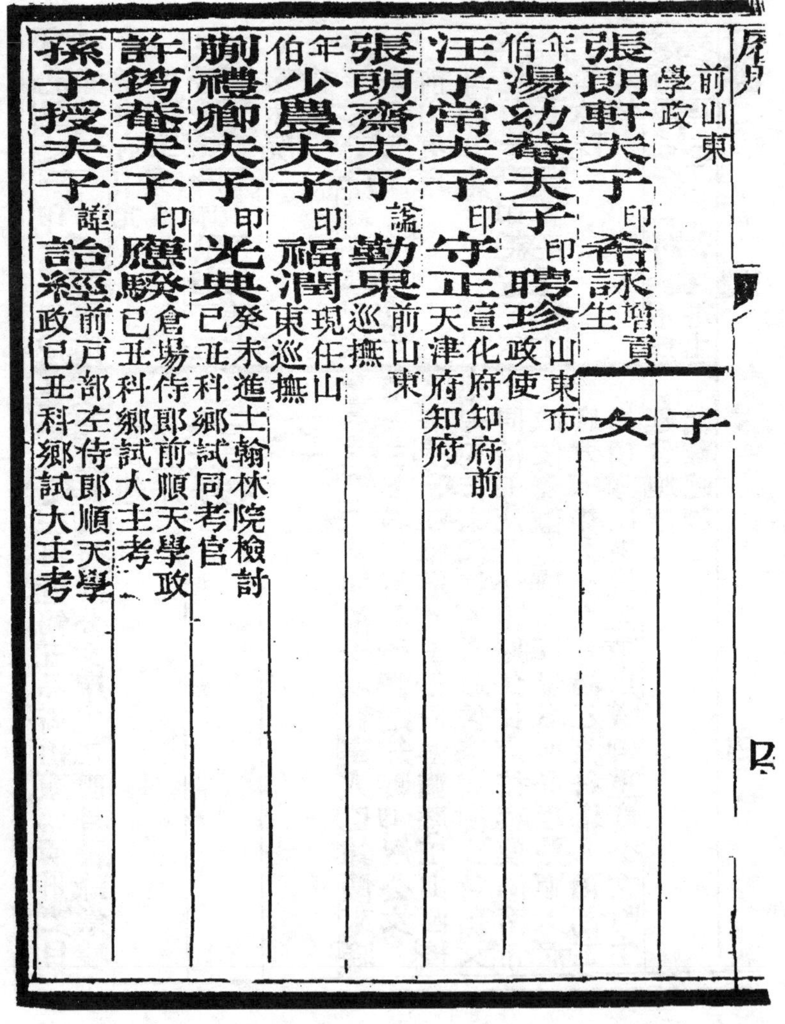
前山東學政
張朗軒夫子 印希詠 增貢生
年伯湯幼菴夫子 印聘珍 山東布政使
汪子常夫子 印守正 宣化府知府前天津府知府
張朗齋夫子 諱勤果 前山東巡撫
年伯少農夫子 印福潤 現任山東巡撫
蒯禮卿夫子 印光典 癸未進士翰林院檢討己丑科鄉試同考官
許鈞菴夫子 印應騤 倉場侍郎前順天學政己丑科鄉試大主考
孫子授夫子 諱詒經 前戸部左侍郎順天學政己丑科鄉試大主考

積山夫子謚文恪前刑部尚書己丑科鄉試大主考

徐蔭軒夫子印桐吏部尚書協辦大學士己丑科鄉試大主考

吳子修夫子印慶坻癸未進士翰林院編修

紹先夫子諱霍穆歡前內閣學士兼禮部侍郎銜辛卯科鄉試大主考

徐壽衡夫子印樹銘兵部侍郎辛卯科鄉試大主考

會 舅岳 廖仲山夫子印壽恆吏部右侍郎辛卯科鄉試大主考

許星叔夫子謚恭慎前兵部尚書辛卯科鄉試大主考

劉葆良夫子印樹屏庚寅進士翰林院檢討癸巳科鄉試同考官

壽田夫子印裕德都察院左都御史癸巳科鄉試大主考

陳桂生夫子 印 學棻 戶部右侍郎癸巳科鄉試大主考

孫燮山夫子 印 毓汶 刑部尚書癸巳科鄉試大主考

翁叔平夫子 印 同龢 戶部尚書癸巳科鄉試大主考

張子青夫子 印 之萬 東閣大學士軍機大臣癸巳科覆試閱卷大臣

箴亭夫子 印 福錕 體仁閣大學士癸巳科覆試閱卷大臣

筱峰夫子 印 崑岡 禮部尚書癸巳科覆試閱卷大臣

李蘭蓀夫子 印 鴻藻 禮部尚書癸巳科覆試閱卷大臣

徐東甫夫子 印 會灃 工部右侍郎癸巳科覆試閱卷大臣

宗室允庭夫子 印 阿克丹 刑部右侍郎癸巳科覆試閱卷大臣

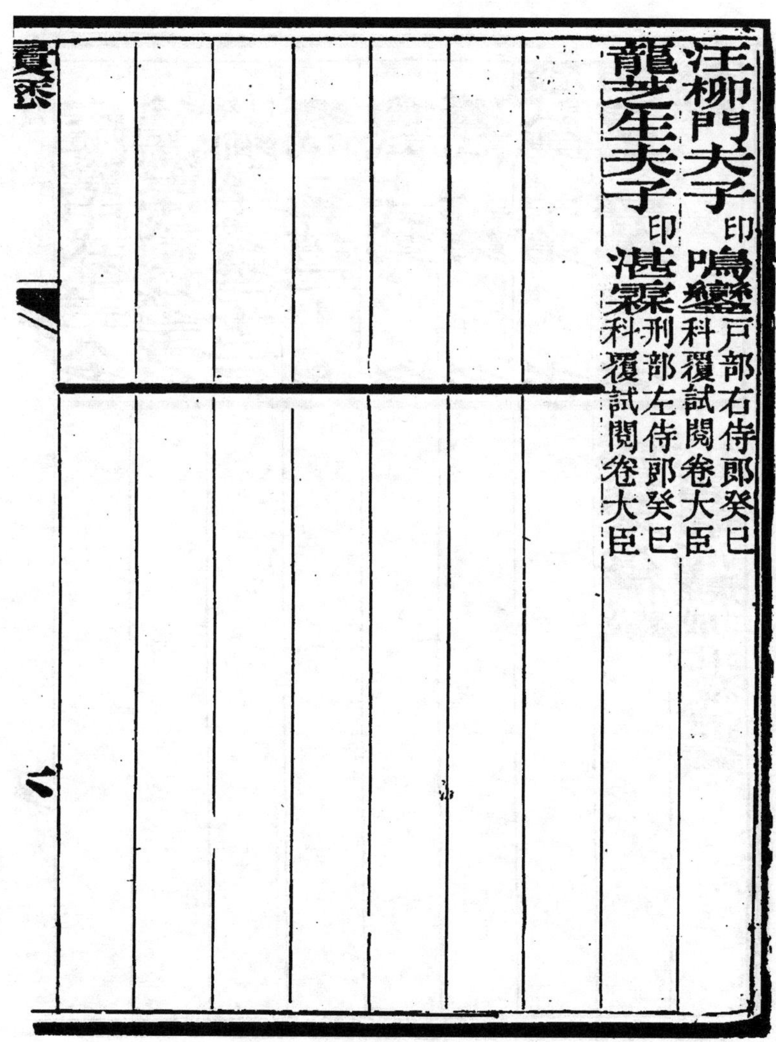
汪柳門夫子印鳴鑾戶部右侍郎癸巳科覆試閱卷大臣
龍芝生夫子印湛霖刑部左侍郎癸巳科覆試閱卷大臣

履歷

泉辛卯鄉試中式第三十八名

會己丑鄉試中式副榜第三十五名

癸巳鄉試中式第三十二名

覆試一等第二十名

會試中式第　名

覆試　等第　名

殿試第　甲第　名

朝考第　等第　名

欽點

族繁不及備載

世居靜海縣城北獨流鎮

順天鄉試硃卷光緒辛卯科

中式第三十八名舉人朱式泉直隸天津府靜海縣優增生民籍

同考試官翰林院編修國史館協修加三級吳閱

薦批　根柢盤深經策茂美

大主考內閣學士兼禮部侍郎銜加三級宗室霍取

又批　符采雕蔚經策綜覈

大主考工部右侍郎兼署戶部右侍郎加三級徐取

又批　古誼紛綸經策條貫

大主考戶部左侍郎兼管三庫事務兼署兵部左侍郎總理各國事務大臣加三級廖取

又批　風裁峻整經策宏偉

大主考太子少保頭品頂戴兵部尚書軍機大臣總理各國事務大臣國史館副總裁方略館總裁會典館副總裁加三級許中

又批　雅義章明經策麗則

本房原薦批

劉舍人云文能宗經體有六義勵德樹聲莫不師聖此作於同中求異亦文中之善於通變者次有精到語三前路展局得文家操縱法後二兢引詩作指點神理不呆詮題面結處方出全題極合作法謀篇之善無逾此者詩篇體穩成

二場　易主中四爻立說鉤深洞賾訓詞深厚書詩二藝熟精蕭選藻豔葩流春秋立論警闢使筆雋峭禮芬芳悱惻文有賦心

三場　繁引曲證筆能達其所見

聚奎堂原批

湛浸經術選言有則結響亦和次切實發揮獨標新穎孟藝空中著筆虛際傳神先正風流于今不墜詩雅切深穩

邃於虞氏之學文筆亦古質淵懿四老横五有秀韻

疏證明通

言忠信行篤敬　　朱式泉

卽言行以課心重經學也夫道言行者莫詳於經既忠且信既篤
且敬心學在是經學不亦在是乎且古昔先王其光昭四海者法
言與法行耳然著之一時爲法傳之千古爲經吾儒居今稽古言
古人之言學不敢薄行古人之行學不敢疏研經以味學味學以
課心經學粹斯心學純焉何則古人不朽者三德言並重吾黨立
教以四文行兼傳試觀大易所載言出乎身行發乎邇昭戒者樞
機言則有物行則有恆交修者動靜且也山雷啟象愼言者拂諸
頤天澤攸分獨行者素乎履占无妄之吉義通乎忠利中孚之貞

義主乎信德合無疆坤之厚近乎篤自强不息乾之惕取乎敬修辭所以修業有序又必有嘉合卦爻彖象以參稽何莫非言行之圭臬哉雖然述往事知來者莫大乎書典謨之稽古也言底可績惟一惟精行之維艱其難其慎而且讀盤庚知勸諭必忠讀湯誥知誓命必信讀皋陶益稷知愼修思永篤敬不忘聖謨洋洋王道湯蕩古帝王聲教之本且在是矣而矧即此一言一行無非吾儒性分事也道性情長風諭莫善乎詩雅頌之敷陳也美直士之言有倫有脊贊大君之行如璧如圭而且讀天保知忠愛之忱讀采蘋知明信之義讀思齊帝謂知肅雝臨保篤敬常存秩秩者音顯

顯者德古聖賢定命之源其在是乎而安得謂庸言庸行無關學者修省事也且也二百餘年之史册所載嘉言懿行更僕難終圖霸者晉文伐原示衆善交者平仲舉國知名吾儒志在四方非必役情高遠惟肫然之念慮密課諸當躬忠信以爲宅篤敬以爲基口勿囂而趾勿高卽此取春秋之義四十九篇之經曲所記行修言道其目綦詳坊表二記皆克己之功少儀一編亦謹身之事儒者曠觀斯世豈欲終老遽廬然戒懼之衷懷難寛於寤寐忠信以爲寶篤敬以爲幹慮所終亦稽所敝豈第博習禮之名要之寡悔寡尤果嚴宥密可明可遠自達邦家蓋治經卽以治心經術粹斯

心術純有忠信篤敬心安往不可行哉

本房加批

稟經製式力掃陳言妙能鎔裁故不以喧賓敓主爲病

君子之道淡而不厭簡而文溫而理　朱式泉

詳闇與章之實皆爲已之心也夫淡簡溫闇也即絅之襲也不厭而文且理章也即錦之衣也君子爲已之心如此且天下事有一美即有一弊而獨闇然日章之道不然闇者不取悅於人而自有悠然之致闇者不致飾於外而自有燦然之光闇者不自峻其威而自有秩然之序無識者乃於紛華中求之繁縟中求之嚴刻中求之不足與論君子矣更何以論道君子之道至中望而企之者各竭其精神而不知迴出擬議言思之外君子之道至庸仰而鑽之者概求諸迹象而不知更有周流變動之神夫人之所以好道

者爲其可欽可慕而不可厭也然第曰不厭則說尙新奇視詩書爲卑論行踵隱怪鄙倫紀爲浮名隱以徇一已之私即顯以畔千秋之法君子之不厭乃自淡中得也素位而行殊少異人之事安居而樂自修庸德之常然而草木蟲魚靜觀焉見行生之妙衣服飲食敬思焉通禮樂之精而歷代之典謨五常之忠孝更可味矣淡本闇也不厭則章甚焉人之所以求道者爲其有實有華而文著也然第曰有文則宏中肆外正多博洽之儒茹古含今不乏明通之士逞雄辨高談之勝未必有抉經執聖之能君子之文乃自簡中得也不好博以務神似安弇陋不誇多以惑世各有防閑然

而寸心與日月爭光著爲歌詩星雲共爛片語與山河並壽銘諸金石歲月難磨而議禮無費詞作樂無凡響更無論矣簡本闇也有文則章甚焉人之所以重道者爲其能明能達而有理也然第曰有理則察察爲工逆億之私日熾斤斤自得躁厲之氣日多彼雖自恃爲聰明而受者咸訾爲苛刻君子之理乃由温而得也學問厚而血氣平圭棱不外見性情和而廉隅化渾樸無異能然而神愈斂者識愈精曲直是非判如涇渭心愈清者識愈定本末源委燭若蓍龜而臨事斷可否遇人辨賢奸更可想矣温本闇也有理則章甚焉宗廟百官孰窺美富觀君子者縱形容盡致終難逼

肖其眞金聲玉振自有始終爲君子者方左右逢源亦若莫解其故此爲巳之功也闇與章之實不從可知乎

本房加批

應有盡有蕪詞畢芟

詩曰天生烝民有物有則民之秉夷好是懿德

朱式帛

德原於天引詩以證性也蓋物各有則卽民各有夷德無不懿卽性無不善孟子引詩之意如此且天命謂性所以開立教之源在明明德所以植入學之本吾今者由性以達情更由情而通德援經爲據折衆說之紛紜與古爲稽見本源之可溯揚扢大雅而意眞詞切悠然先得我心矣子問性善吾驗之於情又辨之於才才者天所生烝民所固有也而仁義禮智之心卽仁義禮智之才卽仁義禮智之德何其懿歟然是說也可與古人證難爲今人言耳

子今者憒於理惑於俗不能學於古訓力持其是非乃復誦告子之言簧鼓其說逃或人之語矛盾其詞發於言害於事發於事害於心非荒經蔑古之漸乎若此者不足與言天不足與言德不足與言詩夫詩也者本乎性發乎情而動於天籟者也誦詩人之詞可逆詩人之心得詩人之心可識詩人之好與詩人之德而且讀齎咨太息之詩動吾惻隱之心讀浮靡輕薄之詩動吾羞惡之心讀淸廟明堂諸什則恭敬之心生讀變風變雅諸篇則是非之心著夫豈聲音之道易於感人抑豈作詩者之才獨爲天授歟詩所詠者物物各有則物與物實同此則也詩所紀者民民各有德民

與民實同此德也此性所以皆善也惜乎今之言性者未嘗紬繹乎詩人之言也湯誥言性擬曰有恆虞書言心慎以允執想三墳五典必更有精奥之文然索諸古籍深晦難明證之今詩乃明通易曉也就衆著之理力爲推詳使人於低吟微諷之餘瞿然念受質賦形之始而片章可斷更無事危微精一別求晚出之古文著心經者古無此士談性理者前無成書彼諸子百家徒聚紛爭之訟故泛覽卮詞游移無據詠歌篇什乃感發有真也舉宇內之人同深詔告使我於苦口煩言之際渙然有旁通曲證之機而先民有言猶想見溫厚和平無愧中興之雅奏子不知性之善乎吾且

爲子誦詩詩曰天生蒸民有物有則民之秉夷好是懿德

本房加批

筆情恣肆於題分仍一絲不溢

賦得遠樹望多圓 得淮字五言八韻　朱式泉

眼界從今拓詩成寫壯懷日高圓古渡樹遠壓清淮縹緲連天際微茫隔水涯林殊霜後缺春憶雨中佳岸列青成朵煙低綠似揩幾團兼霧鎖兩角讓山排紅葉園前寺蒼松補斷厓移根蓬島近珥筆侍堯階

本房加批

信手拈來自饒雅韻

順天鄉試硃卷 光緒癸巳 恩科

中式第三十三名舉人朱式會直隸天津府靜海縣副貢生民籍

同考試官翰林院檢討加三級劉 閱

薦批 氣蒼格老經策淵深

大主考刑部右侍郎鑲黃旗滿洲副都統管理戶部三庫事務會典館副總裁加三級裕 批 取

又 批 骨重神寒經策淹博

大主考戶部右侍郎兼管錢法堂事務加三級陳 批 取

又 批 義堅詞卓經策明通

大主考經筵講官太子少保軍機大臣會典館副總裁刑部尚書管理八旗官學大臣總理各國事務大臣加三級孫 批 取

又 批 筆健思精經策典實

大主考經筵講官太子少保毓慶宮行走會典館正總裁戶部尚書管理國子監事務稽察京通十七倉大臣加三級翁 批 中

又 批 言簡意賅經策閎贍

本房原薦批

第一場　著墨不多語語鎮得紙住首作運筆遒峭揮字堅深是學龔定盦一派次撫時感事語重心長三以訓詁體行之典册高文想見京都鉅製詩穩

第二場　易藝高瞻遠矚氣象萬千書奪胎楮先生龜筴傳中古色古香離離滿紙至其不泛塡訓詁亦不作流連風景之辭尤爲深識遠見詩通用駢語流韻醇古錘句堅凝直欲上武漢魏春秋議論平允識解宏通禮藝規仿檀弓亦歷落有逸致

第三場　排比鉤稽十得六七

聚奎堂原批

古峭不貌龔次三一律詩可

經茂策對

故君子必慎其獨也曾子曰十目所視十手所指其嚴乎

朱式曾

獨非獨君子懷其嚴也夫目視手指於獨中寓之曾子誠焉可勿慎諸門人蓋載簡至此喟然曰有是哉吾黨之作中庸也言君子入道功曰戒慎不覩恐懼不聞茲苟不揆曾子言以綴之恐後世罔罔者流且以爲眞無所覩無所聞也其害滋甚誠中形外文王官人篇遺訓也旨嚴哉古君子謹本詳始敬小慎微搖搖恐夕不至朝翼翼懼不敢息職是故興居業之密鋒氣不能乘也固而守之無異暴而揚之晏處常閒而持衷常迫召物之繁特棲不能遁

也室而濟之不啻進而諗之接迹甚闊而游思甚周曾子愼獨之君子也昔者有言不誠則不獨不獨則不形勿謂冥冥人鑒無象勿謂漠漠人聽無響十目視焉十手指焉吁其嚴孰甚末學競務浮飾遺眉睫而不知抵隙蹈瑕隱患所由釀也君子嚴以持微而後弭惡未然不至府衆怨而瞰高明之室異學深索虛無渺庭戶若無覩軼閑蕩檢罔念所由張也君子嚴以課實而後鏡觀者切不至空萬象而開清靜之門迄乎獨立不愧影獨寐不慚夢漸禮樂之腴潤蹈先王之規則意者優游爾休乎君子曰吾日愼吾一日

本房加批

前明方孟旋徐思曠說理以幽渺勝　國朝李安溪朱高安說理以淡永勝皆壘幾宗派也茲作忽變爲奇險奧衍之境而仍於題扃洞闢無碍惟讀周秦人書多故詞極密績而旨仍暢達也得非一勃窣理窟中手

子曰爲政以德譬如北辰居其所而眾星共之子曰詩三百一言以蔽之曰思無邪

朱式曾

論政與詩杜弊也夫政視厥爲詩辨厥思曰以德曰無邪而後世之弊以杜昔先王大中至正之道措諸一時爲治垂諸千古爲經自後世箋註家出於是有採異說以紊治者并有挾臆見以誣經者其關乎朝野上下非細係也當春秋時異端甫兆列國漸用其徒淸靜相高一變爲法術刑名之祖正學將微百家爭鼓其喙支離日甚乃釀成人心風俗之憂孔子危之矣遐想古哲王運皇極纘太微深居端拱恭默思道一時海外遐方星羅棊布冋面向內

承流恐後豈爲無爲事無事哉非甚盛德曷克致此夫聖王之世詩歌作爲蹈德詠仁著於後嗣至盛也迄今披三百篇雖正變殊風雅頌異什罔有漸於邪者子以一言蔽之殆善言思者歟虛無寂滅之談聖王弗尚而後儒多中其弊者源未正流必雜焉廟堂秉極握樞首在專心精一大道可行期月已效子所以希三代之英也敦厚溫柔之意野老能通而大賢或昧其旨者識一鑿解愈支焉學士祓文列義莫非孚悒心情正風不作末俗日澆子所以秉春秋之筆也

本房加批

隆萬已有意爲光燄之文若此只淡雲微月畧畧點綴而太清渾虛之象自覺籠罩萬有如張曉樓先生善學成宏間文也

伯一位子男同一位

朱式曾

伯子男有差王制也夫伯次公侯子男又次伯一位或同一位其制有如此者且天下苦封建久矣春秋以還秦鄭抗王者之師吳楚爭中原之長紛紛升降論世者遂歸咎封建之非吾嘗愚望先執偏掇列區述令典而翼度威循景命而懋名器懿鑠乎無小無大一德一心猶想見簡策宏規屏藩遠意也已昔我周之有天下也衆建親戚首以公侯垂統稱孤裂土兆域粲乎隱隱各得其所當夫繁纓下頒桓信既錫大宗伯乃執瑞而進曰赫赫天子恩不遺物光光公侯我榮我華剖符擔圭天爵是加然必兼親疏而兩

用參同異而並進使輕重足以相鎮遠邇足以相衛法乃大善請令伯執躬圭爲一位子執穀璧男執蒲璧爲一位以列公侯後制曰可天子於是坐明堂大元會披四海之圖籍羅萬國之貢珍藩后充庭列辟旁戾司儀辨等尊卑以班伯西階之西東面北上子門東北面東上男門西北面東上濟濟蹌蹌若雁行諸瑞載贄三帛是贄伯與侯鷩冕子男同毳冕賜樂皆以鼗將之且誓之曰使黃河如帶泰山如礪復爵度壤視此王制攷之伯百也有率衆興作之謨子字也男妥也有奉恩宣化任衆立功之寄先王兢兢於此甚盛意也宜乎當日者王會皇昌甸內而治貢職咸率土宇宏

啟繼上公而腰紱並通侯而鹵爵相與拜手稽首頌曰周天子之德侯其褘而

本房加批

明堂位王會解諸篇皆漢儒摹周人之文故渾黝而味不粹說者謂時爲之耳此作有意學東漢人文字遂爾入潘正叔之室洪鐘鞺鞺金精則鳴靈臺之聲豈讓嶔山之樂

賦得秋鷹整翮當雲霄 得才字五言八韻　朱式曾

久抱雲霄志蒼鷹擅逸才高秋新際會健翮快飛來天與扶搖路人誇搏擊材羽毛三載滿眼界一時開宇宙摩千仞風霜埽九垓置身淩華嶽俯首謝塵埃壯烈揚周旋先聲震漢臺長吟工部句幸荷

聖恩培

本房加批

有鮑明遠獨出無前氣象

馬文暄

字儀廷號炎炎行二同治壬申年七月二十五日吉時生直隸天津府靜海縣學廩膳生民籍

高高祖天如

高高祖妣氏靳

高祖麒麟

高祖妣氏陳

曾祖驥勝 字德軒 例贈文林郎

曾祖妣氏董 孺人 例貽

祖元慶 字餘亭太學生 例贈文林郎

祖妣氏朱 孺人 例贈

父福田 字耕三九品銜 貤封修職郎 例

覃恩

高叔祖瑞麟 祥麟

伯叔曾叔祖驥善 驥美 驥駿 驥良 驥端

胞叔祖雲吉 雲升 雲錦

伯叔堂叔祖元魁 元成 元春 雲章 雲貴

族叔祖起慶 九品銜 起中

胞叔福泉 字子清 貤封修職郎

嫡堂叔福林

伯叔堂叔福昌 福順 福源 維騏 維騋 維駱

維騂

一

封文林郎
母氏馮太學生諱崇德公孫女處士諱玉堂公長女諱濱名浩名江公胞姊 貤封孺人
例封孺人
具慶下
庭訓
課業師謹以先後爲序
表舅周聘之夫子 印儒林
處士
表兄張昂三夫子 印毓濱
附生
雲卿朱老夫子 印爾鵬 附生

族叔福泉 福有 福凝 福增 福來 福清
福綏 福茂
胞兄文煜 字子炎光緒壬午科舉人現任靈壽縣訓導 敕授修職郎文體受業
嫡堂弟文燿 文祥 文綺 業儒
堂兄弟文典 文範 文棟 文藻 文宗 文炳
文思 文鈞 文煥
族兄弟文翰 文繡 文祿 文漸 文第 文華
文治 文光
胞姪麗生 業儒
嫡堂姪金生 幼
娶馮氏 天津縣處士名潤公長女
子

胞兄子炎夫子 印 文煜 詳前

姻兄王宇青夫子 印 玉琳 本科拔貢生

文一

夢靈朱老夫子 印 震甲 光緒乙亥恩科舉人丙閣中書前主講瀛海書院

覲侯張老夫子 印 華燕 光緒甲午科舉人現主講瀛海書院

星府趙老夫子 諱 映辰 同治辛未科進士前任靜海縣知縣

子蒓張老夫子 印 上龢 前任靜海縣知縣

仲甫史老夫子 印 善貽 前任靜海縣知縣

潤山居老夫子 印 鍾秀 光緒己丑恩科舉人前主講嘉善文社

伯齋侯老夫子 印 維申 光緒己卯科舉人庚辰丙戌壬辰甲午科會試堂備已丑科挑取謄錄方略館議敘知縣前主講嘉善文社

子甄周老夫子 印 士選 光緒辛卯科舉人前主講嘉善文社

鶴峰呂老夫子 印 壽銘 光緒甲午科舉人前主講嘉善文社

房

瀲泉成老夫子 印 鑾慶 同治癸酉科舉人 前任靜海縣知縣

受知師

生霖周老夫子 諱 德潤 前任順天學政 科試蒙取入泮

哲農李老夫子 諱 文田 前任順天學政 科試蒙取一等

東甫徐老夫子 印 會灃 前任順天學政歲試蒙取一等補廩

鄉試中式第七十九名

覆試二等第五十五名

會試中式第　名

覆試　等第　名

殿試　甲第　名

朝考　等第　名

欽點

族繁不及備載

世居城西北獨流鎮

貢生

朱福順

曾祖文燦 貢生 誥封武翼都尉

曾祖母氏馮 誥封 劉 太淑人

祖善世 乾隆辛卯武舉人 壬辰科進士 前清門侍衛 歷任江西南康府都司 福建漳州府 汀州府遊擊 誥封武翼都尉

祖母氏張 誥封淑人 同邑處士諱進陞公女

本生祖善治 乾隆己酉科武舉人 例授武畧騎尉

字祐之 號篠磐 行一 嘉慶乙亥年十二月二十日午時生 天津府靜海縣優廩膳生 民籍 現充內庭謄錄

胞叔慶瀾 廩膳生

胞弟福景 武庠生 福多 己亥科武舉人

嫡堂弟福蔭 福申 邑庠生 福臻 業儒

胞姪鳳詔 鳳池 俱業儒 鳳苞 鳳銜 鳳岡 鳳圖 俱幼

嫡堂姪鳳章 鳳儀 鳳誥 業儒 鳳穡 鳳翔 鳳來 幼

妻井氏 文安縣庠生 敕贈修職郎諱照泰公孫女 嘉慶庚午科舉人 歷任衡水縣定興縣儒學訓導諱逵源公女 議叙從九品名綬鏞胞妹

本生祖母氏陳例贈安人同邑處士諱鴻才公文廩膳生諱維藩庠生諱維屏公胞妹太學生名維章公胞姊嘉慶庚申科舉人歷任蔚州海城縣儒學訓導諱靖廩膳生諱琯諱職武庠生諱璞諱佩公胞姑母增廣生名寶勤武庠生名寶麟副貢生候選直隸州州判名寶訥廩貢生即選儒學訓導名寶廉祖姑母

子鳳喈　鳳鳴

女一

父慶安太學生例授武畧騎尉

母氏言例贈太安人同邑優貢生候選儒學訓導諱維易公曾孫女庠生諱荀誠公孫女太學生誥授武德佐騎尉諱澤通公女乾隆

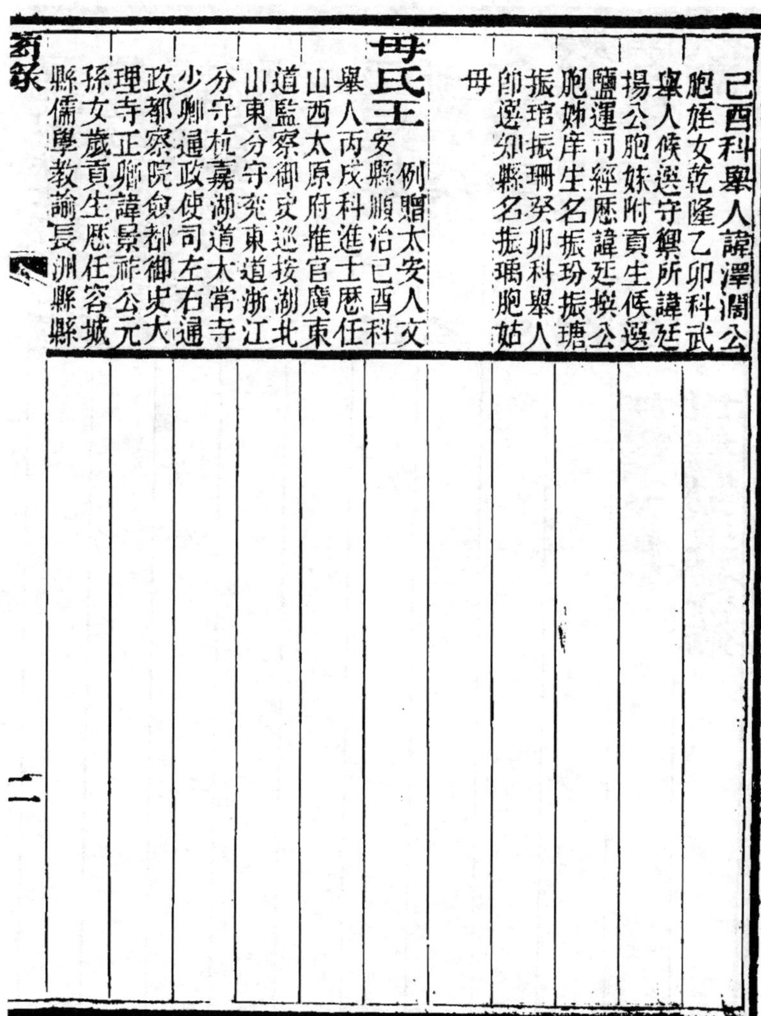

己酉科舉人諱澤潤公胞姪女乾隆乙卯科武舉人候選守禦所諱廷揚公胞妹附貢生候選鹽運司經歷諱廷撰公胞姊庠生名振玢振瑭振琯振珊癸卯科舉人即選知縣名振瑀胞姑

母

母氏王 例贈太安人文安縣順治己酉科舉人丙戌科進士歷任山西太原府推官廣東道監察御史巡按湖北山東分守兗東道浙江分守杭嘉湖道太常寺少卿通政使司左右通政都察院僉都御史大理寺正卿諱景祚公元孫女歲貢生歷任容城縣儒學教諭長洲縣縣

貢名
丞安徽休寧縣知縣諱
堪公曾孫女太學生諱
聲宜公孫女附貢生諱
承祖公女候選營千總
諱璦林歲貢生諱瑚林
太學生諱珠林公胞姊
貢生名侗名
佃胞姑母

嚴侍下
己酉選拔第一名
鄉試中式第　名
會試中式第　名
殿試第　甲第　名
朝考第　等第　名
欽點

族繁不及備載
世居縣城北獨流鎮

王蘭臺

字品香號瀛仙行一甲寅年六月二十六日吉時生係直隸天津府靜海縣廪膳生民籍

曾祖洽平太學生例贈文林郎

曾祖妣氏陳例贈孺人

祖福田太學生授奉政大夫例

祖妣氏劉例贈宜人

父寶璐以勞勣奬五品例贈文林郎

母氏楊例贈宜人例封孺人

重慶下

堂叔寶琦太學生

胞弟蘭漢業儒

胞姪鴻書幼

妻李氏

子鸞書 鳳書 麟書業儒

女二

光緒乙酉科選拔第一名
鄉試中式第　名
會試中式第　名
殿試第　甲第　名
朝考第　等第　名
欽點

族繁不及備載
世居城北獨流鎮

《天津朱卷集成》人物科份編年索引

一、會試

乾隆四年　己未科（一七三九）

張文運　天津府天津縣人　第三甲第一百一十五名　〇六二三

周人麒　天津府天津縣人　第三甲第二百二十七名　〇六一九

乾隆十七年　壬申恩科（一七五二）

于豹文　天津府天津縣人　第三甲第一百零九名　〇六一七

嘉慶七年　壬戌科（一八〇二）

葉際春　天津府天津縣人　第三甲第四十九名　〇〇〇五

陸　樟　天津府天津縣人　第三甲第七十六名　〇〇〇七

嘉慶十六年　辛未科（一八一一）

王履謙　天津府天津縣人　第三甲第八名　〇六八九

嘉慶二十四年　己卯恩科（一八一九）

王世紱　順天府武清縣人　第二甲第五十名　二〇一七

嘉慶二十五年　庚辰科（一八二〇）

劉恩慶　天津府天津縣人　第三甲第五十三名　〇〇〇九

道光二年　壬午恩科（一八二二）

張春臺　天津府天津縣人　第二甲第四十一名　〇六九三

王光宇　順天府武清縣人　第三甲第一百一十三名　一九一七

道光三年　癸未科（一八二三）

劉　錞　天津府天津縣人　第二甲第六十八名　〇〇一一

道光十三年　癸巳補行正科（一八三三）

姚承恩　天津府天津縣人　第二甲第八十名　〇〇一三

道光十五年　乙未科（一八三五）

費蔭樟　天津府天津縣人　第二甲第七十九名　〇〇一九

道光十六年　丙申恩科（一八三六）

李　藻　順天府寶坻縣人　第三甲第二十二名　二〇八七

道光二十四年　甲辰科（一八四四）

吴惠元　天津府天津縣人　第二甲第四十名　〇〇二七

郭師泰　天津府天津縣人　第三甲第二十八名　〇〇三三

殷嘉樹　天津府天津縣人　第三甲第九十五名　〇〇三七

咸豐二年　壬子恩科（一八五二）

陶云昇（陶執中）　天津府天津縣人　第三甲第十七名　〇九二三

張雲輝　天津府天津縣人　第三甲第七十五名　〇九一九

咸豐三年　癸丑科（一八五三）

王　浵　順天府寶坻縣人　第二甲第二十一名　二〇九一

咸豐六年　丙辰科（一八五六）

楊景孟　順天府寶坻縣人　第二甲第八十六名　二一二三

咸豐十年　庚申恩科（一八六〇）

王慶祺　順天府寶坻縣人　第三甲第六十六名　二三三九

王維珍　天津府天津縣人　第二甲第二十三名　〇九三三

同治元年　壬戌科（一八六二）

王　昕　順天府薊州人　第二甲第三十三名　二六〇一

同治四年　乙丑科（一八六五）

焦駿楓　天津府天津縣人　第二甲第四十四名　〇〇六九

李　溱　順天府寶坻縣人　第三甲第二十五名　二一四五

李世珍　天津府天津縣人　第三甲第七十九名　〇〇七七

方學伊　順天府寶坻縣人　第三甲第九十九名　二一五五

李桂聯　順天府寶坻縣人　第三甲第一百二十八名　二三八一

同治七年　戊辰科（一八六八）

張丕績　順天府寶坻縣人　第二甲第一百零八名　二一七九

同治十年　辛未科（一八七一）

徐　浩　順天府寶坻縣人　第二甲第五十八名　二四一七

李錫朋　天津府天津縣人　第三甲第二十三名　〇〇八三

趙輝棣　順天府寧河縣人　第三甲第一百四十二名　二六〇九

同治十三年　甲戌科（一八七四）

華　鑄　天津府天津縣人　第二甲第一名　一〇七九

辛家彦　天津府天津縣人　第二甲第一百一十名　〇〇八九

談松林　順天府寧河縣人　第三甲第九十一名　二八〇七

光緒二年　丙子恩科（一八七六）

王用欽　天津府天津縣人　第二甲第六十名　〇一〇五

高賡恩　順天府寧河縣人　第二甲第一百名　二六一五

光緒三年　丁丑科（一八七七）

孔傳勳　天津府天津縣人　第二甲第一百二十九名　一一五七

卞翊清　天津府天津縣人　第三甲第三十二名　一〇五一

光緒六年　庚辰科（一八八〇）

戴彬元　順天府寧河縣人　第二甲第一名　二六二五

沈士鑅　天津府天津縣人　第二甲第三十八名　〇一三三

梁錦奎　濟南府曆城縣人　第二甲第六十三名　一〇二七

馬存樸　順天府寶坻縣人　第三甲第十一名　二一九七

光緒九年　癸未科（一八八三）

嚴　修　天津府天津縣人　第二甲第十一名　○一四三

曹鴻瀛　天津府天津縣人　第二甲第十三名　○一六七

徐　謙　天津府天津縣人　第二甲第九十一名　○一九七

齊學瀛　天津府天津縣人　第三甲第二名　○一九九

陳源潾　順天府寶坻縣人　第三甲第二十七名　二三一三

李　浚　順天府寶坻縣人　第三甲第三十三名　二三三七

李　銓　天津府天津縣人　第三甲第四十五名　一一六三

徐紹康　順天府武清縣人　第三甲第一百二十八名　一九一九

光緒十二年　丙戌科（一八八六）

徐世昌　天津府天津縣人　第二甲第五十五名　○二○五

劉學謙　天津府天津縣人　第二甲第六十名　○二四三

光緒十五年　己丑科（一八八九）

劉彭年　天津府天津縣人　第二甲第四名　○二九一

陳澤霖　天津府天津縣人　第二甲第四十二名　○三二一

陳恩壽　天津府天津縣人　第二甲第七十一名　〇三三一

朱　錦　天津府天津縣人　第二甲第七十三名　〇三三三

劉蔭椿　天津府静海縣人　第二甲第一百一十四名　二九一三

何錫章　天津府天津縣人　第三甲第四十七名　〇三三五

光緒十六年　庚寅恩科（一八九〇）

華俊聲　天津府天津縣人　第二甲第六十二名　〇三四七

華世銘　天津府天津縣人　第二甲第九十一名　〇三八七

徐鴻泰　天津府天津縣人　第二甲第一百零五名　〇三九一

張瑞芳　順天府寶坻縣人　第三甲第四十四名　二四四九

光緒十八年　壬辰科（一八九二）

杜　彤　天津府天津縣人　第二甲第十四名　〇四一五

趙士琛　天津府天津縣人　第二甲第六十四名　〇四三一

張瑞芬　順天府寶坻縣人　第二甲第一百一十二名　二二四一

趙鑾揚　天津府天津縣人　第三甲第一百七十七名　〇四七五

蘇夢蘭　順天府寧河縣人　第三甲第一百四十二名　二六七三

光緒二十年　甲午恩科（一八九四）

王　照　順天府寧河縣人　第二甲第八十五名　二六八一

光緒二十一年　乙未科（一八九五）

王　焯　順天府寧河縣人　第二甲第三十七名　二七二九

曹甡孫　順天府武清縣人　第三甲第二十三名　一九二九

張仲儒　天津府静海縣人　第三甲第七十二名　二九五五

曹葆珣　順天府武清縣人　第三甲第八十七名　一九七九

光緒二十四年　戊戌科（一八九八）

姜秉善　天津府天津縣人　第二甲第四名　一九〇五

孟錫珏　順天府宛平縣人　第二甲第七名　〇五七九

魏　震　天津府天津縣人　第二甲第四十八名　〇六〇五

陳　驤　天津府天津縣人　第二甲第七十三名　一四七三

光緒三十年　甲辰恩科（一九〇四）

李湛田　順天府寶坻縣人　第二甲第六十一名　二五一七

二、鄉試

乾隆三年　戊午科（一七三八）

馬式端　順天府寶坻縣人　中式第三十三名　二二八三

張綜玾　天津府静海縣人　中式第四十二名　二九三三

靳世菁　天津府天津縣人　中式第一百四十四名　○六二一

元克莊　天津府静海縣人　中式第二百一十一名　二九三五

邊培運　天津府静海縣人　中式第二百三十四名　二九三七

陳　翰　順天府寶坻縣人　中式第二百三十名　二二八五

劉　坰　順天府武清縣人　中式第二百五十二名　二○一三

乾隆二十一年　丙子科（一七五六）

楊秉鐸　天津府天津縣人　中式第一百三十名　○六二七

乾隆三十九年　甲午科（一七七四）

談其學　順天府寧河縣人　中式第三十名　二七六一

嘉慶六年　辛酉科（一八○一）

張紹廷　天津府天津縣人　中式第一百一十四名　〇六四五

嘉慶十二年　丁卯科（一八〇七）

陳其蘊　天津府天津縣人　中式第一百三十四名　〇六六七

嘉慶二十三年　戊寅恩科（一八一八）

徐金度　天津府天津縣人　中式第三十九名　〇六九五

道光元年　辛巳恩科（一八二一）

王廷棻　天津府天津縣人　中式第二十五名　〇六九九

道光二年　壬午科（一八二二）

李　涵　天津府天津縣人　中式第一百零四名　〇七〇七

徐　堉　天津府天津縣人　中式第一百八十五名　〇七二七

道光八年　戊子科（一八二八）

徐春鐸　天津府天津縣人　中式第四十三名　〇七四九

道光十一年　辛卯恩科（一八三一）

徐界青　天津府天津縣人　中式第七十六名　〇七五七

王大濟　順天府寶坻縣人　中式第五十名　二二八七

道光十二年　壬辰補行正科（一八三二）

趙香森　天津府天津縣人　中式第四名　〇七六五

董彙芳　天津府天津縣人　中式第二百三十名　〇七七一

道光十四年　甲午科（一八三四）

徐如鈺　順天府大興縣人　中式第九十四名　〇七九三

道光十五年　乙未恩科（一八三五）

殷序之　天津府天津縣人　中式第一百九十七名　〇八〇九

道光十九年　己亥預行正科（一八三九）

楊雲棟　天津府天津縣人　中式第一百一十二名　〇八五七

姚學彦　天津府天津縣人　中式第一百七十六名　〇八七七

道光二十三年　癸卯科（一八四三）

王汝湄　天津府天津縣人　中式第二十六名　〇八八五

趙　新　天津府天津縣人　中式第二百三十八名　〇九一三

道光二十六年　丙午科（一八四六）

齊世淳　天津府天津縣人　中式第一百七十四名　〇九二九

道光二十九年　己酉科（一八四九）

李德坊　順天府寶坻縣人　中式第九十一名　二三〇三

咸豐元年　辛亥科（一八五一）

王　濂　順天府寶坻縣人　名次不詳　二五五五

咸豐五年　乙卯科（一八五五）

張椿蔭　順天府寧河縣人　中式第四十四名　二七八一

王煦健　順天府寶坻縣人　中式第五十四名　二三五一

許　楨　順天府武清縣人　中式第八十四名　二〇四七

李秉璋　天津府天津縣人　中式第九十八名　〇九六一

劉秉璋　天津府天津縣人　中式第九十九名　〇九六七

王毓芑　天津府静海縣人　中式第一百三十一名　二九三九

李　湘　順天府薊州人　中式第一百四十四名　二五六三

周作新　天津府天津縣人　中式第一百五十九名　〇九七一

王晋之　順天府薊州人　中式第一百七十二名　二五六九

辛　榞　天津府天津縣人　中式第一百八十八名　〇九七七

陳價坪　天津府天津縣人　中式第一百八十九名　〇九九一
王恩沛　天津府天津縣人　中式第一百九十三名　〇九九七
高銘鼎　順天府寶坻縣人　中式第一百九十九名　二三六一
李文壇　順天府寶坻縣人　中式第二百零七名　二三六九
徐　沖　順天府寶坻縣人　中式第二百一十二名　二三七三
李家淦　天津府静海縣人　中式第二百一十七名　二九四五
華　椿　天津府天津縣人　中式副榜　第四名　一〇〇三
于士祜　天津府天津縣人　中式副榜　第九名　一〇一一

咸豐九年　己未恩科（一八五九）

華俊篪　天津府天津縣人　中式第二百三十一名　一〇一五

咸豐十一年　辛酉（一八六一）

李敬亭　順天府寧河縣人　中式第一名解元　二七八九
張　琨　順天府寧河縣人　中式第六十二名　二七九五
張汝埭　順天府寧河縣人　名次不詳　二八〇一

同治三年　甲子科（一八六四）

李誠蔚　順天府寧河縣人　中式第七十九名　二八一五

苗如蘭　順天府寧河縣人　中式第一百二十二名　二八二三

同治六年　丁卯科（一八六七）

孫星橋　天津府天津縣人　中式第七名　一〇七三

華　鎮　天津府天津縣人　中式第二十二名　一〇七九

查恩綏　順天府宛平縣人　中式第二百五十八名　一一二三

查乘漢　天津府天津縣人　中式副榜第一名　一一三七

同治九年　庚午科（一八七〇）

徐維域　天津府天津縣人　中式第五十三名　一一四九

史從周　順天府寧河縣人　中式第七十五名　二八三一

同治十二年　癸酉科（一八七三）

楊培之　天津府天津縣人　中式第七名　一一六九

倪文焌　天津府天津縣人　中式第一百零四名　一一七五

李　慕　順天府寶坻縣人　中式第二百零一名　二四二五

展榮春　天津府天津縣人　中式第二百八十二名　一一九九

光緒元年　乙亥恩科（一八七五）

蕭世濂　順天府武清縣人　中式第三十八名　二〇五三

陳鍾濬　順天府武清縣人　中式第四十九名　二〇五九

李彥和　天津府天津縣人　中式第七十七名　一二〇七

李春棣　天津府天津縣人　中式第八十七名　一二三一

盧蔭棠　天津府天津縣人　中式第二百四十二名　一二四一

徐承翰　天津府天津縣人　中式第二百四十四名　一二四七

張體信　天津府天津縣人　中式第二百七十五名　一二五一

張文灝　順天府寧河縣人　中式第二百七十八名　二八五一

劉文蔚　天津府天津縣人　中式第三百一十八名　一二五五

解元書　天津府天津縣人　中式副榜第二十一名　一二五九

光緒二年　丙子科（一八七六）

高炳辰　天津府天津縣人　中式第一名解元　一二七一

陳宗鳳　天津府天津縣人　中式第六十三名　一二九三

蘇兆澐　天津府天津縣人　中式第一百四十名　一三〇一

王銘恩　天津府天津縣人　中式第一百八十二名　一三〇九

光緒五年　己卯科（一八七九）

辛元炳　天津府天津縣人　中式第五十四名　一三一七

韓金鰲　天津府天津縣人　中式第一百五十七名　一三三一

石作棫　天津府天津縣人　中式第二百一十九名　一三三七

光緒八年　壬午科（一八八二）

蘇紹泉　天津府天津縣人　中式第六名　一三四七

華學淇　天津府天津縣人　中式第十名　一三五三

徐世光　天津府天津縣人　中式第九十五名　一三六五

光緒十一年　乙酉科（一八八五）

李春澤　天津府天津縣人　中式第三十一名　一四一一

劉文治　天津府天津縣人　中式第一百二十九名　一四二五

王芝田　順天府寶坻縣人　中式第一百八十八名　二四五七

馮學彥　天津府天津縣人　中式第二百一十三名　一四三三

查爾崇　順天府宛平縣人　中式第二百三十一名　一四三九

光緒十四年　戊子科（一八八八）

胡惠麟　順天府寶坻縣人　中式第二十二名　二四九五

鄭文彩　天津府天津縣人　中式第六十四名　一四五五

查雙綏　順天府宛平縣人　中式第七十四名　一四六一

張學鴻　順天府寧河縣人　中式第一百三十七名　二八六一

丁之植　順天府武清縣人　中式第一百六十一名　二〇六七

朱懋昌　天津府天津縣人　中式第一百八十六名　一四八三

許善瑩　順天府寧河縣人　中式第二百一十一名　二八七一

宋繼儒　順天府武清縣人　中式第二百六十名　二〇七三

陳世忠　天津府天津縣人　名次不詳　一四九一

劉恩鴻　天津府天津縣人　中式副榜第三十九名　一四九七

光緒十五年　己丑恩科（一八八九）

田毓藻　天津府天津縣人　中式第二百六十三名　一五一一

李士棻　天津府天津縣人　中式第二百七十名　一五一七

光緒十七年　辛卯科（一八九一）

閻炳章　天津府天津縣人　中式第十名　一五二五
韓蔭楨　天津府天津縣人　中式第三十一名　一五三三
朱式泉　天津府静海縣人　中式第三十八名　二九六一
劉嘉瑞　天津府天津縣人　中式第八十九名　一五七九
杜聯陛　天津府天津縣人　中式第一百三十二名　一五九三
金文彦　天津府天津縣人　中式第二百四十七名　一六〇三
盧素存　順天府薊州人　名次不詳　二六〇三

光緒十九年　癸巳恩科（一八九三）

華世奎　天津府天津縣人　中式第二十七名　一六一九
朱式曾　天津府静海縣人　中式第三十二名　二九六一
陶喆甡　天津府天津縣人　中式第三十八名　一六四三
陳恩榮　天津府天津縣人　中式第一百三十六名　一六五一
鄭德寶　天津府天津縣人　中式第一百五十七名　一六六三
邵剛中　順天府寧河縣人　中式第二百四十九名　二八七九

賈作楫　順天府薊州人　中式第二百五十二名　二五七七
龐奎垣　天津府天津縣人　中式第二百五十七名　一六九三

光緒二十年　甲午科（一八九四）

劉寶慈　天津府天津縣人　中式第七十二名　一七〇五
李秉元　天津府天津縣人　中式第二百一十四名　一七三一
徐景賢　天津府天津縣人　中式第二百三十七名　一七三五
姜擇善　天津府天津縣人　中式第二百四十三名　一七四五
李鵬池　天津府天津縣人　中式副榜第十四名　一七五五

光緒二十三年　丁酉科（一八九七）

金恩科　天津府天津縣人　中式第十名　一七七三
劉鍾霖　天津府天津縣人　中式第二十四名　一七九一
詹榮麟　天津府天津縣人　中式第七十名　一七九五
馬文暄　天津府靜海縣人　中式第七十九名　三〇〇五
王新銘　天津府天津縣人　中式第九十六名　一八〇一
華學涑　天津府天津縣人　中式第一百零三名　一八一一

陳文炳	天津府天津縣人	中式第一百零五名	一八二五
張克一	天津府天津縣人	中式第一百二十七名	一八三七
趙毓煊	天津府天津縣人	中式第一百三十一名	一八四五
劉承蔭	天津府天津縣人	中式第一百三十六名	一八五三
李燕春	順天府寶坻縣人	中式第一百五十三名	二五〇三
胡家祺	天津府天津縣人	中式第一百八十一名	一八六五
馬夢吉	天津府天津縣人	中式第二百三十六名	一八七三
蘇雲龍	天津府天津縣人	中式第二百四十名	一八八五
張　珣	天津府天津縣人	中式第二百五十二名	一八九一

三、拔貢

道光二十九年　己酉科（一八四九）

韓　榮	天津府天津縣人	拔貢第一名	一八九五
馮春瀛	天津府天津縣人	拔貢第一名	一八九九

田世均　天津府天津縣人　拔貢第一名　一九〇一
陳元浩　順天府武清縣人　拔貢第一名　二〇七九
李德良　順天府寶坻縣人　拔貢第一名　二五五一
朱福順　天津府静海縣人　拔貢第一名　三〇一一
陳鴻翕　順天府寧河縣人　拔貢第一名　二九〇五

咸豐十一年　辛酉（一八六一）

李桂攀　順天府寶坻縣人　拔貢第一名　二三八一

光緒十一年　乙酉科（一八八五）

朱　墉　天津府天津縣人　拔貢第一名　一九〇三
謝延晋　順天府武清縣人　拔貢第一名　二〇八一
周慶榜　順天府寶坻縣人　拔貢第一名　二五五七
王蘭臺　天津府静海縣人　拔貢第一名　三〇一五
劉玉璞　順天府寧河縣人　拔貢第一名　二九〇七

四、優貢

光緒三十二年　丙午科（一九〇六）

樊蔭慈　天津府天津縣人　優貢第五名　一九〇七

高增奎　天津府天津縣人　優貢第十四名　一九〇九

楊鴻綬　天津府天津縣人　優貢第十五名　一九一一

（以上總計二百三十人）

《天津朱卷集成》人名音序索引

B

邊培運　二九三七
卞翊清　一〇五一

C

曹葆珣　一九七九
曹寯瀛　〇一六七
曹甡孫　一九二九
陳恩榮　一六五一
陳恩壽　〇三三一
陳　翰　二二八五
陳鴻翕　二九〇五
陳價坪　〇九九一
陳其蘊　〇六六七
陳世忠　一四九一
陳文炳　一八二五
陳　驤　一四七三
陳元浩　二〇七九
陳源潾　二二一三
陳澤霖　〇三二一
陳鍾濬　二〇五九
陳宗鳳　一二九三

D

戴彬元　二六二五
丁之植　二〇六七
董彙芳　〇七七一
杜聯陛　一五九三
杜　彤　〇四一五

F

樊蔭慈　一九〇七
方學伊　二一五五
費蔭樟　〇〇一九
馮春瀛　一八九九
馮學彥　一四三三

G

高炳辰　一二七一
高賡恩　二六一五

M

N

P

Q

齊世淳 ○九二九
齊學瀛 ○一九九

S

邵剛中 二八七九
沈士鑠 ○一三三
石作棫 一三三七
史從周 二八三一
宋繼儒 二○七三
蘇夢蘭 二六七三
蘇紹泉 一三四七
蘇雲龍 一八八五
蘇兆澐 一三○一
孫星橋 一○七三

T

談其學 二七六一
談松林 二八○七
陶喆甡 一六四三
陶執中 ○九二三
田世均 一九○一
田毓藻 一五一一

W

王　焯 二七二九
王大濟 二二八七
王恩沛 ○九九七
王光宇 一九一七
王晉之 二五六九
王蘭臺 三○一五
王　濂 二五五五
王履謙 ○六八九
王銘恩 一三○九
王慶祺 二三三九
王汝湄 ○八八五
王世紱 二○一七
王廷棻 ○六九九
王　澎 二○九一
王維珍 ○九三三
王　昕 二六○一
王新銘 一八○一
王煦健 二三五一
王用欽 ○一○五
王毓芑 二九三九
王　照 二六八一
王芝田 二四五七

Z

後記

編者歷時兩年，占用大量業餘時間，整理天津士子朱卷，編竣《天津朱卷集成》。其間雖然機械乏味，但源於個人興趣，也樂此不疲。本書总計收録天津士子朱卷二百餘份。

朱卷有會試、鄉試、貢生考選之分，是士子在會試、鄉試、貢生考選時留下的。首先要厘清是哪類朱卷，其次是確認科考年份，最後也是最繁複的，即查明士子的最後功名，如士子朱卷是貢生考選或者鄉試的，還要查明其後士子是否又中過更高的功名。本書目録裏標示的科考年份，表明朱卷是士子當年考取功名時留下的。本書最後又製作了留有朱卷的天津士子索引，標明了士子的最後功名、科考年份、所取名次以及籍貫。這些工作很是瑣屑，因爲相當一部分朱卷没有載明科考年份，爲此祇能通過有關縣志、進士録、同年録、齒録查閲，然而有的縣志是光緒年間編的，其後的士子根本没有收録，還得通過其他途徑查詢，有些還通過百度、讀秀等引擎或資料庫進行了驗證。

整理朱卷的過程也是我自身學習的過程，有兩部著作值得在此介紹，對科舉有興趣者可以深入研讀。

第一部著作是清代探花商衍鎏所著《清代科舉考試述録》，詳盡地介紹了清代各種級别的科舉考試，涉及考規、方法、考生、考官等各個方面，還對各種科舉考試文體，特别是八股文進行了系統介紹。該書是作者檢尋各家著述，諸如《清史稿》《大清會典》《欽定科場條例》以及部分雜記、文集等，并參以親身經歷的光緒三十年（一九〇四）甲辰恩科會試，加以詮次編輯而成的。全書叙述考訂尤見功力，分爲『童生之考試、生員及生員系内之各種考試』『舉人及關於舉人系内之各種考試』『進士及關於進士系内之各種考試』『附屬於科舉中之各項考試』『八股文、試帖詩概記及舉例釋義』『科場案件與佚聞』等部分，附録有『清代科舉考試系統簡表』『清代殿試、會試歷科首選姓名表』，以及『優貢、拔貢卷式』『鄉試墨卷全式』『殿試卷式』『書院考課卷式』等内容。

《清代科舉考試述録》是研究清代政治文化，特别是科舉制度不可多得的參考資料。清代官員如何評判士子試卷，依據何在？這個問題一直困擾着編者，在書中則有如下記載：

殿試讀卷官，明代爲十七人，清初順治、康熙時十四人，雍正元年十二人，乾隆二十五年減爲八人，用大學士二人、部院大臣六人，自後沿以爲例。清初，由内三院、詹事府、六部、都察院、通政司、大理寺各堂官開列請點派，乾隆後，由禮部開列大學士及由進士出身之尚書、侍郎、左都禦史、左副都禦史、内閣學士銜名奏請欽簡。從前復試、殿試、朝考，本科考官向不開列，道光乙未命不必回避。清初，讀卷諸臣於内閣滿本堂閲卷，各覓公所分住，地非鎖院，人得自由，三五日始行將試卷進呈。乾隆二十五年，始議定住所在文華殿兩廊及傳心殿前後房，與監察、收掌等官一同住宿，刻期竣事。殿試翌日，讀卷官及監試諸人集於文華殿内，收掌官取試卷出箱攤置案上，先取一束，按官階依次分布於讀卷官面前，分盡再取各束，以畢爲止，不得任意前後配置。分卷多寡，以是科殿試之人數爲準則，大約每人分三十本上下。清初用紅木戳將讀卷官官銜、姓名印於卷後，嗣改爲卷背粘簽，上書讀卷官姓，不書名。讀卷官閲卷後，加以標識，分爲『○』『△』『、』『—』『×』五等（即圈、尖、點、直、叉）或記其瑕疵數字。乾隆五十二年，讀卷官自書其姓就卷標識，不用浮簽，以杜移换之弊。嘉慶以後，改印木記於策尾空幅背面列八人姓，各於姓下加標識，以昭畫一。又乾隆二十六年，以諸臣讀卷圈點標識，其間各有參差，或相去懸绝，必有高下其手之弊，嗣後另派大臣復行察看，如有標識懸绝，即揀明進呈候旨，以昭公慎。故第一閲者用圈，則後閲者不用點；第一閲者用直，則後閲者不用尖，所謂圈不見點、尖不見直，反是則爲凌躐而有處分。

閲卷時，先就本人分得之卷標識高下，再輪閲他人之卷，就各桌上互看，謂之轉桌，即於卷後本姓下加圈、尖、點、直各記，以符公同閲定之旨。及最後總核，多推首席任之，各人隨同參加意見，大抵前列者必八人皆圈，其有加尖、加點者甲第必後。策語若有不妥，或字有别體錯誤時，用黄簽粘於其旁，不批卷上，以示候皇帝親閲之意。

這段文字是編者目及的關於評判試卷最爲詳細與直接的記載，衹是如何更準確地確定名次，還需進一步挖掘史料。

《清代科舉考試述録》還特設一章，詳細叙述八股文的原委，與八股文相輔而行的試帖詩，作者也撮要予以記述。其他如律賦、經義、論、策、疏、經解、殿試策等，也各附録一篇并梢加説明，使讀者可以考見其體例。學界普遍承認，八股文實乃古代各種文體的綜合，且是在長期運作過程中力圖使考試不斷客觀化的結果。正如錢穆先生在《中國歷史上之考試制度》中所云：『明、清兩代考試内容，均重經義，而又以朱子一家言爲准。因詩賦衹論工拙，較近客觀，經義要講是非，是非轉無標準，不得不擇定一家言，以爲是非之準則。既擇定了一家言，則是者是，非者非，既是人人能講，則録取標準又難定。於是於《四書》義中，演變出八股文。其實八股文猶如唐人之律詩。文字必有一定格律，乃可見技巧，乃可評工拙，乃可有客觀取捨之標準，此亦一種不得已。』爲此，應考士子必須熟記四書五經，不僅要求逐字逐句記誦，還要求熟記朱注，知道其章節、上下文以及疏解、歷史背景，理解經書及經解所説的意思、字句之間的邏輯關係，然後才可能引申發揮，代聖賢立言。將自己對經義的理解用雅訓的文辭在嚴格固定的格式中表現出來，這要求作者有相當的文學領悟力和想象力，也需要較高的文字水準與智力水準。對此，吕思勉先生在《中國通史》中説得很直白：『古人又不是傻子，何嘗不知科舉考的全是無用之物？衹不過一個人能否將無用的東西學好，却也可以看出其人聰明與否，所以科舉選的不是學有所成之士，而是在選可堪造就之人。』歷史上，確有許多聰慧才高之士少年得意，如梁啓超十七歲、陳獨秀十八歲中舉，而袁枚、沈鈞儒、蔡元培等二十幾歲已中了進士。

第二部著作是中華書局出版的《清秘述聞三種》，包括法式善撰《清秘述聞》、王家相等撰《清秘述聞續》、徐沅等撰《清秘述聞再續》。是書記録有清一代歷次會試主考官、同考官的姓名、籍貫、履歷和考題，還有會元與三鼎甲的姓名、籍貫。是書也記録了清代各省歷次鄉試主考官、同考官的姓名、籍貫、履歷和考題，還有解元的姓名、籍貫。清代各省設提督學政一人，任期三年，執掌一省生員考課黜陟之事及士習文風之政令。學政與科舉兩者密切關連，是書『學政類』記叙清代各省學政一職的演變及其姓名、字、號、籍貫、出身、任職時間等，對瞭解清代科舉教育制度有重要作用。是書記事，法式善截至嘉慶四年（一七九九），王家相等續至光緒十三年（一八八七），徐沅等再續至光緒三十年（一九〇四）爲止。《天津朱卷集成》所收士子朱卷，記載有諸多士子的受知師以及朱卷文章考題，均能在《清秘述聞三種》中查到。天津士子在順天府參加鄉試，《清秘述聞三種》所記每科鄉試，開篇即是順天府。

金末劉祁《歸潛志》卷七記載：『故當時有云：古人謂十年窗下無人問，一舉成名天下知。』在科舉年代，讀書人最正途的成名方式就是金榜題名、高中進士。科舉考試成了士子出人頭地、光宗耀祖的唯一途徑。國家對有科名的生員還給以特殊身份，『免其差徭，地方官則以禮相待，非黜革，不受刑責』。若會試中式或中進士點翰林，則更爲榮顯。而士紳除了相關的法定特權之外，還可憑藉特殊身份地位，保護家族産業不受官府侵犯。他們還通過承辦各種差事，如防治洪灾、丈量田畝、管理廟宇及承辦其他社會公益活動等，獲取政治利益和經濟利益。科舉家族通過財勢積纍，給後人提供更加優裕的物質條件與教育環境，從而形成科舉人才輩出、家運長久不衰的局面。

《天津朱卷集成》的整理編輯，得益於王振良主編的囑托與督促，他在本書的體例、索引、版式等方面給與了大量指導。問津書院和天津古籍出版社也爲本書出版提供了幫助，在此表示衷心的感謝，編者才疏學淺，整理時或有遺漏，還望專家和讀者補充指正。

劉宗江於庚子新正

《問津文庫》已出書目（總計一〇五種另三種）

◎天津記憶

沽帆遠影　劉景周著　五九圓
荏苒芳華：洋樓背後的故事　王振良著　四九圓
津門書肆記　雷夢辰原著/曹式哲整理　四九圓
故紙温暖：老天津的廣告　由國慶著　二八圓
沽上文譚　章用秀著　三八圓
百年留踪：解放橋的前世今生　方博著　三九圓
南市滄桑　林學奇著　七九圓
津沽漫記：日本人筆下的天津　萬魯建編譯　三九圓
憶韜盦：來新夏先生紀念文集　焦静宜編　九二圓
與山河同在：天津抗日殺奸團回憶録　閻伯群編　三八圓
楮墨留芳：天津文化名人檔案　周利成著　三〇圓

布衣大師：允文允武的藝術名家閻道生　閻伯群著　三〇圓

口述津沽：民間語境下的堤頭與鈴鐺閣　張建著　二八圓

大地史書：地質史上的天津　侯福志著　二九圓

丹青碎影：嚴智開與天津市立美術館　齊珏編著　二八圓

立憲領袖：孫洪伊其人其事　葛培林著　三〇圓

津門開歲：徐天瑞日記解讀　王勇則著　五八圓

水産教育家張元第　張紹祖編著　三六圓

八年夢魘：抗戰時期天津人的生活　郭文杰著　二八圓

沽文化詮真　尹樹鵬著　四八圓

圈外談藝録　姜維群著　三八圓

記憶的碎片：津沽文化研究的雜述與瑣思　王振良著　三八圓

水産教育家張元第集　張紹祖編　五八圓

應得的榮譽：女醫生里昂羅拉・霍華德・金的故事
［加］瑪格麗特著／胡妍譯　三八圓

海河巡鹽：國博藏所謂《潞河督運圖》天津風物考　高偉編著　五八圓

析津聯話　章用秀著　五八圓
頂上功夫：寶坻剃頭匠的歷史記憶　甄建波著　六八圓
四當明霞：藏書目里的章鈺及其交游　李炳德著　六八圓
津沽舊事　郭鳳岐著　一九八圓
守望家園：天津市非物質文化遺産散論　李治邦著　七八圓

◎通俗文學研究集刊

望雲談屑　張元卿著　三九圓
還珠樓主前傳　倪斯霆著　三八圓
品報學叢·第一輯　張元卿、顧臻編　三八圓
云雲編：劉雲若研究論叢　張元卿編　三八圓
品報學叢·第二輯　張元卿、顧臻編　三二圓
劉雲若評傳　張元卿著　三二圓
鄭證因小説經眼録　胡立生著　七八圓
品報學叢·第三輯　張元卿、顧臻編　四八圓

劉雲若傳論　管淑珍著　四八圓
品報學叢·第四輯　張元卿、顧臻編　五八圓
走近姚靈犀　張元卿、王振良編　五八圓

◎三津譚往

三津譚往·二〇一三　王振良主編　三九圓
三津譚往·二〇一四　萬魯建編　三九圓
三津譚往·二〇一五　孫愛霞編　四八圓
三津譚往·二〇一六　孫愛霞編　五八圓
三津譚往·二〇一七　孫愛霞編　六八圓
三津譚往·二〇一八　孫愛霞編　六八圓
三津譚往·二〇一九　王雲芳編　六八圓

◎九河尋真

九河尋真·二〇一三　王振良主編　五九圓

九河尋真·二〇一四　萬魯建編　五九圓
九河尋真·二〇一五　萬魯建編　八八圓
九河尋真·二〇一六　萬魯建編　九八圓
九河尋真·二〇一七　萬魯建編　九八圓
九河尋真·二〇一八　萬魯建編　九八圓
九河尋真·二〇一九　萬魯建編　九八圓

◎津沽文化研究集刊

《雷雨》八十年　耿發起等編　五五圓
陳誦洛年譜　張元卿著　四八圓
碧血英魂：天津市忠烈祠抗日烈士研究　王勇則著　九八圓
都市鏡像：近代日本文學的天津書寫　李煒著　三八圓
天津楹聯述略　李志剛著　三六圓
口述津沽：民間語境下的西沽　張建著　五六圓
口述津沽：民間語境下的西于莊　張建著　一〇八圓

紫芥掇實：水西莊查氏家族文化研究　葉修成著　五八圓
蘆砂雅韵：長蘆鹽業與天津文化　高鵬著　五八圓
王南村年譜　宋健著　七八圓
國術之魂：天津中華武士會健者傳　閻伯群、李瑞林編　七八圓
來新夏著述經眼録　孫偉良編　一九八圓
舉火燒天：天津抗日殺奸團紀事　楊仲達、陶麗著　六八圓
口述津沽：民間語境下的丁字沽　張建著　一六八圓
口述津沽：南開學子語境下的公能精神　胡海龍著　一六八圓
口述津沽：民間語境下的吴家窑新村　張建著　八八圓

◎津沽名家詩文叢刊

王南村集　王煐原著／宋健整理　六八圓
嚴範孫先生古近體詩存稿　嚴修原著／楊傳慶整理　四八圓
星橋詩存　蘇之鑾原著／曲振明整理　五八圓
退思齋詩文存　陳寶泉原著／鄭偉整理　八八圓

待起樓詩稿　劉雲若原著／張元卿輯注　四二圓
劉大同詩集　劉建封原著／劉自力、曲振明整理　八八圓
碧琅玕館詩鈔　楊光儀原著／趙鍵整理　五八圓
石雪齋詩稿（附遂園印稿）　徐宗浩原著／張金聲整理　六八圓
紫簫聲館詩存　丙寅天津竹枝詞　馮文洵原著／楊鵬整理　八八圓
思暗詩集　華世奎原著／閻伯群整理　三八圓
止庵詩存　周學熙原著／宋文彬整理　一二八圓
沽上梅花詩社存稿　孫愛霞整理　八八圓
天津文鈔　華光鼐編纂／石玉點校　五八圓
津沽詩集六種　侯福志整理　九九圓
津門詩鈔校箋　梅成棟編纂／楊鵬校箋　一六八圓

◎津沽筆記史料叢刊

嚴修日記（一八七六—一八九四）　嚴修原著／陳鑫整理　一三八圓
桑梓紀聞　馬鴻翱原著／侯福志整理　四二圓

天津縣鄉土志輯略　郭登浩編　九八圓
嚴修日記（一八九四—一八九八）　嚴修原著/陳鑫整理　一二八圓
周武壯公遺書　周盛傳原著/劉景周整理　一二八圓
天后宫行會圖校注　高惠軍、陳克整理　一二八圓
津門詩話五種　楊傳慶整理　七八圓
《北洋畫報》詩詞輯録　孫愛霞整理　一九八圓
桑梓紀聞（增補本）　馬鴻翱原著/侯福志整理　六八圓
袁克文集　吴瞳瞳整理　五八圓
盧木齋集　盧靖著/羅容海整理　八八圓
天津朱卷集成　劉宗江編　五八〇圓

◎**名人與天津**

李叔同與天津　金梅編　六八圓
我與曲藝七十年　倪鍾之著　六八圓
辛笛與天津　王聖思編著　八八圓

◎**梓里尋珠**

傳承與突破：近代天津小説發展綜論　李雲著　七八圓

從租界到風情區：一個中國近代殖民空間在歷史現實中的轉義

　李東曄著　六八圓

趕大營研究：天津商幫與近代新疆的經濟開發　張博著　六八圓

屏廬鉛槧：藏書家刻書家金鉞研究　胡艷杰編著　六八圓

◎**隨藝生活**

方寸芸香：藏書票裏的書故事　李雲飛編　九八圓

問津書韵：第十三届全國讀書年會文集　杜魚編　七八圓

開卷二〇〇期　董寧文、董國和、周建新編　一六八圓